JN081202

異聞 本能寺の変

『乙夜之書物』が記す光秀の乱

史料で読む戦国史

萩原大輔 著

八木書店

はじめに

本書の主眼

『乙夜之書物』、一度その名を聞くとなかなか頭から離れない史料名だと感じるのは筆者だけだろうか。史料の中身をひもとくと、戦国時代の著名なエピソードに関する記述を数多く含んでいた。とりわけ、本能寺の変に関する情報は、確たる同時代史料が限られる中で、今後の研究に資する貴重な内容をもつ。本書では、その魅力の一端を読者諸賢と共有していきたい。

天正十年（一五八二）六月二日、明智光秀が主君織田信長を突然として本能寺に襲った。世に言う「本能寺の変」である。本能寺の変については、すでに膨大な著述があり、とりわけ光秀の動機をめぐる分析は枚挙にいとまがない。一方で、本能寺での戦いがどのように行われたのか、そこに至るまでに光秀はどのように動いたのか、そして変後の情勢などは、まだまだ考察の余地が残っていると思う。この点を意識的に取り組んだのが、鈴木眞哉・藤本正行氏の研究［鈴木・藤本二〇一四］である。彼らの問題意識や分析視角から筆者は多くのことを学んでおり、折に触れて言及することになるだろう。

さて、『乙夜之書物』という興味深い史料の記述を紹介することに主眼を置く本書は、右のような研究関心に基づき、本能寺の変（光秀の挙兵）だけでなく、山崎の戦いや坂本の落城（光秀方の滅亡）までを視野に入れていく。小林正信氏は「軍勢の規模と政権の転覆を意図した事情から考えて、その実態が大規模な軍事的な反乱であったということは動かないことから、「乱」とする方が論理的に整合」すると説く〔小林二〇一九〕。また柴裕之（ひろゆき）氏は、光秀にとって本能寺の変とは、ただ主君の信長を討ち果たすだけではなく、現状の織田権力中枢を打破し、その拠点を掌握することを目的としたクーデターだったと捉えている〔柴二〇二〇〕。これらの提言には賛同したい。このように、本能寺襲撃だけをことさらに取り上げるのではなく、光秀の反乱全体をふまえた呼称こそ求められているのではなかろうか。

天正三年七月三日、光秀は「惟任（これとう）」の名字と、受領名（ずりょうめい）「日向守（ひゅうがのかみ）」を与えられ、それまでの「明智十兵衛光秀」から「惟任日向守光秀」となる〔『信長公記（しんちょうこうき）』〕。ここに、信長が信頼する織田家宿老衆（「御家老之御衆」）の一人としての立場を明確にしていった。なお、信長からは当初「維任（いとう）」の名字を授かったものの、のち「惟任」になったという〔乃至（ないし）二〇一九〕。拙著では、維任名字を授与されて以降は明智ではなく、維任のち惟任を名乗った事実を重視し、挙兵から滅亡まで光秀方の一連の軍事行動を「惟任光秀の乱」と称したいが、いかがであろうか。

本書の構成

とはいえ、惟任光秀の乱に関する同時代史料の残存に制約があるのもまた事実で、『信長公記（しんちょうこうき）』や『惟任退治記（これとうたいじき）』など比較的良質な二次史料が最も参照されるものとなっている。そのような状況を鑑みて、『本城惣右衛門覚書（ほんじょうそうえもんおぼえがき）』のような後年の回顧談や聞き取りなどを、十分吟味した上で史料化しようとする昨今の研究動向があり〔白峰二〇二〇A・Bなど〕、本書もそのような試みの一つに数えられよう。以下、拙著の構成を簡単に案内しておきたい。

第一章「『乙夜之書物』とその著者」では、本書のメインに据える『乙夜之書物』について、どのような史料なのか、著者はどのような人物なのかなど、基礎的情報を押さえる。記された内容を早く知りたいという方は読み飛ばしていただいても構わない。第二章以降は、史料写真・翻刻・大意を順に示した後、解説という形で私見を書き添えていく。

まず、**第二章「『乙夜之書物』が記す織田信長攻め」**では、光秀の挙兵から本能寺襲撃までを取り上げる。この間の情報量が最も豊富で、本書でも多くの紙幅を費やすことになるだろう。

次の**第三章「『乙夜之書物』が記す織田信忠攻め」**では、信長嫡男の信忠が立て籠もった二条御所攻めを主に取り扱う。

つづく**第四章「『乙夜之書物』が記す乱の終焉」**では、安土城占拠から山崎の戦い、坂本落城のほか、光秀家臣たちのその後もたどる。

また、**第五章「『乙夜之書物』が記す戦国エピソード」**では、光秀の乱に直面した前田利長の動向、信長の死を堺で知った徳川家康が断行した「神君伊賀越え」、佐々成政が厳寒期の北アルプスを踏破した「さらさら越え」、伊達政宗が死装束で豊臣秀吉との対面に臨んだと伝わる「小田原参陣」など、今日でも著名な逸話に関する『乙夜之書物』の記述を紹介していきたい。

結びの「おわりに」で、光秀の動機に関する私見を少しばかり述べた。なお、ところどころに本文と絡むコラムを組み込んだ。そのほか、付録として『乙夜之書物』の記述内容を一覧化した表を載せた。拙著で言及したエピソードは、全体からすればほんの一部にすぎない。関心のある方はぜひこの表をもとに、実際に本史料にあたっていただきたいと思う。また、本文の理解の一助とすべく、主な引用史料の解題もつけた。適宜ご参照いただきたい。

『乙夜之書物』は、光秀の乱をはじめとして戦国時代に関する様々な情報を含む、非常に興味深い史料だと思う。とはいえ、まだ研究は緒についたばかりで、本書はそのスタートラインに位置付けられる。『乙夜之書物』を筆者が読んだ時に感じた魅力を読者諸賢に十分伝えられるか、はなはだ心もとないが、どうか最後までお付き合いいただきたい。

※本書は、公益財団法人高梨学術奨励基金 令和三年度若手研究助成「『乙夜之書物』の基礎的研究」の成果の一部である。

『異聞 本能寺の変 ―『乙夜之書物』が記す光秀の乱―』目次

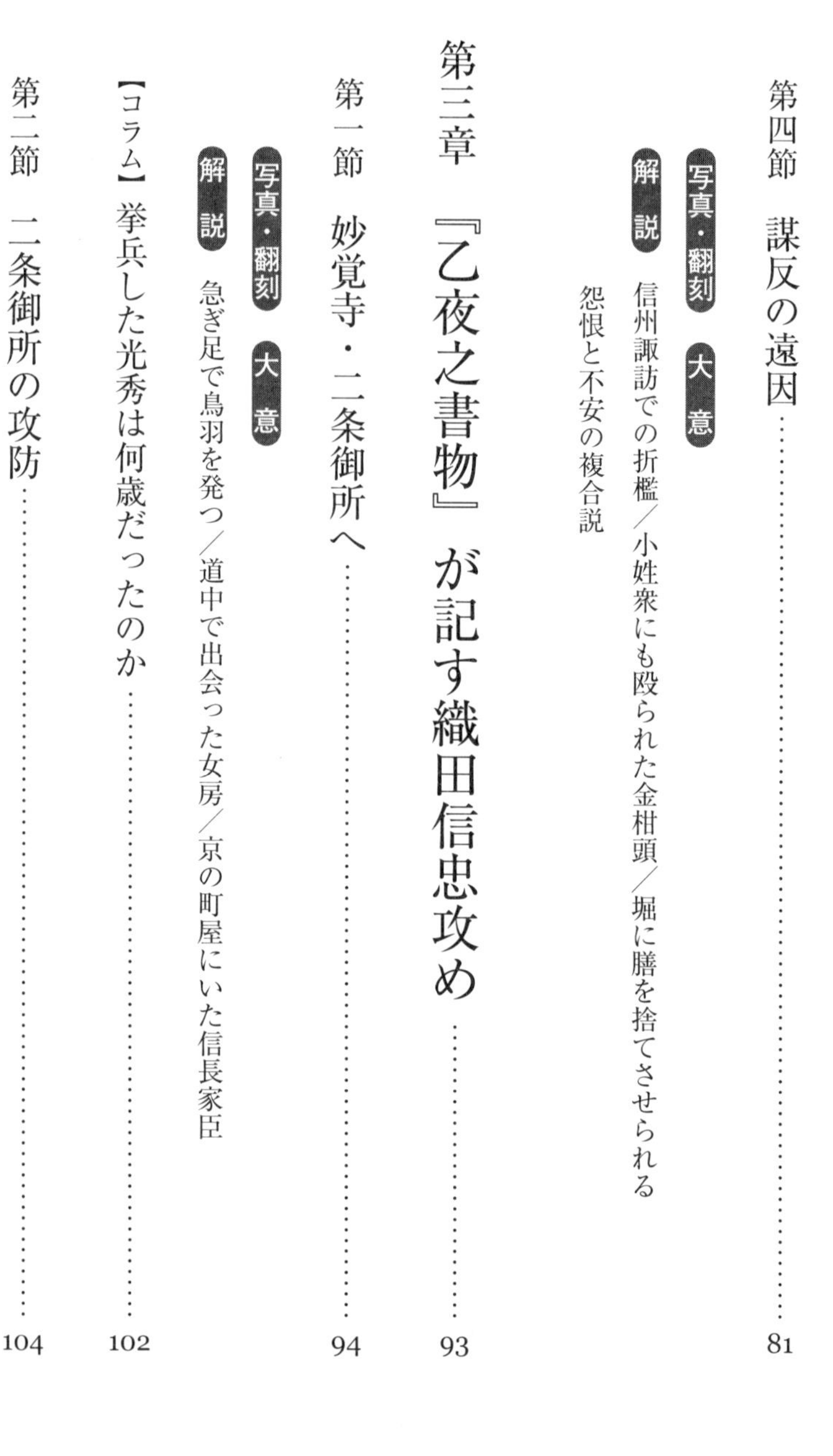

第一章　『乙夜之書物』とその著者

加賀藩内有数の知識人

本書のメインとなる史料『乙夜之書物』は、加賀藩の兵学者であった関屋政春が寛文九年（一六六九）から十一年にかけて著した、三巻三冊にわたる自筆本だ。彼が見聞したおおよそ五百数十にも及ぶエピソードが、時に話の出どころも合わせて箇条書きされており、惟任光秀の乱などをはじめとして、戦国時代に関する興味深い情報を多く含む。史料ジャンルとしては「聞書」に属するだろう。聞書とは、他人の談話を聞き、これを書き留めたものをいう［桑田一九六九］。ただし、『乙夜之書物』には実体験や備忘的な記述も散見するなど、覚書の要素を併せ持つ。まずは、その著者である関屋政春がどのような人物なのか、可能な限りあぶり出す作業から始めよう。

一九四二年に編まれた加賀藩関係用語を扱う大事典『加能郷土辞彙』に基づくと、政春は美濃国野村（現岐阜県大野町）領主の織田長孝の家臣であった関屋佐左衛門の子で、父の跡を継いでいたところ、寛永八年（一六三一）に主家が絶えたため浪人となり、同十年に金沢（現石川県金沢市）へ来訪、加賀前田家三代の前田利常に仕え、翌十一年には知行二〇〇石を賜り、馬廻組に列した。天明元年（一七八一）に編纂された『加陽諸士系譜』によれば、延宝元年（一六七三）に御使番となり、同五年に知行一五〇石の加増を受け、御先筒頭に任じられたという。一〇〇万石を越える領地を誇る加賀藩で、知行三五〇石取りはお世辞にも大身とはみなせず、中級家臣の下位層といったところだろうか。天保三年（一八三二）編纂の『諸士系譜』によると、室には知行六三〇石取りの加賀藩士であった前田刑部（実名未詳）の娘を迎えている。婚姻時期は分からないものの、彼女との間に三人の男子が生まれた。そして、加賀藩士関屋家は、一八七一年の廃藩置県によって藩士という身分が消滅するまで命脈を保ってゆく。

政春の生没年については、宝永二年（一七〇五）に編まれた『関屋氏諸系』によると、貞享二年（一六八五）十二月十四日に七十一歳で病死していることから、慶長二十年（一六一五）生まれと判断できる。豊臣家が滅び徳川の世が決定的となる大坂夏の陣が起きた年だ。加賀前田家でいえば、この前年に二代利長が没している。戦国を駆け抜けた者たちが次々と鬼籍に入る一方、列島社会が太平の世へと移り変わってゆく端境期に生を受けたこととなろう。このように、政春が戦国時代をリアルタイムでは知らない世代である点は注意しておきたい。生年からみて『乙夜之書物』は、五十五歳から五十七歳という、当時としてはすでに老年期に入った政春によって著されたわけである。

図１　山鹿素行像（赤穂市立歴史博物館蔵）

政春は鑓術に長けたほか、兵学者として名を馳せる人物で、山鹿流兵学の大成者である山鹿素行に学んだ。はじめ甲州流の兵法学者であったが、万治二年（一六五九）三月八日付で山鹿素行から兵法奥秘の口伝を伝授され、山鹿流の兵法学者となる［石岡一九八〇］。金沢で兵学を独学で学んだのではなく、やはり江戸で習ったのであった［深井一九九〇］。はじめ小幡景憲の晩年の門人である佐々木秀乗に師事して甲州流兵学の伝授を受け、利常に召し抱えられ、藩命により兵学の研究を行ったとされ、藩主や家臣に対し兵学を講釈したという。そして政春の甥である有沢永貞、その子である武貞と致貞という弟子を得たことで、藩内に確固たる影響力をもった［近藤二〇一五］。当時の加賀藩内有数の知識人とみなしてよかろう。

政春の曾祖父・祖父・父母・姉妹

ところで、関屋政春が加賀藩に仕えるようになるまでの同家は、どのような履歴をたどったのだろうか。延宝元年（一六七三）に政春本人がまとめた「政春自分之先祖等之覚書」（『政春古兵談』）や『関屋氏諸系』には、政春をはじめとして彼の曾祖父、祖父や父母・姉妹らの情報が簡潔ながら記されている。曾祖父の代より前の関屋家については定かでないものの、以下、主にこれらの史料に基づいて紹介しておこう。

政春の曾祖父にあたる関屋孫兵衛（実名未詳）は、徳川家康重臣の本多忠勝に仕えていた。時期は不明ながら、のちに出家して常信（浄信とも）と名乗った。実子がいなかったため、矢田戸市郎（実名未詳）を養子に迎える。この人物が政春の祖父で、水野忠重（徳川家康の実の叔父）に仕えていた矢田忠左衛門（実名未詳）の二男だ。矢田家の本拠は西三河の高津波（現愛知県刈谷市）であった。ちなみに、戸市郎の妹は織田有楽斎（信長の末弟、長益）の室であり、長男の織田河内守長孝を生む。かくして、戸市郎は関屋家の養子となったわけだが、幸か不幸か、実子の二代目孫兵衛（実名未詳）が生まれる。その二代目孫兵衛は、本多忠政（忠勝長男）のもとで大坂の陣に参戦して手柄を挙げた後、藤左衛門と名乗りを改めた。その子の二代目藤左衛門が、知行五〇〇石取りで引き続き本多家（四代の本多政勝）に仕えていたが、ついに政春と交流することは無かったという。

政春祖父の矢田戸市郎は、孫兵衛の婿養子となって関屋を号したが、孫兵衛に実子（二代目孫兵衛）が生まれたため家を継がず、実父矢田忠左衛門と同じく水野忠重に仕え、天正（てんしょう）十二年（一五八四）に起きた長久手（ながくて）の戦いにおいて二十四歳の若さで討死している。逆算して、生年は永禄（えいろく）四年（一五六一）となろう。したがって、戦国時代をリアルタイムで経験したのは、むしろこの曾祖父や祖父の方といえる。

政春父の佐左衛門（実名未詳）は、遠江国岡田村（現静岡県磐田市）で生まれ、三歳の時に父戸市郎から離れ、継父の村串弥右衛門（実名未詳）に養育されていたところ、十歳ばかりで織田有楽斎のもとへ行き、長孝（有楽斎の長男、美濃野村織田家初代）の部屋住みとなり、慶長（けいちょう）五年（一六〇〇）の関ヶ原の戦いで功あって知行二〇〇石取りとなった。おそらく、父戸市郎の妹が有楽斎の室になっていた縁によるものだろう。織田長孝の従弟にあたる佐左衛門は、長孝・長次の二代に仕えて、元和（げんな）七年（一六二一）七月六日に四十歳で病死しており、天正十年の生まれとなる。

政春の母は、加賀藩士であった中川八右衛門（実名未詳）の嫡女であり、二十九歳の時に夫の佐左衛門が病死したため、四人の子どもを養育し加賀国へ引っ越し、寛文三年（一六六三）二月十日に政春の屋敷にて七十一歳で亡くなった。加賀国へ移ったのは、父である加賀藩士中川家を頼ったものとも考えられ、当時まだ七歳だった政春も伴われたのだろう。政春にとって母方の祖父にあたる中川八右衛門は、『諸士系譜』によると、天正十七年に知行二〇〇〇俵取りで前田利家（加賀前田家初代）に召し抱えられたものの、のちに浪人となり、元和元年に知行八〇〇石取りで前田利常（としつね）（加賀前田家三代）に再び召し出されている。

政春には、二人の姉と一人の妹がいた。長姉は有沢孫作（俊澄）の妻になっている。有沢孫作は知行三〇〇石取りの加賀藩士であった（『加陽諸士系譜』）。次姉ははじめ林孫右衛門（実名未詳）の妻になり、ほどなく夫と死別したのか、その後は不破権之介（実名未詳）に嫁いでいる。妹は馬渕与三左衛門（実名未詳）の室となった。彼女らと政春は同母兄弟であり、政春母が養育した四人の子どもとは、この者たちを指すのであろう。ちなみに長姉は、政春から兵学を教わり加賀藩で有沢兵学を確立した有沢永貞（ながさだ）を生んでいる。宝永（ほうえい）二年（一七〇五）に加賀藩士の今枝直方（なおかた）がまとめた『当邦諸侍系図（とうほうしょざむらいけいず）』によれば、不破権之助（介）は「奥村源左衛門長重家来」、馬渕与三左衛門は「竹田五郎左衛門与力」だという。『寛文元年侍帳』（『加賀藩初期の侍帳』）をみると、馬渕与三左衛門は知行二〇〇石取り、竹田五郎左衛門は知行三六三〇石取りで人持組（ひともちぐみ）に属する上級藩士であった。奥村源左衛門も同じく人持組で、知行三二〇〇石取りの大身だ。つまるところ、政春の姉妹はいずれも加賀藩士（もしくはその家来や与力）に娶られた。

新兵衛を名乗った政春は、七歳の時に父佐左衛門が亡くなり、その知行二〇〇石を幼くして受け継ぎ、美濃野村織田家に仕えた。先述したとおり、父の死後しばらくは母や姉妹とともに加賀にいたと思しい。長孝嫡男の長次（長則、美濃野村織田家二代）が寛永八年（一六三一）に死去して同家が絶えた後、織田長政（有楽斎の四男、大和戒重織田家初代）の取り成しで、政春を含む織田長次旧臣九名が合わせて加賀前田家へ仕官したという。それが、寛永十年五月のことである。

近年、加賀前田家三代の利常が召し抱えた政春に対して出した知行宛行状（あてがい）が発見された。すでに同家から離れて、福井県鯖江市在住の個人の方が、数十年前に購入して現存しているという［大河内二〇一七］。加賀藩士関屋家の出発点となる貴重な史料であり、釈文を左に掲げておく。以下、引用する史料の句読点・傍注は、筆者による。

三ヶ国之内を以、弐百石之所々扶助訖、全可知行之状如件、

寛永十一

十二月廿七日利常（花押）

関屋新兵衛殿（政春）

政春は、前田家の分国である加賀・能登・越中三ヶ国の中で二〇〇石の扶持を与えられた。文政（ぶんせい）十年（一八二七）に政春の子孫である関屋政良が『関屋氏諸系』を修正した『増補関屋氏系譜』は「同（寛永）十一年、先知之通二百石拝領」と記している。これを裏付ける史料であり、禄高はかつて美濃野村織田家臣だった時代に準じたらしい。

この宛行状もそうだが、関屋家に伝来していた史料群の多くは、散逸してしまった。管見の限り、大河内勇介氏が近年に紹介した十数点のほか［大河内二〇一七］、貞享三年（一六八六）九月二日付の関屋市右衛門（政知）宛の前田綱紀（つなのり）（加賀前田家五代）知行宛行状、享保（きょうほう）九年（一七二四）八月十一日付の関屋佐左衛門（政嗣）宛の前田吉徳（よしのり）（加賀前田家六代）知行宛行状、明和（めいわ）九年（一七七二）七月四日付の関屋松之助宛前田治脩（はるなが）（加賀前田家十一代）知行宛行状、以上の三通が二〇二〇年度に金沢市立玉川図書館近世史料館の所蔵に帰している

（請求記号　郷土資料〇九〇―一六九四―五・六・七）。詳しくは後述するが、関屋家で秘蔵されていた『乙夜之書物』については、明治時代初期に旧加賀藩主家に献上された。

五二四条に及ぶエピソード集

それでは、遅まきながら史料の概要をたどってゆこう。『乙夜之書物』上・中・下巻の全三冊は、金沢市立玉川図書館近世史料館の加越能文庫に収められ（請求記号　特一六・二八―一一〇）、石川県指定文化財となっている。各冊の表紙寸法は、おおよそ縦一四・五センチメートル、横一六・五センチメートルだ。『加能郷土辞彙』によると、豊臣・徳川二時代における加賀藩内外に関する事実を筆録したもので、上巻一五九条は寛文九年（一六六九）に、中巻一六九条も同年に、下巻一八一条は寛文十一年に成ったという。

したがって、古くから『乙夜之書物』の存在は少なからず知られていた。そのため、必ずしも新発見史料ではない。早く一八九九年に上梓された永山近彰編『加賀藩史稿』が、記述の典拠で引用している。また、前田家の動向や金沢城の出来事など加賀藩に関する記述の一部は、『加賀藩史料』や『金沢城編年史料』等で翻刻されてきた。また、ここ数年も幾人かの研究者が、『乙夜之書物』を史料として積極的に利用している［大西二〇一六A・B、森二〇一七、大西二〇一八、柏木二〇二〇など］。ごく最近も、本能寺の変関連条文のいくつかを菅野俊輔氏が読み下し、独自の解釈を加えている点［菅野二〇二二］を付言しておく。

まずは筆者なりに『乙夜之書物』の全体像を知るため、各巻に載る条文の冒頭を一覧化したのが『乙夜之書物』内容一覧（本書付録220～250頁）だ。カウント方法による差異もあろうが、上巻は一六五条、中巻は一六七条、下巻は一九二条、計五二四条に及ぶ逸話が収められている。各条のあらましは、ひとまず書き出しから判断いただくほかない。内容は極めて多岐にわたっており、強いて言えば関ヶ原合戦や大坂の陣に関する記述が目立つ。エピソードの時期としては、戦国時代から江戸時代のものがほとんどだ。中には他者から聞いたのではなく、明暦の大火など自らが体験した事柄を実録的に記したもののほか、和歌や薬などのメモ書きのような条文も見える。

聞書という性格上、著者の関屋政春が誰から聞いた話なのか、またその話は又聞きなのかなどに注意するため、証言者が判明する限りにおいて表中に示した。木下順庵や沢田宗堅ら加賀藩に仕えた儒者を含む加賀藩士たちが最も多く、美濃野村織田家時代の同僚家臣のほか、兵学の師である山鹿素行も散見する。一方で、「或人」や「古兵」とだけあって具体的に誰かは分からないものや、そもそも取材源を全く記さない条文など、どこから得た情報なのか不明なエピソードが少なくないのも事実だ。

参考までに、すでに他書で翻刻されている条文については、その旨を翻刻・その他欄に記した。これらのほか、本書でも取り上げないもので読者諸賢が興味を持たれた条文については、ぜひ史料原本にあたっていただきたいと思う。

息子たちに他見を禁じる

次に、各巻の奥書をそれぞれ確認しておこう。釈文は原文改行で示す。

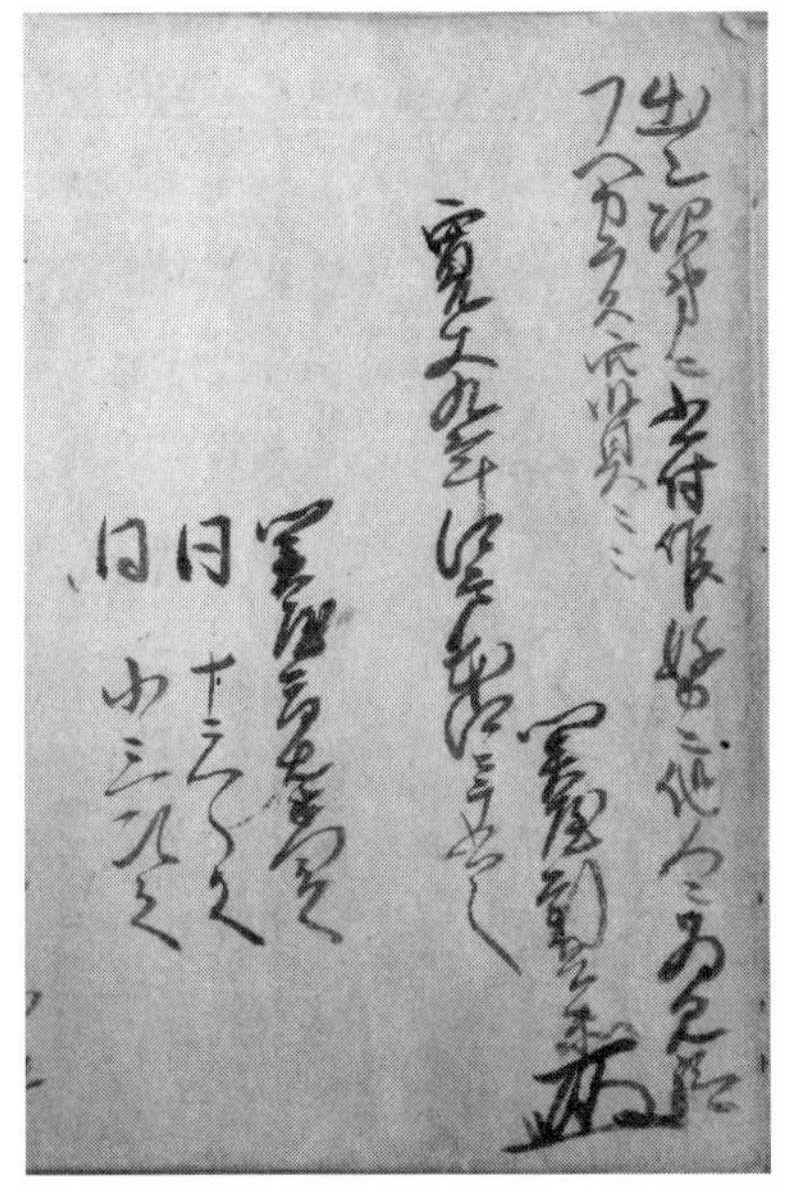

図2　『乙夜之書物』奥書

上巻84丁表（右）・同裏（左）

〔上巻　奥書〕

右ハ我等若年ヨリ今日マテ聞シ物語ノ内
耳ニ留リ首尾ヲモシロキ事トモヲ思イ
出シ次第ニ書付候、努々他人ニ為見給
フヘカラス、穴賢々々、

関屋新兵衛（政春）（花押）

寛文九年江戸本郷ニテ書之、

関屋市右衛門（政知）殿
同　十三郎（政良）殿
同　小三次（政晟）殿

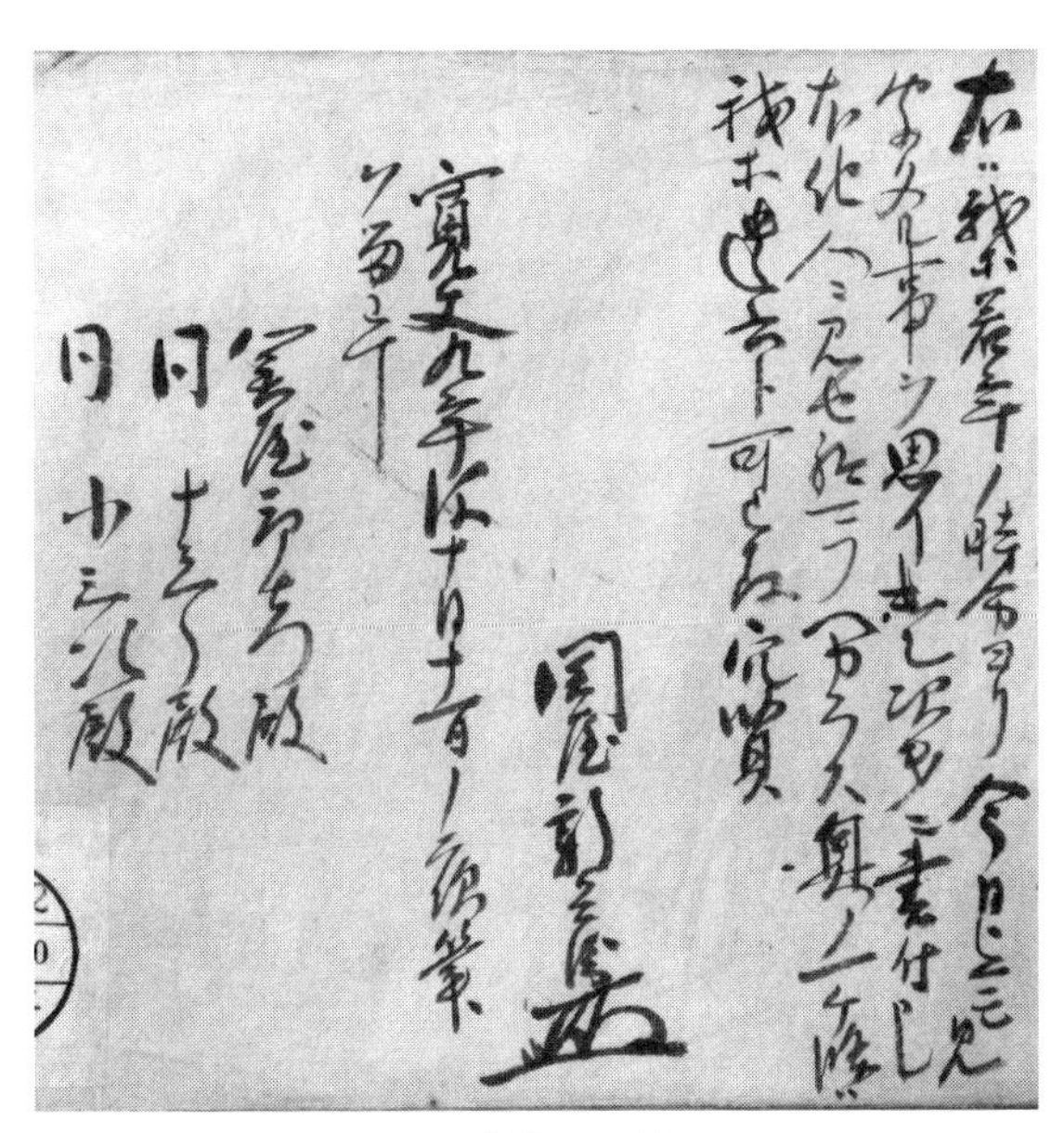
中巻 77 丁表

〔中巻　奥書〕

右ハ我等若年ノ時分ヨリ今日迄モ見
聞タル事ヲ思イ出シ次第ニ書付申候
故、他人ニ見セ給マフヘカラス、奥ノ一ヶ條ハ
我等遺言ト可被存候、穴賢、

関屋新兵衛（花押）

寛文九年後十月十一日ノ夜筆
ヲ留畢、

関屋市右衛門殿
同　十三郎殿
同　小三次殿

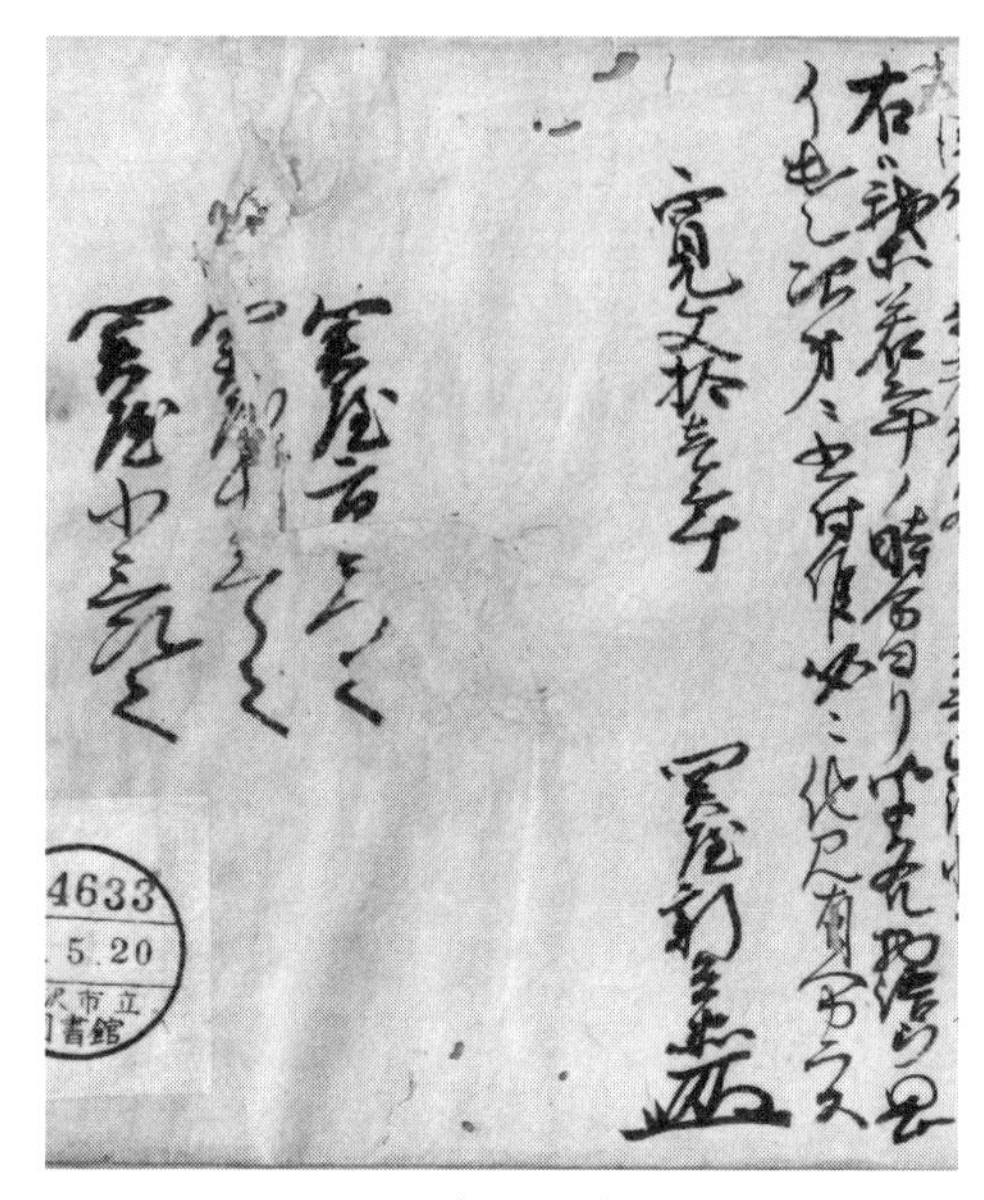

下巻 73 丁表

〔下巻　奥書〕

右ハ我等若年ノ時分ヨリ聞タル物語ヲ思イ出シ次第ニ書付候、必々他見有ヘカラス、

寛文拾壱年　　関屋新兵衛（花押）

関屋市右衛門殿

関屋　十三郎殿

関屋　小三次殿

これら奥書によると、本書は関屋政春が若い頃から今日までに見聞してきた事柄で、興味深かったエピソードを思い出しながら書き連ねたものだ。付録『乙夜之書物』内容一覧でまとめたとおり、編年順に整理されているわけではなく、墨で消されたままの条文もあり、清書本という感じは無い。かといって下書きでもなく、政春が奥書で述べるごとく、記憶をたどりながら思うままに列記したのであろう。よって、むろん著者の勘違いを含むことが考えられるため、その点で聞書としての史料的価値は割り引く必要がある。

上巻は寛文九年（一六六九）に江戸本郷で著したもので、おそらくは本郷（現東京都文京区）にあった加賀前田家の江戸藩邸、もしくはその「大門ノ脇」にあった宿舎〔『乙夜之書物』中巻48丁裏〕で書き記したのだろう。同年閏十月十一日までにまとめられた中巻の奥書では、最後の条文は遺言とみなすように命じていることから、当初は中巻までの二冊完結の構想であって、二年後に完成する三冊目（下巻）をまとめる予定は無かったのかもしれない。

宛名に見える「市右衛門」「十三郎」「小三次」の三名は、政春の息子たちだ。いずれも母は前田刑部（ぎょうぶ）の娘であり、同母の兄弟であった。市右衛門は、『関屋氏諸系』によると正保（しょうほう）四年（一六四七）生まれの二男で、『加陽諸士系譜』によると実名は政知だという。十三郎は、『関屋氏諸系』によると承応（じょうおう）二年（一六五三）生まれの三男で、『増補関屋氏系譜』によると、実名は政良であった。小三次は、同じ『増補関屋氏系譜』によれば、万治元年（一六五八）生まれの四男政晟である。『乙夜之書物』上巻が書かれた寛文九年の段階でいえば、市右衛門は二十三歳、十三郎は十七歳、小三次は十二歳であった。『乙夜之書物』原本は、現存するこの自筆本のみであり、三人の息子へそれぞれ一冊ずつ与えたわけではなかったようだ。老境に入った政春は、二男・三男・四男らに宛てて一冊を書き残したのである。

とりわけ注目したいのは、いずれの巻でも、他人に見せることを厳しく禁じている点だ。したがって、第三者に読まれることを意識しておらず、記述の作為は少ないと考えてよい。この秘匿性こそ、『乙夜之書物』の史料的価値を担保する重要な要素だ。子孫たちがその言い付けを守った証左であろう、『乙夜之書物』の書写本は管見の限り、一つも見出されていない。結果、天下の孤本ともなっているのである。

ちなみに、政春には寛永二十年（一六四三）生まれの八之丞（実名未詳）という長男がいた。『関屋氏諸系』

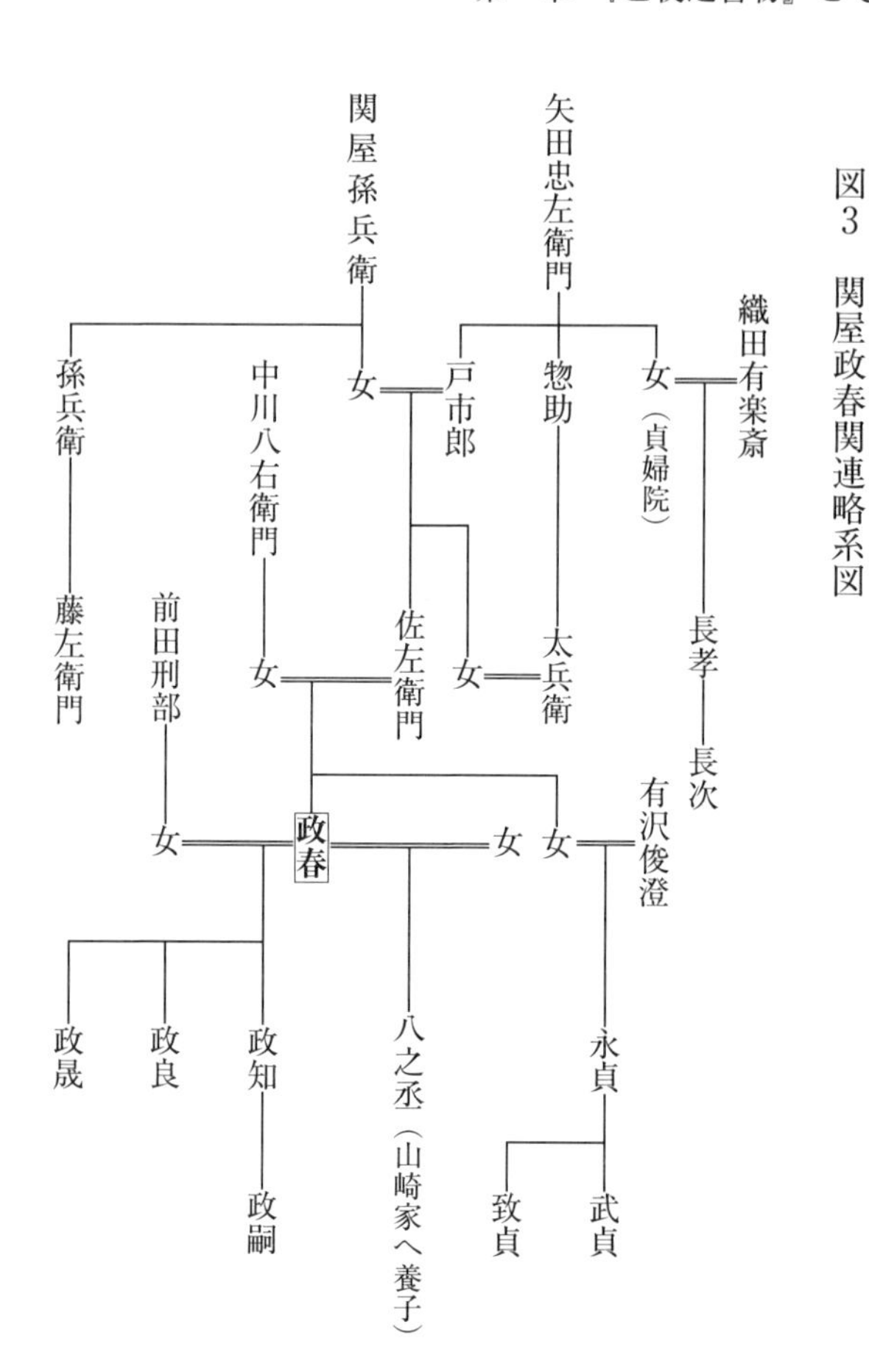

図3　関屋政春関連略系図

によると、二男以下とは異母兄弟であり、「下借腹（げしゃくばら）」と記され、本妻の子ではなかったためなのか、幼い頃に加賀藩士の山崎八郎右衛門（実名未詳）の養子に出されている。そして、寛文十三年に三十一歳の若さで病死した。『乙夜之書物』完成時にはまだ健在なのだが、政春はこの長男八之丞を奥書の宛所に含めていない。その点からも、関屋家の限られた男子にのみ閲覧が許された、本史料の秘匿性を読み取ることができよう。

関屋家秘蔵の書はいつ流出したのか

それでは、他人の目に触れることを禁じた関屋政春の指示を守り続けてきた同家の子孫たちが、秘蔵する『乙夜之書物』を手放してしまったのはいつ頃のことだろうか。

いまのところ、関屋家から離れたことを示す初見は、東京大学史料編纂所蔵『大日本史料稿本』である。『大日本史料稿本』は、将来の『大日本史料』出版に向けて、一八七六年から準備・蓄積されてきた原稿本だ。その「一五七―廿三」の「七等掌記小倉秀貫纂」の中に、『乙夜之書物』は「関屋政春覚書（前田家蔵書）」という書名で、伊達政宗の小田原参陣に関する記述が謄写されている。その部分は本書の第五章第四節で詳しく紹介するので、ここでは深入りせず、小倉が謄写した段階で前田家（旧加賀藩主家）の蔵書となっていた事実を押さえたい。では、小倉が謄写したのは、いつなのだろうか。

『大日本史料稿本』作成のために前田家蔵書を調査した小倉秀貫（安政二年［一八五五］生～明治二十九年［一八九六］没）が七等掌記（第三局第二部）の役職にあったのは、太政官修史館時代の一八八四年と一八八五年の二年間のみだ（『東京大学史料編纂所史 史料集』）。当時の修史館第三局は纂輯課と呼ばれ、「掌記、史料ヲ採輯スル所」だった。よって、一八八五年までに修史館（現東京大学史料編纂所）が、前田家蔵書となっていた『乙夜之書物』とみられる「関屋政春覚書」を調査していたと判明する。要するに、遅くとも同年頃までに関屋家から前田家へ移っていたといえよう。だとすると、なにゆえ前田家の所有に帰したのであろうか。

一八六九年十二月に加賀前田家十四代当主の慶寧が、旧加賀藩と前田家の歴史編纂を目的として、金沢城内に家録方という組織を設け史料蒐集に着手している。そして、藩士や社寺、農民や町人に至るまで、加

図4　前田斉泰・慶寧・利嗣三卿連座像（尾山神社蔵）

賀・能登・越中の旧加賀藩領における様々な史料を蒐集し始めた。しかし、一八七一年の廃藩置県によって慶寧が東京に去り、一八七四年の五月に死去すると、この事業は自然に消滅していったようである〔堀井二〇一〇〕。ただし、慶寧が没するまでに史料蒐集の大要は終わっていた〔前田利為公伝記編纂委員会一九八六〕。いったんは中断に追い込まれたものの、一八八三年三月に十五代当主の前田利嗣が、慶寧の志した事業を引き継ぐ。本郷（現東京都文京区）の邸内に前田家編輯方を設け、藩政関連史料の書写を進めて、再び歴史編纂事業に乗り出していく。その過程で集まった諸史料は、同家の尊経閣文庫に収められた。

このような流れをふまえたうえでの推論となるが、『乙夜之書物』は一八七四年までに、慶寧が進めていた史料蒐集の中で、関屋家から旧加賀藩主家である前田家へ献上されたのではあるまいか。「松雲公」こと五代綱紀の時代にも多くの資料が蒐集されているが（『松雲公採集遺編類纂』など）、その際に『乙夜之書物』は蔵書に加わらなかった点が傍証となろう。

図5 『乙夜之書物』箱と表紙

書名の名づけ親と由来

『乙夜之書物』という書名について、『加能郷土辞彙』は「政春これを筆記してその子に与へたが、後前田綱紀に献ずるに及び、書名が定まつたものであらう」と説く。綱紀は、関屋政春も仕えた加賀前田家五代当主である。しかし、綱紀に献上した根拠は無く、書名が定まった時期も綱紀期（万治元年〔一六五八〕～享保八年〔一七二三〕）とは断定できまい。

現在『乙夜之書物』上・中・下巻の三冊は、木箱に収められている。その箱書に「松雲公親著　桑華字苑乙夜之書物　三冊」とあり、松雲公こと綱紀当人の著作物だと勘違いされていたらしい。上・中・下巻の各表紙に貼られた題箋も「桑華字苑　乙夜之書物」と記す。『乙夜之書物』の翻刻の一部が、『加賀藩史料』に「桑華字苑（そうかじえん）」の資料名で収められているのは、そのためだ。たしかに、綱紀には『桑華字苑』という著作がある。『桑華字苑』は、日本と中国の文字や書物に関する雑記帳で、これを綱紀が座右に置いて徒然なるままに諸々のことを絵や拓本入りで記入したものだ〔石川県立美術館二〇〇〇〕。庚午（元禄三年〔一六九〇〕）から庚子（享保五年〔一七二〇〕）にかけて年を追って書き継いでいる〔菊池二〇一六〕。しかし、誰がどうして誤解したのか分からないが、『乙夜之書物』は藩主綱紀の自筆とみなされたことで、木箱にまで仕立てられた可能性を想定しておきたい。

一八八四・一八八五年頃に太政官修史館が調査した『大日本史料稿本』には、「乙夜之書物」でも「桑華字苑」でもなく、「関屋政春覚書」という書名で採輯されている。よって、まだこの段階では箱書も表紙題箋も付いていなかったのだろう。そのため、政春の覚書といった程度の意味合いで仮称されたにちがいない。一方、一八九九年に発刊された『加賀藩史稿』には「乙夜之書物」という史料名で引用されている。したがって、そのように命名されたのは、少なくともこの間だと推定できよう。だとすると、前田家編輯方が蒐集した史料を整理する中で、表紙に題箋を貼るとともに、木箱も仕立てたのかもしれない。推測を重ねる結果となったが、「乙夜之書物」という史料の名付け親は、明治期の旧加賀藩主家だったと思われる。

それでは、なぜ「乙夜之書物」というタイトルをセレクトしたのか。「乙夜」とは、午後九時頃もしくは十時頃から二時間を指す言葉だ。中巻の奥書に「寛文九年後十月十一日ノ夜、筆ヲ留畢」とあり、夜に記した書物という意味でつけたと推測できよう。だが、中巻の奥書を夜に記したのは事実としても、そのほかの部分もすべて夜に書き継いだ確証は全く無い。あるいは、天子は昼間忙しいので乙夜になってから読書をしたという、中国の故事「乙夜之覧」にならって名づけた可能性もあろうか。この場合、著者と誤解された藩主綱紀を天子に見立てたことになる。

さて、ここで述べておきたいのが、『乙夜之書物』が偽書である可能性は無いかという点だ。たしかに、本文を読み進めていくと、現代風の表現が散見というほどではないにせよ、皆無ではないことに気付く。例えば「アブナカツタ」「ドロボウ」「シャクリ」「ベラベラ」などだ。「シャクリ」は『日葡辞書』に載るものの、ほかの語は本当に江戸時代前期から用いていた言葉なのか、いささか気がかりではある。しかし、繰り返しになるが、『乙夜之書物』は秘匿性が高い。第三者に読まれることを想定していない以上、後世に偽作する意味は乏しいだろう。また、寛文九年（一六六九）と同十一年に記された奥書に不自然なところはうかがえず、紙質や筆跡などにも目立って不審な部分はみられない。結句、いまのところ偽書と判断する必要はないと考えている。

『政春古兵談』との関係

関屋政春の著作と言えば、おそらくは『乙夜之書物』よりも『政春古兵談』の方が知られてきた。後述するとおり同書は、実際には有沢武貞が享保二十一年（一七三六）に編集したものとみられる。しかし、これまで政春の著作とされ、部分的ながらも『加賀藩史料』等で翻刻されてきた。とりわけ、本能寺の変に関して、惟任光秀が最初に謀反を打ち明けたのは明智左馬助だったこと、重臣斎藤利三の帰属をめぐって織田信長が光秀を折檻した点などが記され、一部の研究者が注視してきた史料だ［和田二〇一七、桐野二〇二〇Bなど］。その『政春古兵談』には、『乙夜之書物』とよく似た内容が散見する。近年、加賀藩の武辺咄文化に着目した森暁子氏が、『乙夜之書物』は加賀藩士や兵学者等の語った武辺咄を多く含む雑文集であり、『政春古兵談』と同じく子息宛ての体裁を取るため、本来は両史料が一体の存在であったと推定した［森二〇一七］。

この点について、私見を述べておこう。何をもって一体とみなすかは難しいものの、たしかに『政春古兵談』は、政春が子息たちに宛てた自筆覚書の写しをベースとしたものだ。つまり、その政春の自筆覚書は、閲覧すら関屋家だけに制限された『乙夜之書物』とは全くの別物で、筆写が許されていたわけである。しかも、政春甥の子で、同じ加賀藩の兵学者である有沢武貞が、享保二十一年に抜書や補筆を行っているほか、独自の注釈も足しており、忠実な写しではない。よって、政春の著作というよりも武貞が編集した史料と捉えるべきものである。

ただし、武貞が編集した『政春古兵談』の原本は確認されていない。管見の限り、金沢市立玉川図書館近世史料館（加越能文庫）と石川県立図書館（森田文庫）に写しが残り、いずれも六巻六冊本となっている。玉川図書館本の筆写時期は不明だが、石川県立図書館本は慶応(けいおう)二年（一八六六）に南部氏（実名未詳）が謄写したものだ。武貞が編集の元にした政春の自筆覚書は、延宝元年～七年（一六七三～七九）にかけて著されたものだったようだが、こちらも所在不明で確認されていない。また、『政春古兵談』には延宝八年以降の情報を載せる巻もあり、武貞による独自の追記を推察できる。政春自筆の覚書を武貞へ貸し出したのは、市右衛門政知の嫡男佐左衛門政嗣で、政春の孫にあたる人物だ。こちらの自筆覚書は、政春から他見を禁じられていなかったため、政嗣は又従兄弟の武貞の求めに応じて貸し出したのだろう。武貞の自筆日記である『有沢武貞年譜』（金沢市立玉川図書館近世史料館蔵）の享保二十一年条に「一、政春自筆之覚書六冊うつし、序ニ(有沢)永貞古兵談、反故ノ裏ニ下書仕少々ヲモ序ニ書改、草稿脱之、春中ニ出来也」と見える。この時に武貞が写した「政春自筆之覚書六冊」こそ『政春古兵談』のベースとなったものであろう。

結句、『乙夜之書物』と『政春古兵談』は、似て非なる書物としてよい。まとめると、次のようになろうか。

■関屋政春著『乙夜之書物』寛文九〜十一年　三巻三冊本　他見×　原本あり・写本なし

■関屋政春著「政春自筆之覚書」延宝元年〜七年　六冊本　他見○　原本不明・写本不明

※関屋政嗣が有沢武貞へ貸出、武貞が借用・書写、補筆・追記・編集

■有沢武貞編『政春古兵談』享保二十一年　六巻六冊本　他見○　原本不明・写本あり

要するに、『乙夜之書物』と『政春古兵談』それぞれに似た逸話が載せられている場合、成立年代が古く、他者による編集の手が加えられていない政春自筆本である、前者の記述を採るべきであろう。その一方、『乙夜之書物』には載らず、『政春古兵談』にしかみられない情報も散見する。本書でも、参考資料として『政春古兵談』を適宜引用していく。

小括 ─『乙夜之書物』の性格と伝来─

本章を結ぶ前に、『乙夜之書物』の史料的性格や伝来経緯などについて、いま一度まとめておこう。

『乙夜之書物』は、加賀藩の兵学者であった関屋政春（慶長二十年［一六一五］生〜貞享二年［一六八五］没）が、寛文九年（一六六九）から十一年にかけて著した自筆のエピソード集だ。彼が見聞した様々な逸話について、

上・中・下巻の三冊にわたって計五二四条を記している。誰から聞いた話なのかという情報も時に書かれており、その出どころを把握することで、記述の確度を見定めることができよう。

現代の我々は、金沢市立玉川図書館近世史料館まで赴けば『乙夜之書物』を閲覧することができる。だが、そもそも政春は、二男政知・三男政良・四男政晟ら三人の息子たちに宛てて、他人には決して見せないように厳しく命じており、極めて秘匿性の高い史料であった。当時の文章表現なのか気がかりな言葉もまれにみられるものの、第三者に読まれることを想定しておらず、偽作する必要性は乏しく、江戸時代前期の自筆史料と捉えて大過ない。従来知られてきた『政春古兵談』（有沢武貞編、享保二十一年［一七三六］成立）よりも、良質な史料と判断できる。

他見を禁じた政春の言い付けは子孫たちによって守られ、『乙夜之書物』は長く関屋家で秘蔵されていた。けれども、明治初期に行われた加賀前田家十三代当主慶寧による史料蒐集事業を受けて、旧加賀藩主家へ献上され、前田育徳会尊経閣文庫の蔵書に加えられる。のち一八八四・一八八五年頃に、太政官修史館の調査が入り、「関屋政春覚書」の書名で一部の釈文が『大日本史料稿本』に採輯された。その後、一八九九年頃までに「乙夜之書物」という史料名が付けられたのだ。そして、戦後に金沢市へ移管され、市立図書館近世史料館の加越能文庫に収まり、同館で閲覧に供され、今日に至っている。いまなお書写本が確認されていない（おそらくは存在しない）、天下の孤本だ。

『乙夜之書物』は、前田家関係史料に精通する大西泰正氏をして「比較的信頼できる編纂資料」と言わしめている［大西二〇二〇］。一方で大西氏は「同書における加賀藩士の見聞・経験談には史実として採るべき記事が少なくないが、典拠不明かつ世上に流布する軍記物に拠ったかのような主張、軍記物的な粉飾が想定される部分は無批判に受容できない」と警鐘も鳴らす［大西二〇二一］。もっともな注意喚起だ。あくまで『乙夜之書物』は後世の聞書であり、慎重に史料批判を加えることで、信頼に値する記述を見出すこともできるだろう。

縷々（るる）述べてきたごとく、戦前から一部の加賀藩研究者や国文学研究者らの間で『乙夜之書物』は、まさしく知る人ぞ知る史料であった。かくいう筆者も、数年前にひと通り全冊を見たことがある。しかし、当時は関心の幅が狭く、なにぶん分量も多かったため、筆者が関心をもつ富山に絡むトピックしか気にかけなかった［萩原二〇一八］。いま思えば、研究者としての感性の鈍さを恥じ入るばかりだ。二〇二〇年の秋頃に機会があって再び閲覧していたところ、戦国時代に関する興味深い情報が多く存在することにいまさらながら気づいた。むろん、それらは玉石混淆なので、あくまで十分な検証を経ることが必須であろう。

以下、章をあらためて、ようやくながら、惟任光秀の乱に関する『乙夜之書物』の記述を紹介していくことにしたい。

【コラム】『乙夜之書物』、何と読む

二〇二一年初めの新聞報道等によって、巷間での知名度が一挙に高まった『乙夜之書物』ではあるが、そもそも、正式な史料名（漢字の読み方）が確定しているわけではない。筆者は「いつやのかきもの」とルビを付けたが、乙夜は「いつよ」「おつよ」「おつや」とも読むことができ、書物とて「しょもつ」とするのが素直だろう。単純な疑問として「かきもの」であれば「書き物」となるのではないか。そのため、「おつよのしょもつ」と呼ぶ余地すらあろう。

明治期に関屋家から旧加賀藩主家へ献上されたとみられる『乙夜之書物』は、もともと同家の蔵書を収める前田育徳会尊経閣文庫（現東京都目黒区）にあった。同文庫の目録『尊経閣文庫加越能文献書目』（一九三九年）には「乙夜之書物　三巻　関屋政春撰　寛文九―十一年写（自筆）　三　什桑」と取り上げられている。注目すべきは、この目録の索引で「イ」ではなく「オ」に配されている点だ。そのため、少なくとも前田家へ移って以降、「おつや」もしくは「おつよ」と読んでいたことになる。ただし、「しょもつ」か「かきもの」かまでは分からない。

一方、『加能郷土辞彙』（一九四二年）は、「オツヤノシヨモツ」とフリガナを振っている。編者の日置謙は、前田育徳会の編輯員を委嘱された経歴をもち、むろん『尊経閣文庫加越能文献書目』の索引が「オ」で採っていることもふまえていたにちがいない。「おつよ」ではなく「おつや」をセレクトしたうえで、「かきもの」ではなく「しょもつ」と読んだわけだ。また、国文学研究資料館が編集している『日本古典籍総合目録データベース』でも、『乙夜之書物』を「おつやのしょもつ」という名で載せている。確たる根拠は不明だが、『加能郷土辞彙』によったのかもしれない。したがって、通説としては、おそらく「おつやのしょもつ」に軍配が上がるだろう。

にもかかわらず、筆者が「いつやのかきもの」と

ルビを付けたのは、本史料を所蔵する金沢市立玉川図書館近世史料館の目録カードに「いつやのかきもの」とフリガナが記されているゆえだ。本史料に興味関心を抱いた方々が、これから原本にアクセスする際の便宜を第一に考えたからである。けれども、実のところその近世史料館内でさえ、どうも昔から「いつやのかきもの」と呼ばれてきたわけでもなさそうなのだ。

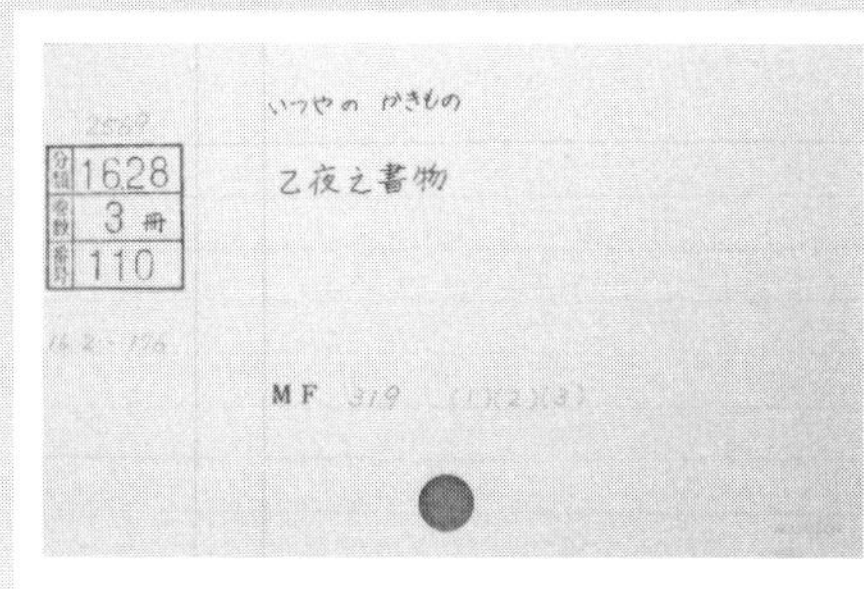

図　玉川図書館近世史料館の目録カード

　戦後の一九五三年に、『乙夜之書物』を含む尊経閣文庫内の加越能文献が金沢市へ寄贈され、市立図書館で整理作業が行われた。その結果として作られた『加越能文庫目録』（一九六四〜六六年）を見てみると、分類ごとに五十音順で史料が配列されているのだが、『乙夜之書物』は目録上編「歴史・伝記」の項目の中で、「御続書帳（おつづきかきちょう）」と「大音氏家系（おとおしかけい）」の間に掲げられている。フリガナは振られていないものの、「いつ」ではなく「おつ」で読み始めていたことは間違いない。

　その後、一九六七年度から、項目分類をより詳細にして史料ごとに簡略な解説も付ける、新たな目録作成事業が始まった。十年以上の歳月をかけたその調査成果は『加越能文庫解説目録』（一九七五〜八一年）として結実し、巻末には索引が付けられている。ところが、そこに『乙夜之書物』は「お」ではなく「い」に載っており、当時の調査で「いつやのかきもの」とあえて読んだことになろう。何か根拠があってそう読んだのか、今となっては知る由もない。とはいえ、この読み方で目録カードが作成され、現在まで踏襲されていく。つまり、「いつやのかきもの」と呼ぶようになったのは、実はせいぜいここ半世紀の話と捉えられる。もしかすると、本書によって「いつやのかきもの」と読むことが、さらに一般化していくのかもしれない。

第二章　『乙夜之書物』が記す織田信長攻め

写真・翻刻

第一節　謀議と挙兵

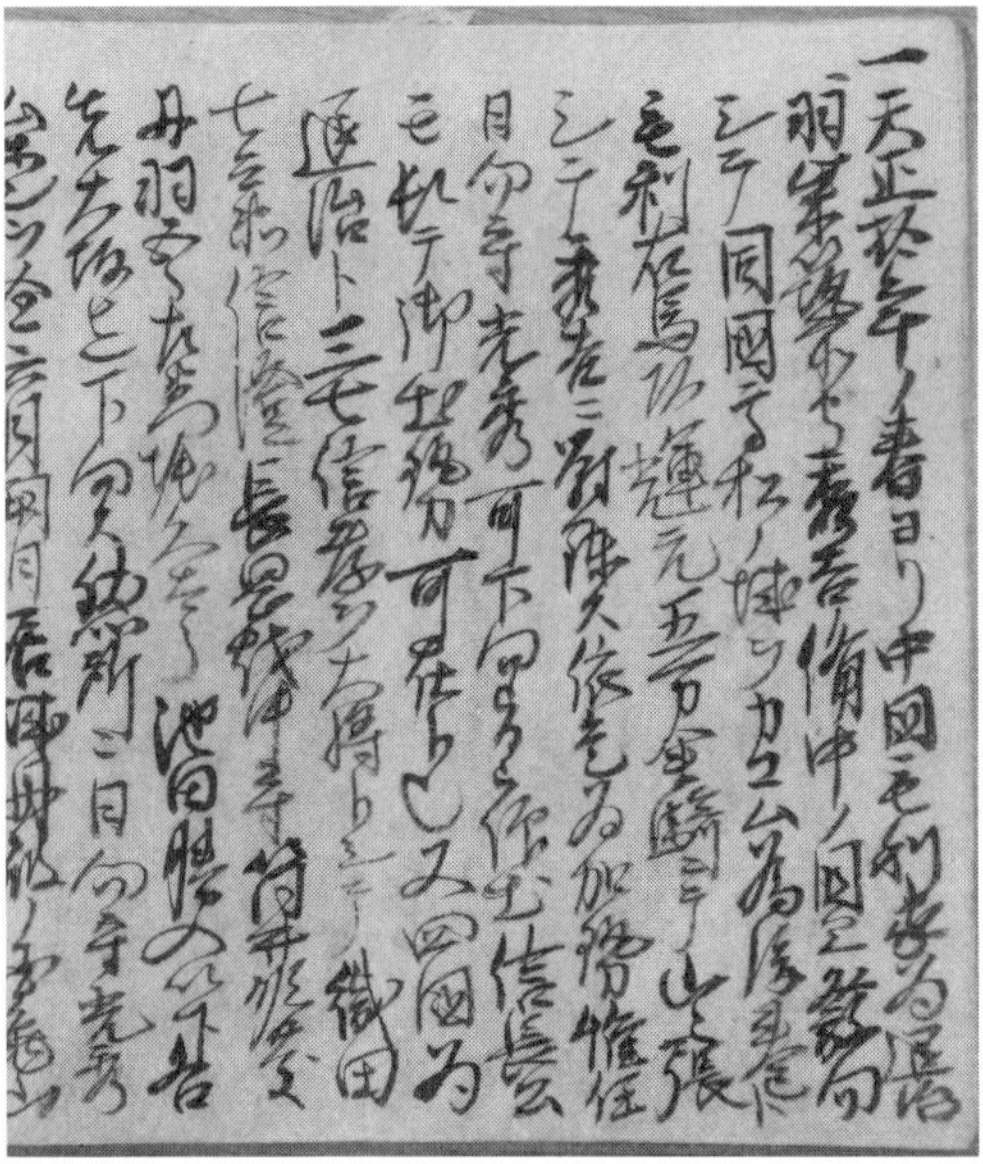

(上巻51丁裏)

(上巻51丁裏)
一天正拾年ノ春ヨリ中国毛利家為退治
羽柴筑前守秀吉備中ノ国ヱ発向
シテ同国高松ノ城ヲカコム、為後巻ト
毛利右馬頭輝元五万余騎ニテ出張
シテ秀吉ニ対陳ス、依是為加勢惟任
日向守光秀可下向旨被仰出、信長公
モ頓テ御出勢可在ト也、又四国為
退治ト三七(織田)信孝ヲ大将トシテ織田
七兵衛信澄・長岡越中守(細川忠興)・筒井順慶
丹羽五郎左衛門(惟住長秀)・堀久太郎(秀政)・池田勝入(恒興)以下各
先大坂迄下向ス、然所ニ日向守光秀

（上巻51丁裏）

（上巻52丁表）

ムホンヲ企、六月朔日居城丹波ノ国亀山
ヲ打立中国発向トヒロウシテ人数ヲ
亀山ヱアツムル、斎藤内蔵助（利三）ハ同国笹（篠）山ノ
城ニ居ス、朔日ノ昼時分ニ亀山ヱ着ス、
其間光秀内蔵助ヲ待兼、今ヤ〳〵ト云、
昼時分ニ内蔵助マイリタルト云、光秀
色代マテ出ムカイ内蔵助カ手ヲ取テ
奥ヱ入ル、其外侍大将同道在リ、何モ
数寄屋ヱハイリテ光秀座上ニ居テ

（上巻52丁表）

各ニムカイ、シバシ目ヲフサギ大息ヲ
ツギ、我等ハ気ガチガイタルハト云、
各キヤウサメ気ハヅンダリ、其時、ムホンナル
ハト云、内蔵助云唯今迄御延引ナリ御先
ハ我等可仕ト云、残ル衆ハ是ニ同ズ、光秀
扨ハ満足ナリ左馬助（明智）トイワレケレハ、勝手
ノ口ニ居タルト見ヱテ数寄屋ノ内ヱハイル、
各同心ナルハト云、左馬助目出度奉存ト
云、扨何モアツキニ何ソトイヱハ、道明寺ヲ
ヒヤシテ出ス、其後光秀左馬助ソレ〳〵

（上巻 52 丁表）

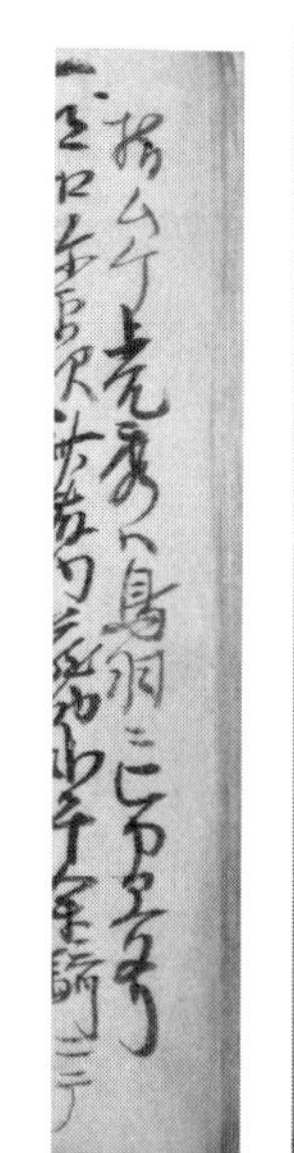

（上巻 52 丁裏）

トイワレケレバ、硯箱ニ料紙ト熊野ノ
午玉ヲ出ス、各血判スミテ亀山ノ城
ヲ朔日ノ暮前ニ立テ、大井ノ山ヲ打
越テ夜中ニ■〔掛カ〕桂川ニ至リ、諸軍
ヲ川原ニ座備テ兵粮ツカヱト云、各
心得ヌ事哉、亀山ヲ出テヤウ〳〵三里
計来リテ何事ゾト思イナガラ竹
葉ツカイケル所ニ、物頭トモ乗廻シ
本能寺ヱ取カクルゾ各其心得可仕
ト云、諸軍フルイタルトナリ、扨本能寺
ヱハ明知〔智〕弥平次・斎藤内蔵人数弐千余キ

（上巻52丁裏）

指ムケ、光秀ハ鳥羽ニヒカヱタリ、

大意

一つ

天正十年（一五八二）の春頃より、中国の毛利家を討滅するために、羽柴秀吉が備中国へ出陣して高松城を包囲した。後援のために毛利輝元は五万余騎を率いて出陣し、秀吉軍に向き合った。このため（秀吉への）加勢として惟任光秀が現地へ赴くよう（織田信長から）命令が下された。信長公本人もすぐに出陣されるとのことであった。また、四国（の長宗我部氏）を成敗するため、織田信孝を大将として織田信澄・長岡（細川）忠興・筒井順慶・丹羽（惟住）長秀・堀秀政・池田恒興らをまず大坂まで遣わした。そのような中で、光秀は謀反を企てた。

（光秀は）六月一日に居城の丹波亀山を出て中国へ向かう名目で兵を亀山城へ集める。斎藤利三は丹波篠山城におり、一日の昼頃に亀山へ着いた。その間ずっと光秀は利三の到着を待ちかねて「今か今か」と述べ、昼頃に利三が着くということで、光秀は出入り口まで出迎え、利三の手を取って奥へ入っていった。そのほかの侍大将たちも付き従った。皆々は数寄屋へ入り、光秀は上座に座して皆に向かい、しばらく目を閉じて大きく息を継ぎ、「私は正常な判断ができないのかもしれない」と語り、皆は興が醒めて気が弾んだその時、光秀が「謀反というものは…」と述べると、利三は「いままで引き延ばされてきたのです、先鋒は私が引き受けましょう」と言い、残りの者たちもこれに賛同した。光秀は「さては満足である、左馬助」と呼ばれたので、（明智左馬助は）勝手口に控えていたと見えて、数寄屋の中へ入ってきた。（光秀が）「みな同じ気持ちである」と述べ、左馬助は「めでたいことと存じます」と返した。（光秀は）「さて皆の者も暑いので何か無いか」と言ったところ、（左馬助は）道明寺（粉を溶いた水）を冷やして出した。

その後光秀が「左馬助、それぞれへ」と言われたので、（左馬助は）硯箱に料紙と熊野の牛玉を出した。皆々は血判を終えて、亀山城を（六月）一日の日暮れ前に発ち、大枝山を越えて、夜中に桂川へたどりつい

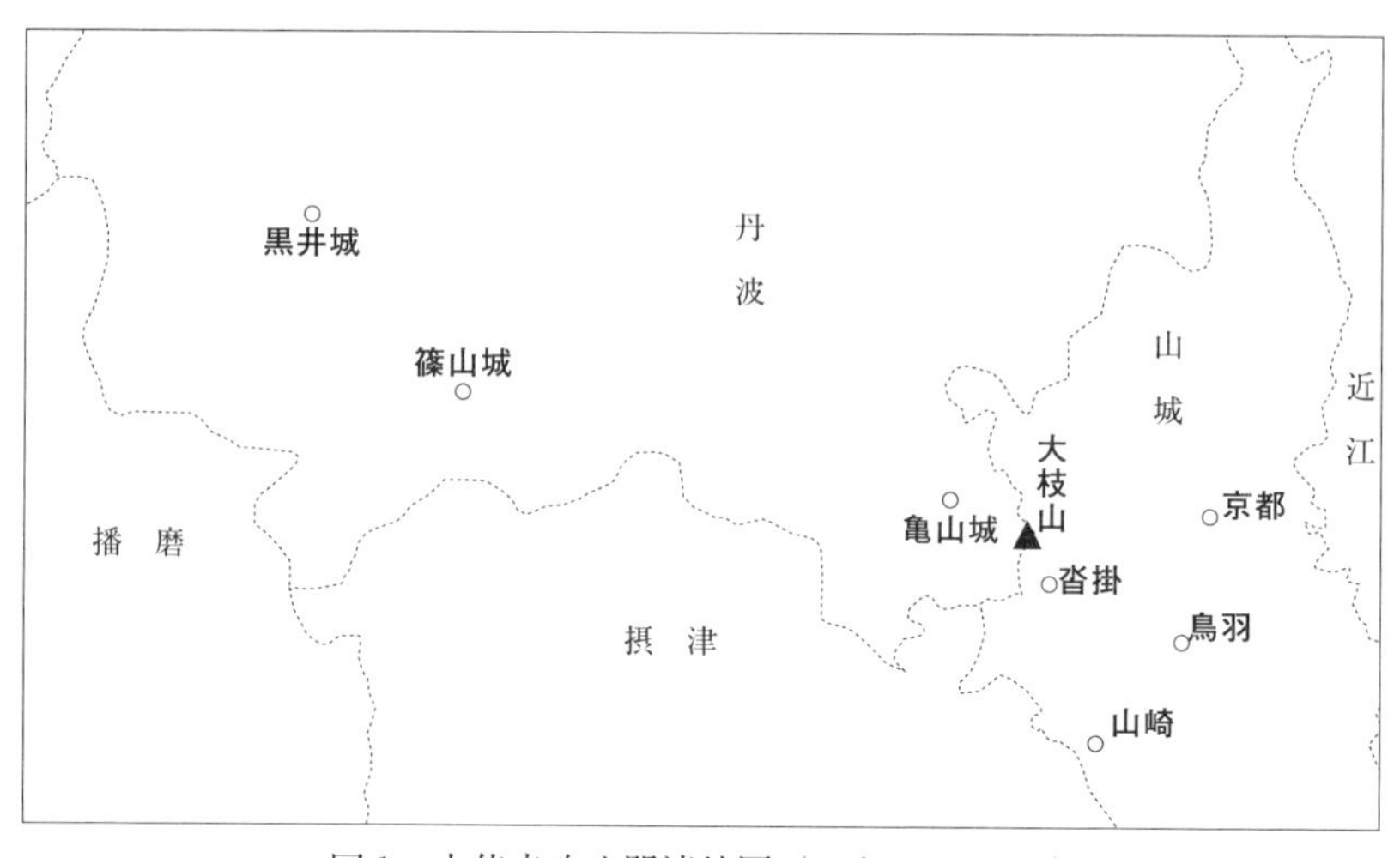

図1 本能寺攻め関連地図（丹波・山城近辺）

た。（光秀は）「兵を川原に座らせて休息を取れ」と命じた。兵たちにとっては首をかしげることだったのだろう、亀山を出てようやくまだ三里ほどを来たばかりなのに何事かと思いながら酒を飲んでいたところに、物頭（ものがしら）たちが馬で陣中を回り「本能寺へ攻め入るぞ、皆々その心づもりをせよ」と伝え、兵の士気は奮い立った。本能寺へは明智弥平次と斎藤利三が率いる二〇〇〇余騎を差し向け、光秀は鳥羽にひかえた。

解説

斎藤利三の到着を待つ

本節で紹介した翻刻部分はすべて、惟任光秀家中の筆頭重臣であった斎藤内蔵助（くらのすけ）利三の三男利宗（としむね）の証言に基づく。次節の解説にて詳述するが、加賀藩士の井上清左衛門が、大叔父（祖母の兄）の利宗から聞いた内容を関屋政春（せきやまさはる）に語ったものだ。利宗は本能寺攻めの最前線にいた当事者であり、話は羽柴秀吉の中国毛利攻めから始まっている。

秀吉は、天正十年（一五八二）四月に、備前国へ出陣した。

図２　明智光秀像（岸和田市 本徳寺蔵）

五月八日には、備中高松城（現岡山市）を包囲している。その報を受けて、毛利氏は総力を挙げて救援に乗り出す。当主の毛利輝元自ら軍勢を率いて出陣した。その数は、五万余騎とある。実際、当時の秀吉の言によれば、毛利軍は五万ばかり、対する秀吉軍は二、三万ほどであったという〔『豊臣秀吉文書集』「金井文書」〕。たしかに、秀吉軍単独で毛利軍の主力と対峙するのは荷が重い。そこで、援軍を求める使いを安土城（現滋賀県近江八幡市）へ送り、信長は光秀と池田恒興に中国出陣の準備を命じた。そして、自らも中国・四国攻略戦の進行を見届けるために、小姓たち二十から三十人ほどを連れて上洛する〔『信長公記』〕。これが、五月二十九日のことだ。信長三男信孝の四国派兵も並行して実施されており、その監督もかねての出陣であった［福島二〇二〇］。この頃信長が上洛するにあたっては、必ずといってよいほどに「禁中」（内裏、禁裏）に関わることがらが関係するようになっている［河内二〇一八］。よって、河内将芳氏も推測するごとく、関白か太政大臣か将軍のいずれかに信長を据えたいという、朝廷からの三職推任に対する返答を行うことも兼ねた上洛であった可能性が高かろう。

ちなみに、『乙夜之書物』で四国攻略軍として大坂にいる武将を列記した部分は誤解が多い。池田恒興がいたのは事実だが、筒井順慶は所領の大和国、長岡忠興は本拠の丹後国にいた。彼らはいずれも光秀と同じく、中国攻めの援軍を命じられている。そのほか、すでに堀秀政は備中国へ遣わされていた［谷口二〇一〇など］。これらの誤解から、光秀側にいた人間が

図3　亀山城跡

当時知りえた情報には限界もあったことが分かる。

光秀は丹波国支配の拠点である亀山城（現京都府亀岡市）に家臣たちを呼び集めた。『信長公記』によれば、光秀が謀反を打ち明けたのは、四人の重臣たちだ。すなわち「六月朔日夜に入り、丹波国亀山にて維任日向守光秀逆心を企て、明智左馬助・明智次右衛門・藤田伝五・斎藤内蔵（利三）佐、是等として談合を相究め」とある。謀議が交わされたのは、夜だったという。しかし、後述するように亀山城を発したのは日没前とみられるため、斎藤利三が駆けつけた昼頃すぐに謀議を交わしたと考えるべきではなかろうか。ちなみに、『信長公記』池田家文庫本では、著者の太田牛一最晩年の字で「三澤昌兵衛（しょうべえ）」が加筆されており、これは光秀家臣の溝尾勝兵衛のことと思われ、五人による謀議という説もあった。

当時日本へ来ていたイエズス会宣教師たちはどのように記録しているだろうか。ローマ・イエズス会文書館所蔵のルイス・フロイス報告書『一五八二年日本年報　補遺　信長の死について』は「彼（光秀）は四名の司令官を呼び、信長と彼（信長）の息子を殺害して天下、すなわち君主国の主となることを決意したと密かに述べた。みなが驚いたが、彼（光秀）がすでにこれを行なうことを決意しているので、彼の意図を実現しないわけにはいかず、彼を助けるほかないと答えた」と記す。光秀が四名の重臣に対して謀反を告げたというのが、当時の通説的理解と判断できよう。

『乙夜之書物』では、光秀は斎藤利三と侍大将ら（具体名は不明）に挙兵の企てを打ち明けている。式台まで出迎える形で利三の到着を今か今かと待ち望んでいたことから、彼に主導的役割を期待していたのだろう。このとき利三は、黒井城（現兵庫県丹波市）に拠点を置き、丹波国氷上郡一帯の統治のほか、羽柴秀吉と長宗我部元親の取次をしていた［桐野二〇二〇B］。謀議の場である数寄屋へ入っていった「其外侍大将」の中に、利三以外の重臣たちが含まれていたとみることもできようか。

数寄屋での誓詞血判状

亀山城の中に設えた数寄屋で惟任光秀は、主家打倒の謀議を行った。茶の湯に通じた光秀に相応しい場所の選定であろう。遡ること約半年前の天正十年正月七日、堺（現大阪府堺市）の豪商茶人津田宗及を坂本城（現滋賀県大津市）に迎えた光秀が床の間に掛けた軸は、主君織田信長の自筆の書であった。故人の手によるものを掛けるのが一般的な状況下、未だかつて誰も試みたことのない趣向であった［竹本二〇二〇］。それほどまでに畏敬する信長に対して、わずか半年も経たぬ内に弓引くことになろうとは、この時は想像すらしていなかったのではなかろうか。

『乙夜之書物』では、謀議の席で斎藤利三が光秀の挙兵について「唯今迄御延引ナリ」と述べている。これが事実であれば、光秀はクーデターを前々から企てていたことになろう。しかも、その意志をあらかじめ利三に打ち明けていたこととなる。しかし、斎藤家にとって自己宣伝めいた記述には、できるかぎり慎重でありたい。また、篠山城（現兵庫県丹波篠山市）から利三が駆けつけたとする点も、篠山城は江戸時代初期に築かれた近世城郭であり、明らかに著者関屋政春の記憶違い、もしくは政春に話した井上清左衛門の誤解だろう。

実際のところ、光秀はいつ挙兵の決断をしたのか。桐野作人（さくじん）氏の研究によれば、決断は挙兵わずか二日前であり、性急だったという〔桐野二〇〇七〕。光秀が最終的に決断できたのは、織田信長・信忠父子が無防備な状態で京都にいることを知っていたからであり、知っていなければ、光秀は本能寺の変を決行しなかったはずだ〔土山二〇二〇〕。直前に挙兵を決断した、いわゆる突発的犯行とみるのは、明治期から戦後にかけて活躍した在野史家の徳富蘇峰（そほう）が大正期に示した見解〔徳富一九一九〕以来少なくなく、有力な見解のひとつと捉えてよいだろう。

めったに京都へ来ない信長は、約一年二ヶ月ぶりの上洛を果たす。信長の閲兵を受けるという口実を設ければ、光秀軍が完全武装で京都に向かっても、誰も不審に思わない〔鈴木・藤本二〇一四〕。さらに、嫡男の信忠は、本来であれば徳川家康が堺を見物する旅に同行するはずだったが、急きょ予定を変更して京にとどまった〔『増訂織田信長文書の研究　下巻』「小畠文書」〕。かくして、織田政権の中枢二人がわずかな供しか連れず、目と鼻の先の京にいる。光秀以外にまとまった兵力を有する重臣は京都近辺におらず、せいぜい一番近くても大坂近辺の織田信孝・惟住長秀らだ。いざ挙兵すれば自分に味方するだろうと見込む長岡藤孝や筒井順慶は、それぞれ数日中に駆けつけることが可能な距離にいた。そのような奇跡的な状況が、光秀にとって幸か不幸か生まれてしまう。谷口克広氏は「信忠が京都にとどまる。これを聞いた時、光秀はどう思っただろうか。天が自分に謀反を促している、このように思ったかもしれない」と評している〔谷口二〇〇七〕。たしかに光秀は筆頭重臣である利三に、前々から信長に対する不満くらいは漏らしていたのかもしれない。しかし、それが挙兵の決断へと踏み切るに至ったのは、かような信長父子の動静を知りえた、亀山城で謀議を行う直前（ないし前日）であったろう。

『乙夜之書物』によると、光秀は謀議に参加した重臣たちと、血判を押した起請文を取り交わした。いわゆる誓詞血判状である。この件は同時代史料には見えず、小瀬甫庵『信長記』や『当代記』などに言及があるのみだ。けれども、謀反に加担するという重大な約束だから、起請文を書かせるのは当然である〔藤本二〇一〇〕。なお、血判を行うための硯と紙を用意したのは、数寄屋のすぐ外に控えていた明智左馬助だ。先学も『政春古兵談』の記述から指摘しているが〔和田二〇一七〕、光秀とのやりとりをふまえると、左馬助は挙兵の意思をあらかじめ知らされていたように思う。この左馬助は、通説によると、光秀の娘婿である明智弥平次秀満のこととされている〔小和田二〇一九など〕。だが、本節で紹介した『乙夜之書物』をみると、明らかに左馬助と弥平次が書き分けられていることに気付く。どうも両者は別人と捉えた方が良く、その詳細は第四章第二節で述べる。気になる方は、そちらを先読みしていただいても構わない。

日暮れ前の亀山出発

さて、数寄屋での謀議を終えた惟任光秀たちは、何時頃に亀山城を出て京へ向かったのか。実はこの点も、諸説あって一致しない。例えば、『当代記』や小瀬甫庵『信長記』は「戌刻」（午後八時頃）、『信長公記』は「夜」、『惟任退治記』は「夜半」（夜中）と記す。『川角太閤記』は、亀山城を出て柴野（現亀岡市野条と推定されることが多いものの不明）へ着いたのが「酉刻（とりのこく）」（午後六時頃）とする。ルイス・フロイス報告書『一五八二年日本年報　補遺　信長の死について』は「彼らは夜中に出発し、夜明け頃に都に到着した」とある。こうして主な史料を押さえただけでも、夕方から夜中までかなりの幅があるのが実情だ。

『乙夜之書物』によれば、「朔日ノ暮前」すなわち六月一日の日暮れ前に亀山城を出たという。亀山城から京都まで直線距離だと約十五キロメートル、実際にはおおよそ二十キロメートルくらいだろうか。現代であれば電車で二十分もかからないが、むろん戦国時代当時はそうはいかない。大軍がそれなりの装備をして進むわけで、まして峠越えもある。藤本正行氏によれば、亀山城から本能寺まで、約十時間くらいかかるという［藤本二〇一〇］。そうすると、本能寺の信長に対して夜討ち朝駆けを狙うのであれば、できるだけ早く亀山を発するに越したことは無い。日暮れ前に出て夜間に行軍し、京へ入る直前のどこかで時間調整をすれば済むからだ。『乙夜之書物』は、光秀軍に加わっていた斎藤利宗の証言に基づく。亀山を発した具体的な時刻は示さないものの、とにもかくにも日没前だったという印象が強く残っていたのであろう。旧暦の六月一日は、夏至に近い新暦の七月二日にあたり、平均的な日没は午後七時過ぎであるため、亀山出発は午後六時から七時頃と想定しておきたい。

旧暦の一日は、新月だ。日が暮れてしまった後は、月明かりが無い暗闇の中の行軍を余儀なくされる。もちろん松明（たいまつ）などを灯しながら進むのであろうが、行軍速度という点では、その日の雲行きにも左右されるだろう。はたして挙兵時の天候はどうだったろうか。京の公家たちの日記を見ていくと、六月一日は『言経（ときつね）卿記（きょうき）』だと「晴陰、雨、天霽」とあり、晴から曇り、雨が降ったのち空は晴れた。『晴豊公記（はれとよこうき）』だと「天晴」とあり、少なくとも光秀が挙兵した日暮れ以降は晴れていたのではないか。盛本昌広氏は諸史料を照合して、本能寺攻め当日の六月二日の天気もおおむね晴れであったと結論づけている［盛本二〇一六］。光秀のクーデターが行われたのは、全くの偶然だが梅雨の中休みともいうべき晴れの日であった。迅速な行軍を可能にしたという意味では、天は光秀に味方したのである。

桂川まで夜間の行軍

惟任光秀の亀山での挙兵から京都への進軍について、これまで『信長公記』もしくは『惟任退治記』のほか『本城惣右衛門覚書（ほんじょうそうえもんおぼえがき）』くらいしか、比較的良質な史料が無かった。『川角太閤記』もよく引用されるが、信頼できない部分が多い。

『信長公記』では、天正十年六月一日の夜に光秀は、亀山を出発し三草（みくさ）越えをするも引き返し、大枝山へ上り、山崎から摂津方面へ攻め込むと兵士に告げ、談合の重臣に先発隊を命じる。ところが、摂津国ではなく京へ向かう道を進み、桂川を越えた辺りで明け方を迎えた。『乙夜之書物』によると、光秀軍は大枝山を越えて夜中に桂川へたどりつく。山陰道を通ったとみてよかろう。なお、亀山から京へ向かうルートとして、唐櫃（からと）越えを想定する見解［足利二〇一五］もある。山陰道は西山丘陵の南麓を通過しており、京都からの視界を覆い隠す役割を果たしており、山陰道による桂川渡河地点は、中世後期の複数の絵図類で架橋されて描かれているが、この天正十年の段階でも維持されていたかはわからないという［福島二〇二〇］。梅雨の降水で水かさ次第では、徒歩による渡河は困難だったかもしれない。しかし、桂川の上流に位置する丹波亀山にいた光秀は、とうぜん桂川の水量も把握したうえで京へ向かったはずだ。橋の有無にかかわらず、渡河は可能だと判断して進軍したにちがいない〔小和田二〇二二〕。

『蓮成院記録（れんじょういんきろく）』によれば、光秀は中国攻めの暇乞いをするため、信長の閲兵を受ける手筈だったという。ルイス・フロイス報告書『一五八二年日本年報　補遺　信長の死について』も「都に入る前、彼（光秀）は、都に入る際にいかに立派で壮麗な軍隊を率いているのか信長に示したいので、よく整備するよう全軍に布告した。（中略）さらに、全銃兵隊に火縄に点火し引鉄にはさませ、槍を準備するよう命令した」とする。このほか、ルイス・フロイス『日本史』は「都に入る前に兵士たちに対し、彼（光秀）はいかに立派な軍勢を率いて毛利との戦争に出陣するかを信長に一目見せたいとして、全軍に火縄銃にセルペを置いたまま待機しているように命じた」と記す。いずれも、臨戦態勢を布いた様子を伝えている。信長の閲兵を受けるという話は、武装して京へ向かうことを兵士たちに疑わせぬための口実としても最適だ。要するに、京へ軍を率いて向かうのは既定路線であり、隠密行動をする必要は無かった。よって、軍を分けたり、あえて人目を避ける唐櫃越えを選ぶ意味もなく、堂々と山陰道を行けば良かったのだ。にもかかわらず、夜間に行軍した最大の目的は、やはり夜討ち朝駆けを行うことにあったのだろう。明け方に本能寺へなだれこむため、早めに京の手前の桂川までたどりつくべく、日暮れ前に出て夜通し先を急いだとみてよい。

小和田哲男氏は「あまり早く到着しすぎても相手に気づかれてしまい、夜戦だと敵を討ち損ずることも多いし、味方の犠牲も出る。夜が白みかけるころちょうど到着するというのも、いかにも緻密な光秀らしい行動である」と説く〔小和田二〇一四〕。この点、筆者も同感だ。桂川から本能寺までは約四キロメートルしかない。光秀は桂川で休息をとることで時間調整したのだろう。本能寺へ迫る頃にちょうど夜明けを迎えられる絶妙なタイミングを見計って、先鋒隊を向かわせたにちがいない。しかも、『乙夜之書物』に「弐千余キ(騎)」とあるごとく、機動性を重視して、騎馬兵メインの構成にしたと推察できる。急きょ決断した突発的な挙兵ではあるものの、一方で冷静かつ計画的に夜討ち朝駆けを狙ったわけだ。ルイス・フロイスをして「計略と策謀の達人」(『日本史』)と言わしめた光秀の面目躍如といえようか。

二〇〇〇余騎の先鋒隊

丹波亀山から京へ迫った惟任光秀軍の総数は、いかほどを想定できるだろうか。『川角太閤記』は「此人数何ほど可有候哉、斎藤内蔵助(利三)に被仰聞せ候へば、内々御人数のつもり一萬三千は可有御座と、見及申候と御請申上候」(こちらの人数はどれくらいいるだろうかと斎藤利三にお尋ねになられたところ、おおよその人数を見積もると一万三〇〇〇はいるとみましたと返事を申し上げた)と記す。一般的には、この約一万三〇〇〇人を採ることが多い。しかしこれは、斎藤利三が夜行軍の休止の最中にざっと見積もって出した数字であり、正確度は不明である〔藤本二〇一〇〕。同時代史料としては『惟任退治記』が「二万余騎之人数」と説く。ルイス・フロイス報告書『一五八二年日本年報 補遺 信長の死について』は「三万の人々」と記す。いまのところ、これらの史料から光秀軍の総勢は、二万から三万であったと見積もるのが無難であろう。

その内の二〇〇〇余騎を、光秀は本能寺への先発部隊として割いている。攻め手の人数としてはいささか少ないと思うかもしれない。しかし、本能寺の中心部分が水堀と土塁に囲まれた一町(約一〇九メートル)にすぎなかったことと、信長の供まわりがわずかだったことを考えれば、二人の重臣の率いる先手の数だけでも襲撃には十分だった〔鈴木・藤本二〇一四〕。光秀率いる本隊が本能寺へあえて出向く必要性は乏しく、二〇〇〇余騎はむしろ妥当な数であろう。『乙夜之書物』では、二〇〇〇余騎の先鋒隊を指揮したのは、明智弥平次と斎藤利三だ。『本城惣右衛門覚書』では、本能寺へいち早く着いた本城惣右衛門が、利三の子息と小姓および弥平次の母衣衆（ほろしゅう）らと出くわしているため、両武将が先鋒を務めたことは間違いない。『惟任退治記』は「惟任（光秀）は途中に叩（ひか）え、明智弥平次光遠・同治右衛門・同孫十郎・斎藤内蔵助利三を魁（さきがけ）となし」と記す。すなわち、明智弥平次と斎藤利三に加えて、明智治右衛門と明智孫十郎も先鋒を勤めていた。そして、光秀は途中に控えていたという。

一般にはほとんど意識されてこなかった事実だが、すでに一部の先学ではこの光秀が後方にいたとする記述を押さえていた。例えば、藤本正行氏は「光秀は事態の変化に対応すべく、主力とともに後方にいた」と指摘する〔藤本二〇一〇〕。また、「光秀は途中に控えていたとあるように、光秀自身は本隊を率いて後方にいた」とも説いていた〔鈴木・藤本二〇一四〕。近年、和田裕弘（やすひろ）氏は「光秀軍に有力な尾張出身者がいれば、信長に対する謀反であると知れた時には、どうなっていたか分からない。逆に光秀を討ち取っていたかもしれない。光秀はクーデター最中にどういう異変が起こるかもしれないと用心し、本陣は本能寺から距離を隔てていたのもそういう配慮からだろう」と述べている〔和田二〇一七〕。的確な推察であり、深慮遠謀の光秀は、不用意に最前線へ身を投じる愚を避けたのだ。

そもそも、光秀自身が洛中に入って本能寺を攻めたことを裏づける一次史料は無い。にもかかわらず、なぜ当人が本能寺まで攻めてきたと考えられてきたのだろうか。クーデター当時の京にいた公家の日記を確認していくと、「惟任日向守、信長之屋敷本応〔能〕寺へ取懸」（『兼見卿記』別本）、「本能寺へ明智日向守、依謀叛押寄了」（『言経卿記』）、「信長いられ候所へ明智取懸」（『晴豊公記』）など、いずれも光秀当人があたかも信長のもとへ押し寄せたかのように読むこともできる書きぶりである。また、大坂本願寺で右筆を勤めた宇野主水が著した『宇野主水日記』も「本能寺へ惟任日向守取懸」と記す。奈良興福寺蓮成院の僧侶が著した『蓮成院記録』も「惟任日向守、為謀反未明仁四方ヲ取廻、押寄」と報じている。いずれも、光秀の軍勢が信長の居所へ押し寄せたことを伝えたものにすぎず、光秀当人が来たとするのは深読みであろう。これら同時代史料の曖昧な記し方によって、さも光秀自ら本能寺攻めの陣頭指揮を執ったように、今日まで通説のごとく受け止められてきたのではないだろうか。

図4　老ノ坂峠

光秀は鳥羽に控えたり

惟任光秀がいた「途中」とはどこか。『乙夜之書物』には「鳥羽ニヒカヱタリ」とあり、光秀は本能寺から南へ約八キロメートルほど離れた鳥羽（現京都市南部）に控えて、戦況を見守った。けれども、鳥羽の地は、亀山から大枝山（老ノ坂峠）を越えて桂川を渡って本能寺へ進軍する山陰道ルートからは外れている。このため、桂川で休息をとった後に先鋒隊を本能寺へ向かわせたのち、自らはわざわざ南へ約五キロメートルほど下って鳥羽に陣取ったことになろう。たしかに鳥羽は、京へ通じる千本通り、山崎（現京都府大山崎町）へ通じる久我縄手、淀（現京都市伏見区）を経て大坂へ通じる鳥羽街道の合流点という位置にあり、まさしく交通の要衝だ。しかし、討ち漏らした信長方が本拠の安土へ逃げることを監視するならば、鳥羽を本陣とするのは妙策とは言えまい。あえて鳥羽に控えたねらいは何だったのだろうか。

『義残後覚』のほか『当代記』や『織田信長譜』によれば、妙覚寺で光秀謀反の報を聞いた織田信忠に対して、取り巻きの家臣たちは安土へ移るように進言している。いずれも後年の史料なのだが、逃げるなら安土という認識は当時から少なからずあったようだ。とはいえ、安土には蒲生賢秀ら留守部隊のわずかな兵力しか残っておらず（『信長公記』）、仮に信長たちが無事に落ち延びたところで、劇的な反転攻勢は難しかったろう。光秀はそのような状況も考慮しながら、信長たちが信孝（信長三男）ら四国攻略軍のいる大坂方面へ落ち延びることを阻もうとしたのではないか。四国攻略軍は、ルイス・フロイス報告書『一五八二年日本年報　補遺　信長の死について』によると「彼（織田信孝）は堺において乗船するために、一万四千名を率いて」いた。堺に寄宿する信孝軍に付き従う織田家重臣も多く、惟住長秀は大坂で、蜂屋頼隆は岸和田（現大阪府岸和田市）でそれぞれ四国渡海へ向けて待機していた（『宇野主水日記』）。光秀は京周辺の軍事的空白の隙を突いて挙兵したと捉えられがちだが、ほど近い大坂辺りに一万四〇〇〇人もの大軍がいた事実を看過すべきではなかろう。よって、大坂近辺にいた信孝軍の動き（およびそこへ信長・信忠が逃げ延びること）を最も警戒するゆえに、後方の鳥羽に本陣を置いてクーデターを指揮したとみておきたい。

光秀が控えた鳥羽とは、具体的にどこなのか。以下、私見を述べておく。『兼見卿記』天正十年六月九日条で光秀は「至下鳥羽、出陣」とあり、同月十一日条には「至本陣下鳥羽、帰陣」、『晴豊公記』天正十年六月九日条は「鳥羽なんてん寺明智本陣也」とあり、山崎の戦い直前には下鳥羽の「なんてん寺」（鳥羽離宮南殿の跡地に建てられた寺院のことか）に本陣を構えていた。場所は、現在の鳥羽離宮跡公園一帯のいずこかに推定できよう。光秀が下鳥羽を重視していたのは、そこから淀川南岸を通り、大坂の京橋へ抜ける京街道を意識していたからだ。大坂にいる織田信孝らに圧力を加えるにも、逆に大坂からの反撃があるにしても京街道が主戦場になると踏んでいたのだろう［土山二〇二〇］。もちろん、下鳥羽「なんてん寺」が六月九日になって初めて布いた本陣である可能性も捨てきれず、断定はできない。あるいは、証言者ないし著者が、その事実を本能寺の変時のことと勘違いしたとする推測も成り立つ。だが、光秀が挙兵から山崎の戦い直前まで一貫して下鳥羽に本陣を置き、臨戦態勢を保ちながら京や坂本、安土などを行き来したとみる余地もある。

図５　鳥羽離宮南殿跡

いずれにせよ、光秀が信長攻めの際に現場の本能寺へ赴かなかった事実は動くまい。本隊とともに後方に控えていたことも間違いなく、ひとまずは鳥羽にいたとする『乙夜之書物』の説を軸に、今後の検討を進めていく必要があるだろう。

【コラム】桂川で「敵は本能寺にあり」と言ったのか

惟任光秀は中国毛利攻めで苦戦する羽柴秀吉に加勢すべく備中へ向かうと見せかけながら、急きょ進路を京へ変える。そして、桂川のほとりで「敵は本能寺にあり」と叫び、主君織田信長が泊まる本能寺を襲撃するよう号令した。ドラマなどでお決まりとなっているシーンである。

現代では、真の狙いが表面に掲げたものとは別にあることを示す慣用句となっている「敵は本能寺にあり」。光秀が本当に言ったかどうかはひとまず置くとして、この言葉が見えるそもそもの初見史料は何だろうか。いまのところ「寛永十八年十一月上旬起筆、十二月七日進呈」の跋をもつ林羅山編（実際は三男鵞峰の代作、出版は明暦四年〔一六五八〕）『織田信長譜』だ〔堀二〇二〇C〕。そこには「光秀即率兵発亀山、令曰明朝入洛可使信長見我軍粧、及到大江山、士卒恠問其所進、光秀曰敵在本能寺（光秀即ち兵を率いて亀山を発す、明朝に入洛し信長へ我が軍の粧いを見さしむべしと曰しむ、大江山に到るに及び、士卒は恠み、その進むる所を問う、光秀曰く敵は本能寺に在りと）」と記され、京へ向かう大江山にかかったところ（大枝山、老ノ坂峠か）で諸兵に対して告げた筋書になっている。

一方、元禄十五年（一七〇二）に出版された光秀の伝記『明智軍記』は「都近クゾ上リケル、爰ニテ光秀諸勢ニ触ラレケルハ、各兵粮ヲ仕ヒ武具ヲ固メヨ、敵ハ四条本能寺・二条城ニアリ、可攻討ト下知シケレバ」と記す。放った台詞は「敵は四条本能寺・二条城にあり、攻め討つべし」と微妙に変化している。また、その下知した場所は京の近くとだけあり、具体的な場所までは触れられていない。また、江戸時代後期のベストセラーとなった挿絵入り読み本『絵本太閤記』では「光秀諸軍に下知して、兵粮をつかひ武具を固めよ、敵ハ四条本能寺と二条城にこそあれ、急ぎ責討つべしと触けれバ」と紹介されている。『明智軍記』を下敷きにした記述とみられるが、触れを発した場所は、同書では「衣笠山の麓地蔵院」(現在の西山地蔵院か)となっていた。

このような紆余曲折を経ながら、我々にとってなじみ深い、桂川で「敵は本能寺にあり」と宣言した設定が定着するきっかけとなったのは、よく言われるとおり、文政六年(一八二三)に頼山陽が著した『日本外史』だろう〔明智二〇一八〕。「既渉桂川、光秀乃擧鞭東指、颺言曰、吾敵在本能寺矣、衆始知其反也(既に桂川を渉り、光秀すなわち鞭を挙げ東を指し、颺言して曰く、吾が敵は本能寺に在り、衆始めてその反を知るなり)」とあり、幕末・明治に広く読まれた同書によって、巷間で認知されていったとみてよい。

図　京都市内を流れる桂川

翻って『乙夜之書物』は、休息をとった桂川において、おそらくは総大将光秀の意を受けた物頭たちが「本能寺ヱ取カクルゾ、各其心得可仕」と諸兵に触れ回ったと、従軍した斎藤利宗が証言している。もしかしたら、物頭などの主だった部隊長たちを集めて、光秀が「敵は本能寺にあり」と言った程度の事実はあったのかもしれない。思えば、言わなかった事実を証明することは、極めて困難である。とはいえ、一般の兵卒たちに対しては、光秀当人ではなく物頭たちによる伝達だったと捉えるのが現実的だろう。それで彼らは、今回の出陣の目的地が中国備中ではなく京都本能寺であることを自覚するのに十分だったのだから。

ただし、ターゲットはあくまで本能寺としか告げられていない。もしも信長を襲うなどと明確に伝えたら、諸卒に激しい動揺が走ることを計算したのだろう。ともすれば密告、脱走する者が続出したかもしれない。そのような思慮深さもまた「策謀の達人」光秀だからこそと感じるのは、筆者の贔屓目であろうか。

写真・翻刻

第二節　本能寺攻め

（上巻52丁裏）

（上巻52丁裏）
一明知〔智〕弥平次・斎藤〔利三〕内蔵助弐千余騎ニテ
本能寺ヱ押寄タレバ、早夜ハホノ〲ト
明ニケリ、内ヨリ水吸〔汲〕ノ下部水桶
ヲニナイ出ケルガ、敵ノ押寄タル躰ヲ見
テ内ヱニケコミ門ヲ立ル、アノ門タテサ
スルナトテ押詰、門ヲ打ヤブリ乱入ル、
当番ノ衆是ハ何事ゾトヲキフタメ
キハシリ出テ見ケレバ、敵早門内ヱ込
入タリ、各鑓ヲ取テ縁ノ上下ニテ攻
合、信長公白キ御帷子ヲメシ、ミダレガミ
ニテ出サセタマイ、御弓ニテ庭ノ敵ヲ
サシ取引ツメ、射タマウ御弓ノツルキレタ

（上巻52丁裏）

（上巻53丁表）

リト見ヱテ、御弓ヲナケステタマイ
十文字ノ鑓ヲ取テセリ合タマウ、然所
ニ御手ヲ負ハレタリト見ヱテ、白キ御
帷子ニ血カ、ツテ見ユル、御鑓御ステ奥
ヱ御入、ホドナク奥ノ方ヨリ焼出タリ、
一御番衆ズイブン働トイヱトモ、ヲモイヨラ
ヌ事ナレバ、何モスハダニテワツカノ人数
敵ハ具足甲ヲ着、弓鑓鉄炮備テ大

（上巻53丁表）

勢セメコム、終ニ縁ノ上ヱヲイアゲ、ツキ
伏切伏首ヲ取ル、去トモ何トシテモ首不
落、其時可児才蔵（吉長）下ハ板敷ナルゾ手
ヲサゲテスレト云ケレバ、何モ早スリ落シタ
リ、
　右三ヶ條、斎藤佐渡守（利宗）殿物語ノ由井上清左衛門（重成）
語ル、斎藤佐渡守殿ハ内蔵助子息、清左衛門ハ
内蔵助孫佐渡守殿ヲイナリ、

大意

一つ

明智弥平次と斎藤利三(としみつ)が二〇〇〇余騎で本能寺へ押し寄せたところ、早くも夜はほのぼのと明けていた。(寺の)中から水汲みの召し使いが水桶を持って出てきたのだが、敵(光秀軍)が押し寄せてくる様子を見て、中へ逃げ込み(門の柱を立てて)門を閉じようとした。(光秀軍は)「あの門(の柱)を立てさせるな」と近くへ迫り、門を打ち破って(寺の中へ)乱入した。当番の者たちは「これは何事か」と慌てふためき出てきて見たところ、敵は早くも門内へ駆け込んできた。みなそれぞれ鑓を(手に)取って(堂舎の)縁の上下でやり合い、信長公は白い帷子(かたびら)を着て、乱れ髪でお出ましになられ、弓で庭にいた敵に対して続けざまに射ていたが、使っていた弓の弦が切れたとみえて、弓を投げ捨てられ、十文字の鑓を(手に)取って向かい合った。しかし、傷を負って白い帷子に血がかかったとみえて、鑓を捨てて奥へお入りになられ、ほどなく奥の方から火の手が上がった。

一つ

(信長の)御番衆たちは懸命の働きぶりを示したが、思いがけない奇襲だったので、みな無防備でわずかな人数であり、(対する)敵は具足や甲(かぶと)を身に着けていたほか、弓や鑓・鉄炮を備えて大勢で攻めこんできた。とうとう(堂舎の)縁の上へ追い上げ、(鑓で)突き伏し(刀で)切り伏せて(信長の軍兵の)首を取ろうとする。

けれども、どうしても首が落ちず、その時に可児才蔵が「下は板敷だ、手を下げて（首を刀で）こすり落とせ」と言ったところ、誰もが素早く（信長の軍兵の首を）こすり落とすことができた。

解説

右の三ヶ条は、斎藤佐渡守様の話した内容を井上清左衛門が（関屋政春へ）語ったものだ。斎藤佐渡守様は斎藤利三の子息であり、清左衛門は利三の孫であるとともに佐渡守様の甥であった。

明け方の乱れ髪

『乙夜之書物』によると、明智弥平次と斎藤利三が指揮する惟任光秀軍先鋒隊の二〇〇〇余騎が、織田信長の泊まる本能寺へ押し寄せた頃には、夜はほのぼのと明け始めていたという。前節で解説したごとく、これは光秀の周到な計画に基づく。現在の本能寺は、京都市中京区の寺町御池に建つ。これは、のちの豊臣秀吉の京都改造によって移転したものだ。戦国時代当時は、そこから西へ約一キロメートル、南へ約三〇〇メートルほどの場所にあった。具体的には、北が六角通、東は西洞院通、南が四条坊門小路（現蛸薬師通）、西は油小路通に囲まれた「方四町々」（一町四方）の中に建っていたのだ［河内二〇一八］。

本能寺攻めの時刻について、『兼見卿記』は「早天」（早朝）、『言経卿記』は「卯刻」と報じている。谷口克広氏によれば「卯刻」とは、夜から日中に移るその境目を指す［谷口二〇〇七］。また、『惟任退治記』は「夜昧爽之時分」（夜の明けぐれ）と記している。本能寺攻めを未明の出来事と説く解説書を時おり見かけるも

図１「太平記英勇伝　斎藤利三」
（東京都立中央図書館蔵）

のの、未明とは夜がすっきりと明けきらない時分のことであり、気象庁の予報用語としては午前○時頃から三時頃までを指す。よって未明ではなく、明け方（夜が明けて白みかける時間帯、気象庁の予報用語としては午前三時頃から六時頃までを指す）と理解すべきであろう。旧暦六月二日（新暦七月三日）の平均的な日の出時刻は午前五時前なので、先鋒隊が本能寺を襲ったのもその頃とみてよい。

『乙夜之書物』によれば、光秀軍襲撃の第一発見者は、水を汲むために桶を持って門外に出て来た召使いであった。朝の炊事の準備だろうか。この点はほかの同時代史料に全く見えず、真偽は不明だが、いかにもありそうな話ではある。信長が乱れ髪だった点も同時代史料で確認できないものの、前日は夜遅くまで嫡男信忠ら気心の知れた者たちと宴に興じていた（『惟任退治記』）。寝込みを襲われたわけであり、喧噪を耳にして目を覚まし、様子を見に出てきたとすれば、むしろ乱れ髪の方が自然であろう。また、信長が白い帷子を着ていた事実は、『本城惣右衛門覚書』が記す「うえさま、しろきさる物めし候ハん」（信長様は白い着物を召されていた）点に矛盾しない。

かくして、信長最後のいくさは、不意を衝かれて明け方に始まった。乱れ髪で白い帷子を着たまま弓で戦ったが、すぐに弦が切れて十文字鎌鑓に持ち替えて奮闘する。手にした鑓が十文字鎌鑓だった点は『惟任退治記』も記す。また、弓の次に鑓を用い、敵からの鑓で負傷して奥へ退く流れは『信長公記（しんちょうこうき）』諸本とも一致する。ただし、『信長公記』の伝本の中には、信長の疵は鑓疵ではなく、鉄炮に当たったという記載もあるという〔和田二〇一八〕。ルイス・フロイス報告書『一五八二年日本年報　補遺　信長の死について』は「何度か銃声が聞こえ、火が上がりはじめた（中略）（光秀軍が本能寺へ）侵入すると信長を見つけた。彼（信長）は手と顔を洗い終えてタオルで拭っていたが、兵士たちはすぐに彼（信長）の背に矢を射た。信長はこれを引き抜き、鎌のようなもので長尺の武器である薙刀（なぎなた）を手にして出てくるとしばらく戦ったが、片腕に銃弾を受けると自室に退いて扉を閉めた」と記す。信長が手にしたのは鑓ではなく薙刀であり、受けた傷は弓矢と銃弾によるものになっている。いずれも武器の断定はできないが、自ら応戦する信長が負傷した事実は動くまい。

『乙夜之書物』によれば、負傷による流血で白い帷子が赤く染まった信長は観念したのか、奥の方へと退いていく。そしてほどなく奥から火の手が上がる。信長終焉の刻（とき）については、別人の証言に基づく記述が異なる箇所にあるため、次節で紹介することにしたい。

可児才蔵吉長の参戦

本能寺にいた人数は一五〇人〔『当代記（とうだいき）』〕、『兼見卿記』や『言経卿記』によると、本能寺で殺された信長家臣の数を七、八十人としている。うまく逃げのびた者もいるので、襲撃されたときにはせいぜい一〇〇人くらいだった〔小和田二〇一四〕。それでも本能寺の信長軍は、必死の防戦を繰り広げる。しかし、対する惟任光秀軍は二〇〇〇〇余騎であり、具足や甲、弓・鑓・鉄炮なども備えていた。かたや信長軍は、蒸し暑い夜の明け方を襲われて素肌同前の出で立ちだったにちがいなく、人数差と装備差は如何ともしがたい。例えば信長軍の一人は、浅葱（青色に近い藍色）の帷子姿で帯を締めずに刀を抜き応戦していたという（『本城惣右衛門覚書』）。かくして、光秀が画策した夜討ち朝駆けは、見事に功を奏した格好だ。

図2　「太平記英勇伝　可児才蔵」
（東京都立中央図書館蔵）

攻め手の光秀軍には、可児才蔵吉長の参戦を確認できる。吉長は同時代史料ではほとんど登場せず、経歴は不明な部分が多い。『可児町史』によると吉長は、鑓の才蔵とも笹の才蔵ともいわれ、幼時は前田利家に仕え、元服ののち斎藤龍興・柴田勝家・明智光秀・織田信孝・豊臣秀次・福島正則らに仕え、豪勇で数々の戦功を挙げたという。己の実力だけで主君を次々と変えながら戦国の世を渡り歩いていく、いわゆる戦国の「渡り奉公人」だ。その典型例の一人に数えてよい。

筆者の知りうる限り、吉長が光秀家臣として本能寺攻めに加わっていたことは、寛文三～五年（一六六三～六五）頃に刊行された『山鹿語類』に見えている。すなわち「伝曰、可児の才蔵は（中略）信長本能寺にて事ありし時は、明智が所に有レ之て、本能寺のぬぐい板の上にて頸をとるもの、ありしに、取かねてけるを、手本をさげて取れと教しは、才蔵が下知也しといへり」と記す。『山鹿語類』は、山鹿素行が語った内容を彼の弟子たちがまとめたものだ。この内容は、『乙夜之書物』に酷似しており、素行は兵学の弟子である関屋政春から伝え聞いたのかもしれない。だとすれば元ネタは、政春が井上清左衛門から耳にしたものだ。井上清左衛門は叔父の斎藤佐渡守から聞いたという。

本節および前節で翻刻した挙兵から本能寺攻めまでの三ヶ条は、いずれも斎藤佐渡守が話した内容を井上清左衛門が政春に語ったものだ。したがって、政春からすれば又聞きという形となる。情報源となった二人の経歴をたどることが、記述の信ぴょう性を判断する材料となるだろう。以下、順に検討していく。

最前線にいた斎藤利宗

斎藤佐渡守は、惟任光秀の重臣斎藤利三の三男利宗のことだ。通称は平十郎〔『石谷家文書』〕。父利三は、「今度謀反随一」や「信長打ち談合衆」と呼ばれ、本能寺の変の仕掛け人とも評される〔桐野二〇二〇A〕。平十郎利宗や弟の与三兵衛三存が明智名字を名乗っており、斎藤家は准一門格に位置づけられていた〔柴二〇一九〕。要するに、利宗は乱のキーパーソンの息子であり、光秀家中にあって無視しえぬ立ち位置にいたのだ。

利宗は、江戸時代には常陸国真壁郡内に五〇〇〇石を領する旗本となり、正保四年（一六四七）に八十一歳で没しているため〔『寛政重修諸家譜』斎藤利宗〕、生年は永禄十年（一五六七）となろう。父利三は天正十年（一五八二）に四十九歳で亡くなっているので〔『寛永諸家系図伝』斎藤利三〕、父が三十四歳の時に生まれた男子である。なお、『協和町史』に基づくと、旗本の時に所領とした真壁郡内の地は、協和町域南部から明

図３「太平記英勇伝　斎藤利宗」
（東京都立中央図書館蔵）

野町域北部にかけてのまとまった範囲（いずれも現茨城県筑西市）だという。ちなみに、利宗の末妹は、江戸幕府三代将軍徳川家光の乳母として名高い、春日局（斎藤福）だ。よって、一般的に利宗は春日局の兄として知られる存在であろう。

利宗十六歳の時に起きた本能寺攻めでは「天正十年、光秀（明智）本能寺を襲とき、利宗（斎藤）、兄甚平とおなじく戦功あり、平子弥伝次、信長（織田）の鎧を著し、榎倉の長刀を持て甚平とあひた、かふ、甚平、弥伝次を討とるとき、利宗も又岩佐甚助と鑓を合てこれを討」〔『寛永諸家系図伝』斎藤利宗〕と見える。兄甚平（利三次男）が信長の鎧を身にまとう平子弥伝次の首を獲った際に、弟利宗は岩佐甚助を討ち取った。岩佐甚助とは、襲撃を聞いて宿屋から本能寺に駆け込んだと『信長公記』にある「湯浅甚助」（直宗）のことであろう。この湯浅直宗は、信長の歴戦の馬廻であった。なお、平子弥伝次は種吉といい、信長の奉行衆の一人である〔藤本二〇一〇〕。利宗は兄とともに、信長の身辺を固めた強者を倒す活躍を現場で見せたわけで、まさしく乱の最前線を担った当事者なのだ。

『本城惣右衛門覚書』の本能寺攻めを記した部分には「人じゅの中より馬のり二人いで候、たれぞと存候へバ、さいたうくら介（斎藤利三）殿しそく・こしやう共ニ二人、ほんのぢのかたへのり被申候あいだ、我等其あと二つき、かたはらまちへ入申候、それ二人ハきたのかたへこし申候」（人数の中から騎馬武者が二人出てきた。誰だと思ったところ、斎藤利三の子息・小姓ら共に二人が本能寺の方へ駆けていかれたので、私もその後に続き、片原町へ入った。そこから二人は北の方へと向かっていった）とある。これによれば、利三の子息と小姓らが馬乗りで出撃し、本城惣右衛門は後をつけて、下京の町場を通過していったという〔福島二〇二〇〕。長兄の虎松は十一歳で早世しており〔『寛永諸家系図伝』斎藤虎松〕、その利三の子息とやらが兄甚平なのか弟利宗なのかは定かでないものの、兄とともに利宗が本能寺襲撃の最前線にいたことは、先述のごとく疑いない。惣右衛門が南側から本能寺を攻めた一方、利三の子息たちは北側へ回った。和田裕弘（やすひろ）氏は「軍勢の中で本能寺の場所を知っているものが少ないこともあり、斎藤利三の子息らが道案内したのだろう（中略）北側部隊は『（信長殺害のための）特別な任務を帯びた者』〔フロイス日本史〕をはじめとした精鋭部隊」だったと推定している〔和田二〇〇二〕。傾聴すべき見解だと思う。彼らは光秀重臣の男子として、信長の顔を知る数少ない者だったのではなかろうか。だからこそ、先鋒隊の中でも本能寺内へ乗り込む一番手を担っていたと考えられる。

　利宗は本能寺攻めだけでなく、父利三や兄甚平と共に山崎の戦い（六月十三日）にも臨んだ。「天正十年六月、山崎合戦に利三（斎藤）進て五井川の辺にいたる時に、光秀が山の手の旗下敗北す、かるがゆへに、利三その子甚平ならびに佐渡守（斎藤利宗）と百四五十人を率、光秀が勝龍寺に入を見て、すなハちはせおもむく、こゝにをひて光秀はなはだこれを感ず、つゐに光秀にしたがひ城を出て前後にあり」〔『寛永諸家系図伝』斎藤利三〕とある。つまり、山崎で敗れた光秀が勝龍寺（現京都府長岡京市）へ退いた折も、利宗は父利三や兄甚平らと百数十人の手勢を引き連れて馳せ参じた。そして、城を出た光秀の前後を固めている。落ち延びる光秀が最期を迎えていく中で、兄甚平は「十九歳にして戦死す」〔『寛永諸家系図伝』斎藤甚平〕る一方、三歳年下の弟利宗は生き延びて、旧主である稲葉一鉄の支援を受けながら、美濃国にしばらく身を隠したのち土佐国へ逃れたという〔『石谷家文書』〕。ただし、利宗の四国下向は実現せず、天正十四年までには母とともに在京して過ごしたとする見解もある〔福田二〇一七〕。いずれにせよ、その後は加藤清正に従い朝鮮出兵へ参陣した際の功で召し抱えられたのち、寛永六年（一六二九）には将軍徳川家光に召し出され、翌年には鉄炮頭となり、従五位下に叙された〔『寛永諸家系図伝』斎藤利宗〕。なお、伊豆守を名乗っていた利宗が佐渡守と改めたのは寛永十年五月頃であり、利宗が井上清左衛門へ話したのもそれ以降となろう〔菅野二〇二二〕。

このように、斎藤利宗は光秀重臣斎藤利三の三男として、弱冠十六歳ながら、本能寺攻めや山崎の戦いに最前線で参加した人物である。よって、光秀軍の内情をよく知りえた者が語った、貴重な証言と断じてよい。

利宗姪の子　井上重成

次に、斎藤利宗から話を聞いた井上清左衛門であるが、彼は加賀藩士となっていた。加賀藩の『寛文十一年侍帳』に「千弐百石　馬廻組　七十　井上清左衛門」と記され〔『加賀藩初期の侍帳』〕、寛文十一年（一六七一）に七十歳なので、慶長七年（一六〇二）生まれと理解できる。関屋政春より十三歳ばかり年上で、同じ馬廻組に列しているが、禄高はかなり格上だ。清左衛門の実名について、宝永二年（一七〇五）に加賀藩士の今枝直方が編纂した『当邦諸侍系図』は「重成」、天明元年（一七八一）編纂の『加陽諸士系譜』は「重盛」、天保三年（一八三二）編纂の『諸士系譜』も「重盛」、一八七〇年までに藩庁に対して提出された『先祖由緒幷一類附帳』は「重成」と記す。本書では、より古い出典の方の「重成」を採りたい。
『乙夜之書物』に従うと、この井上重成が利宗の甥にあたるというのだが、系図類の情報を追っていくと、異なる関係が浮かび上がる。『加陽諸士系譜』によれば、重成の父兵左衛門（実名未詳）は「仕宇喜多秀家卿、元和二仕微妙公（前田利常）千二百石、室柴田勝家（ママ）臣堀源左衛門（勝定）女」とあり、もともとは宇喜多秀家に仕えていたが、

図4　斎藤利宗・井上重成 関連略系図

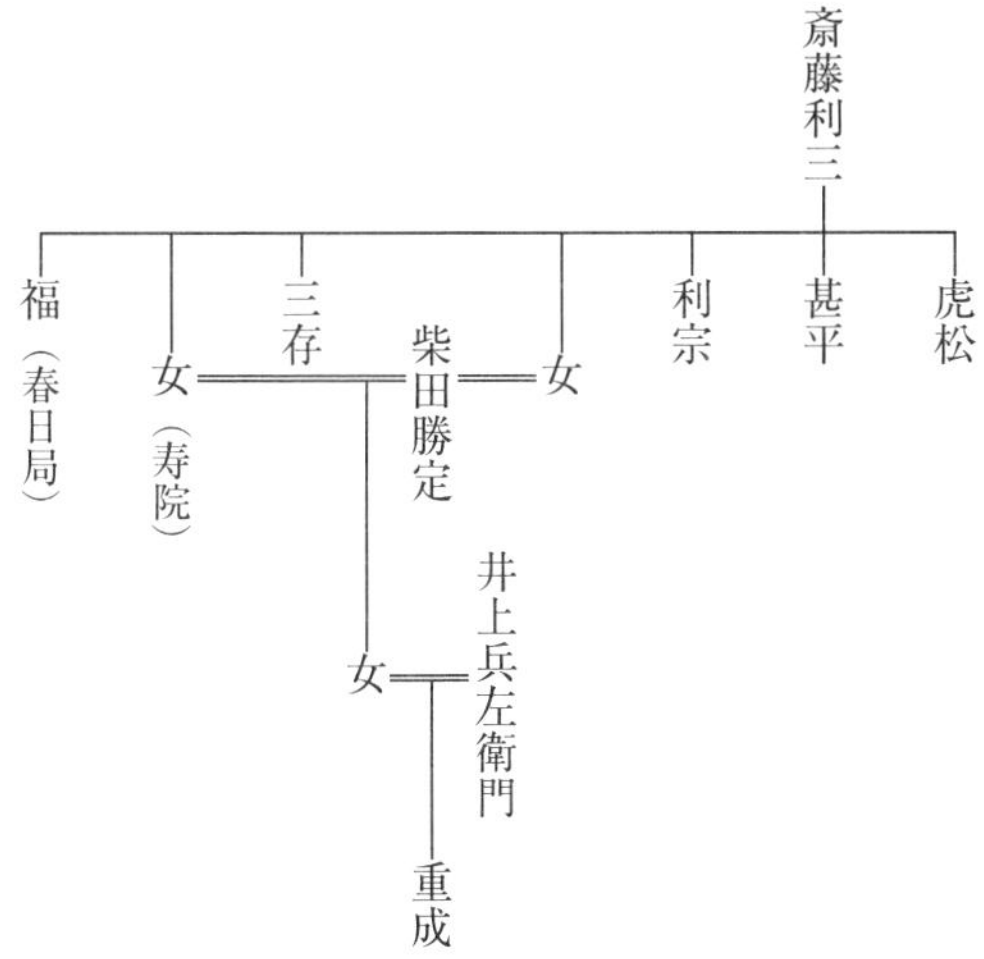

斎藤利三
虎松
甚平
利宗
女＝柴田勝定
三存
女（寿院）＝柴田勝定
福（春日局）
柴田勝定—女＝井上兵左衛門
重成

元和二年（一六一六）に知行一二〇〇石取りで前田利常に召し抱えられたという。重成も「同上」とあり、父兵左衛門と二代にわたって、当初は秀家に仕えていた。けれども、秀家が八丈島（現東京都八丈町）に配流されたのち、秀家が前田利家の娘豪姫（樹正院）を正室に迎えていた両家の縁を背景に、彼らは加賀前田家に登用されたのかもしれない。

さて、ここで注目すべきは、井上兵左衛門が柴田勝定の娘を妻に迎えた点だ。『諸士系譜』や、『先祖由緒幷一類附帳』にも同じ情報が見える。柴田勝定は、柴田勝家の古くからの重臣だが、天正八年頃から光秀に仕えていた［桐野二〇二〇B］。柴田勝全と同一人とする書もあるが、花押も異なり別人と思われ、

山崎での敗戦後には堀秀政に属したという〔谷口二〇一〇〕。『当邦諸侍系図』や『加陽諸士系譜』によると、井上家の祖である土佐守（実名未詳）も秀政に仕えていたらしく、その際に兵左衛門（土佐守との系譜関係は不明だが、父子か）は勝定の娘を娶ったのだろうか。井上家は、堀秀政・宇喜多秀家・前田利常と、仕官先を変えていったわけである。

実は、この柴田勝定に利宗の妹二人が嫁いでいた。『寛永諸家系図伝』だと、利三の長女（実名未詳）が「柴田源左衛門が妻、二十三歳にして死す」、二女（実名未詳）が「姉死してのち、継で柴田源左衛門に嫁す、六十五歳にして死す、法名寿院」とあり、どちらかが兵左衛門の妻となる娘を生んだことになるが、二十三歳で早世した長女よりも、後室となって六十五歳まで生きた二女寿院の方が可能性としては高い。ともあれ、いずれが生んだにせよ、利宗の甥（姪の夫）にあたるのは、清左衛門重成ではなく父兵左衛門の方だ。重成本人は利宗の姪の子となり、重成にとって利宗は大叔父（祖母の兄）にあたる。様々な系図情報を整理しながら、推定もふまえつつ作成した略系図を前頁に掲げたので、ご確認願いたい。なお、重成は元禄五年（一六九二）まで生き延び、九十歳を越える長寿を全うした〔『加陽諸士系譜』〕。

『乙夜之書物』が井上重成を斎藤利宗の甥と記した点は、単純に関屋政春の勘違いなのか、後考を俟つほかない。けれども、利宗が亡くなる正保四年（一六四七）までに姪の子という縁者である重成へ証言し、その内容を政春が聞いたことに相違は無かろう。とはいえ、又聞きの形に加えて、それを後年に思い出しながらまとめた記述であり、決して良質な聞書史料ではない。しかし、最前線にいた斎藤利宗の証言に基づくものので、十分に注目すべき情報だと思う。世に広く紹介するゆえんである。

【コラム】白小袖の信長イメージはいつからか

惟任光秀の謀反を知った織田信長が、白い小袖姿で本能寺の庭に面した廊下に立ち、群がる光秀軍に弓で応戦する姿や、炎上する奥の一室でひとり静かに自害する姿は、映画、テレビ、歴史画、劇画から漫画まで繰り返し描かれている。多くの日本人にはおなじみのイメージは、太田牛一『信長公記』を焼きなおした小瀬甫庵の伝記小説『信長記』で広めたものだ［鈴木・藤本二〇一四］。ただし、信長が白い小袖（袖口の開きが狭い衣装）を着ていた点については、甫庵『信長記』はおろか、太田牛一『信長公記』にさえみられない。信長の最期が白小袖というイメージは、いつ頃から根付いたものなのだろうか。

本書で述べたとおり、『本城惣右衛門覚書』や『乙夜之書物』など光秀側の証言に基づく史料に、本能寺の信長が白い着物、白い帷子（一重物のことであろう）を身につけていた記述がみられる。これらのほか、慶長十九年（一六一四）に元明智家臣の森秀利が口述したというスタイルを採る軍記物『明智

図１　『絵本太閤記』３編巻９「信長公自ら敵に的り給ふ図」
（富山市郷土博物館蔵）

図２　月岡芳年「京都四条夜討之図」（太田記念美術館蔵）

物語』（正保四年〔一六四七〕自序）が「信長公は白綾の単衣を著」と記す。十八世紀以降の史料を見ていくと、儒者の熊沢淡庵が著した『武将感状記』（正徳六年〔一七一六〕刊行）にも全く同じ「信長白綾の単衣を著」と見える。単なる白地ではなく綾目が施される一重物と、やや情報が加えられたわけだ。江戸時代中期に岡山藩儒の湯浅常山が編んだ『常山紀談』に「白き一重物を著」と見え、安永五年（一七七六）序の神沢杜口『翁草』は「信長公は、白き単物を召し」とあり、綾目とは明記せぬものの、白い一重物であった点は江戸時代の史料に散見するといってよかろう。

ただし、右で見た十八世紀以降の諸史料は、主に知識人たちが読んだものであり、庶民までイメージが広がる決定打とはなるまい。その契機となったのは、豊臣秀吉の生涯をテーマにした大長編の絵入り読み本『絵本太閤記』（寛政九年〔一七九七〕〜享和二年〔一八〇二〕刊）であろう。巷間で好評を博した同書では「終に信長公の御首を、白綾の御衣の片袖焼残りたるに押包み、左馬介（明智）光春が前に差出す」と紹介されている。これによると、信長が身に着けていたとみられる白綾の衣の片袖が現場に焼け残っていたらしい。なぜそれが信長のものと判別できるのか、またそれに信長の首を包んだ話の真偽を、ここでは問わない。ともあれ、挿絵での紹介はないにせよ、江戸時代後期のベストセラー読み本に取り上げられたことで、一般庶民の間でも白小袖の信長イメージが少しずつ広まっていったのではなかろうか。

　幕末明治を代表する大衆文化メディアである浮世絵版画の武者絵ではどうだろう。例えば、歌川芳富「盆応寺夜討図」（文久元年［一八六一］）や月岡芳年「京都四条夜討之図」（元治元年［一八六四］、74頁掲載図2）などで描かれる本能寺の信長は、白ではなく色付きの着物にされている。一方、楊斎延一（一八七二年生～一九四四年没）の「本能寺焼討之図」（明治期、162頁掲載図2）は白い着物の信長を描いているものの、少なくとも武者絵の世界で白は、必ずしもお決まりの配色ではなかったのだ。

　あくまで私見だが、我々が思い描く信長の白小袖姿が定着していくのは、一九六五年のNHK大河ドラマ「太閤記」での信長（高橋幸治）や、一九七三年のNHK大河ドラマ「国盗り物語」での信長（高橋英樹）のインパクトが大きいのではないか。原作の吉川英治『新書太閤記』は「白綾の小袖」、司馬遼太郎『国盗り物語』は「白綾の寝巻」と記す。どちらの大河ドラマも、原作を忠実に再現して信長は白小袖を着ていた。そして本能寺での最期の場面を取り扱った、以後の大河ドラマでも、白い寝衣で奮闘する信長の姿は、俳優たちの名演と相まって、いわばお約束のシーンと化していく。ちなみに、光秀イメージの変遷をたどった呉座勇一氏も、『国盗り物語』が与えた影響力の強さを見出している［呉座二〇二〇B］。

　要するに、信長の白小袖姿は江戸時代以降の史料で頻出はせずとも散見してきた。けれども、それが強固な共通認識となっていくのは、意外と日が浅く、戦後の高度経済成長期にすぎないのである。

写真・翻刻

第三節　信長の最期

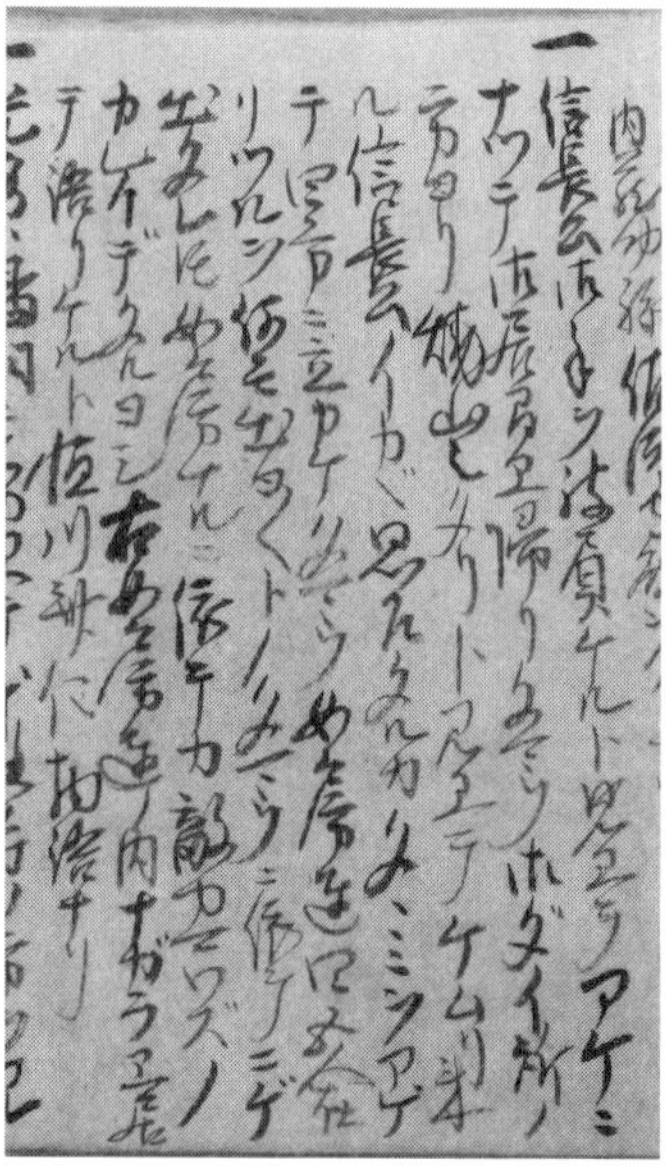

（上巻53丁表）

（上巻53丁表）
一信長公御手ヲ被負ケルト見ヱテ、アケニ
ナツテ御居間ヱ帰リタマウ、御ダイ所ノ
方ヨリ焼出タリト見ヱテ、ケムリ来
ル、信長公イカヾ思召タルカ、タ、ミヲアゲ
テ四方ニ立カケタマウ、女房達四五人在
リツルヲ、何モ出ヨ〳〵トノタマウニ依テ、ニゲ
出タレトモ、女房ナルニ依テカ敵カマワズノ
カレイデタルヨシ、右女房達ノ内ナガラヱ居
テ語リケルト、恒川斎仁（斎而）物語ナリ、

大意

一つ
（織田）信長公は、傷を負われたとみえて、（身に着けていた白い帷子(かたびら)が）朱色に染まり、居間へお帰りになられた。（そして）台所の方から火が出たとみえて煙が近づいてきた。信長公は何を思われたのか、畳を上げてそれを四方にお立てになられた。（居間には）侍女たちが四、五人いたのだが、「皆は（居間の外へ）出よ、皆は出よ」と仰ったので、（女たちは）逃げて（外へ）出たけれども、女だったからであろうか、敵にかまわれることなく無事に逃れ出たという。その侍女たちの中で長生きしていた者が語ったと、恒川斎而(つねかわ)が話した。

解説

畳を立て侍女を逃がす

織田信長の最期を記す基本史料は『信長公記(しんちょうこうき)』だ。『信長公記』池田家文庫本には「女共、此時まて居申候、然而様躰見申候と物語候」（女たちはこの時まで残っていた。そしてその状況を見ていたと話していた）とあり、侍女たちが直前まで従っており、その様子を見届けたと情報源まで載せられている。同史料によると、信長は肘に鑓傷を受けた後、寺内に取り残されていた侍女たちを逃がし、本能寺の御殿に火をかけ、死骸を見つけられないようにと考えて殿中奥深く入って、内から納戸(なんど)を立てて切腹した。本能寺にいた彼女たちは、接待や雑用のため、京都所司代の村井貞勝あたりが京都で手配したものであろう［鈴木・藤本二〇一四］。

図１　織田信長像
（豊田市 長興寺蔵、豊田市郷土資料館写真提供）

『乙夜之書物』は、信長の死ぬ直前まで共にいた女房から聞いた話として載せており、いわば『信長公記』池田家文庫本と全く同じ情報源だ。応戦をやめて信長が退いたのは、寺内の一角に建てられていた御殿の居間である。ところが、居間に近いとみられる台所から火が出て、煙が近づいてきた。本能寺内に「御台所」が存在したことは『信長公記』で確認でき、庫裏のことであろう〔河内二〇〇八〕。火は信長が自ら放ったのか、惟任光秀軍が放ったものなのかは分からない。居間には侍女が四、五人ほどいる中で信長は、畳を四方に立てている。死を覚悟した信長は、居間に取り残されていた侍女たちを脱出させるとともに、誰も中へ来ることができないように、畳で入り口を塞いだのだろう。『信長公記』の情報を補う証言といえまいか。

近年、金子拓氏が紹介した肥後細川家の『宇土家譜』（『忠興公譜』）によると、信長は二帖ほどの厚い畳を山のように立てかけて、その中にもぐり、「さい」という名の女房が持っていた火のともった手燭を貸せと命じ、それを取って火を付けて焼死した。光秀軍は信長の首を探したけれども、ついに見つからず、斎藤利三が黒焦げになった信長の着衣を取り出して光秀に見せたものの、信長が本当に死に絶えたのか、光秀は疑念を持たざるをえなかったという〔金子二〇一九〕。こちらは、取材源が明記されず信ぴょう性を測りかねるものの、信長が畳を立てた点は『乙夜之書物』に一致する。『宇土家譜』は肥後細川家、『乙夜之書物』は加賀前田家における言説だ。退いた居間で死の直前に畳を立てた話が、遅くとも十七世紀の中頃までに、九州や北陸など国内で少なからず流布していたことを示しており、興味深い。

何れも出よ、何れも出よ

信長は「方四町々」＝一町という、けっして広大とはいえない敷地の、さらにその一角に普請された「御屋敷」でその生涯を終えた［河内二〇一八］。信長が生前最後に他者と交わした言葉は、御殿の居間に取り残されていた侍女たちとのものであった。『信長公記』だと「女ハくるしからす、急罷出よ」、『乙夜之書物』だと「何れも出よ、何れも出よ」と声を発している。「みな出ていけ」と二度も繰り返すあたり、退室を急かす信長の息遣いまで伝わってくるようだ。もちろん、一言一句この台詞通りではなかろうが、付き従う侍女たちに発した言葉が、信長最後の会話となったことは間違いあるまい。

図２　本能寺跡

そして、信長は終焉の刻を迎えた。『乙夜之書物』は最期の様子を何ら書き留めていない。それもそのはず、情報源となった侍女たちは退出したのだから、その後は知る由もないのだ。通説では、信長は切腹して四十九年の生涯を閉じる。切腹したとする比較的良質な史料は、『信長公記』のほか、『本城惣右衛門覚書』、坂原阿上三所神社（現京都府京丹波町）所蔵の大般若経奥書〔NHKプロモーション二〇二〇〕などを挙げられよう。しかし、焼死（もしくは火災による一酸化炭素中毒）の可能性も捨てきれまい。例えば、寛永三年（一六二六）に大久保忠教が著した『三河物語』は「早火をかけて、信長ハ焼死に給ふ」と述べている。実際のところは「彼（信長）は切腹したと言う者もいれば、屋敷に放火して死んだと言う者もいる」という、ルイス・フロイス報告書『一五八二年日本年報 補遺 信長の死について』の記述が当時の受け止め方をよく反映しているのではないか。真実は藪の中なのである。いずれにせよ、火と煙が迫りくる中、一人で終焉の刻を迎えたと想像できよう。

このエピソードを関屋政春に話した恒川斎仁は、実名が斎而で、万治四年（一六六一）に没した加賀藩士である（『先祖由緒并一類附帳』）。『諸士系譜』によると、義父の監物は「監物西〔斎〕仁長武 始山森久次郎、后権左衛門、其后改氏、於荒子仕高徳公、七百石、御使番、寛永五 十一 廿一死」とあり、元は山森姓であったところ恒川に改姓し、前田利家の尾張荒子（現愛知県名古屋市中川区）在城時代から仕えた古参の臣だ。江戸時代には知行七〇〇石取り、御使番に属し、寛永五年（一六二八）に没した。この義父監物は、光秀のクーデター時に前田利長（利家嫡男）とともに安土におり、前後の動向を斎仁に語っている（第五章第一節）。斎仁は、本エピソードも監物から聞いた可能性があろう。ただし、監物がいつどのような形で女房からこの話を聞いたのかは分からない。その意味で、必ずしも良質な史料記述とは言えないが、『信長公記』と同じ取材源であることから、参考情報としての価値は十分にあるだろう。

写真・翻刻

第四節　謀反の遠因

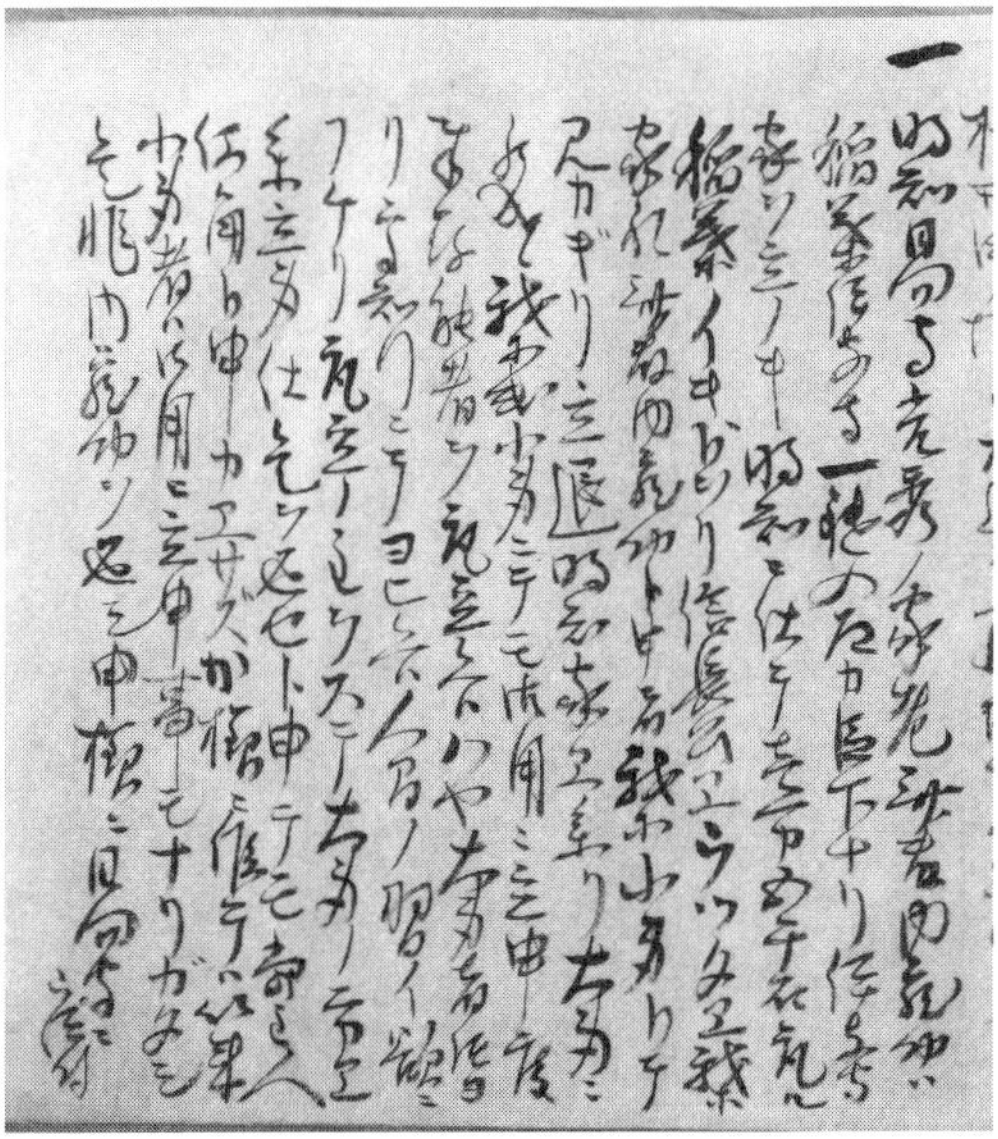

（中巻24丁表）

（中巻24丁表）
一明知（智、以下同）日向守光秀ノ家老斎藤内蔵助（利三）ハ
稲葉伊与（予、以下同）守一鉄入道カ臣下ナリ、伊与守
家ヲ立ノキ、明知ニ仕テ壱万五千石取ル、
稲葉イキドヲリ信長公ヱウツタヱ、我等
家礼斎藤内蔵助ト申者、我等小身トテ
見カギリ立退、明知家ヱ参リ大身ニ
被成候、我等義小身ニテモ御用ニ立申度
奉存、能者ヲ取立候ヘハ、ハヤ大身者トモヨ
リ高知行ニテヨヒ候ヘハ、人間ノ習イ欲ニ
フケリ、取立ノ主ヲステ大身ノ方ヱ
参立身仕、是ヲ返セト申テモ、当主人
何角ト申カヱサズ、か様ニ候テハ以来
小身者ハ御用ニ立申事モナリガタシ、
是非内蔵助ヲ返シ申様ニ日向守ニ被仰付

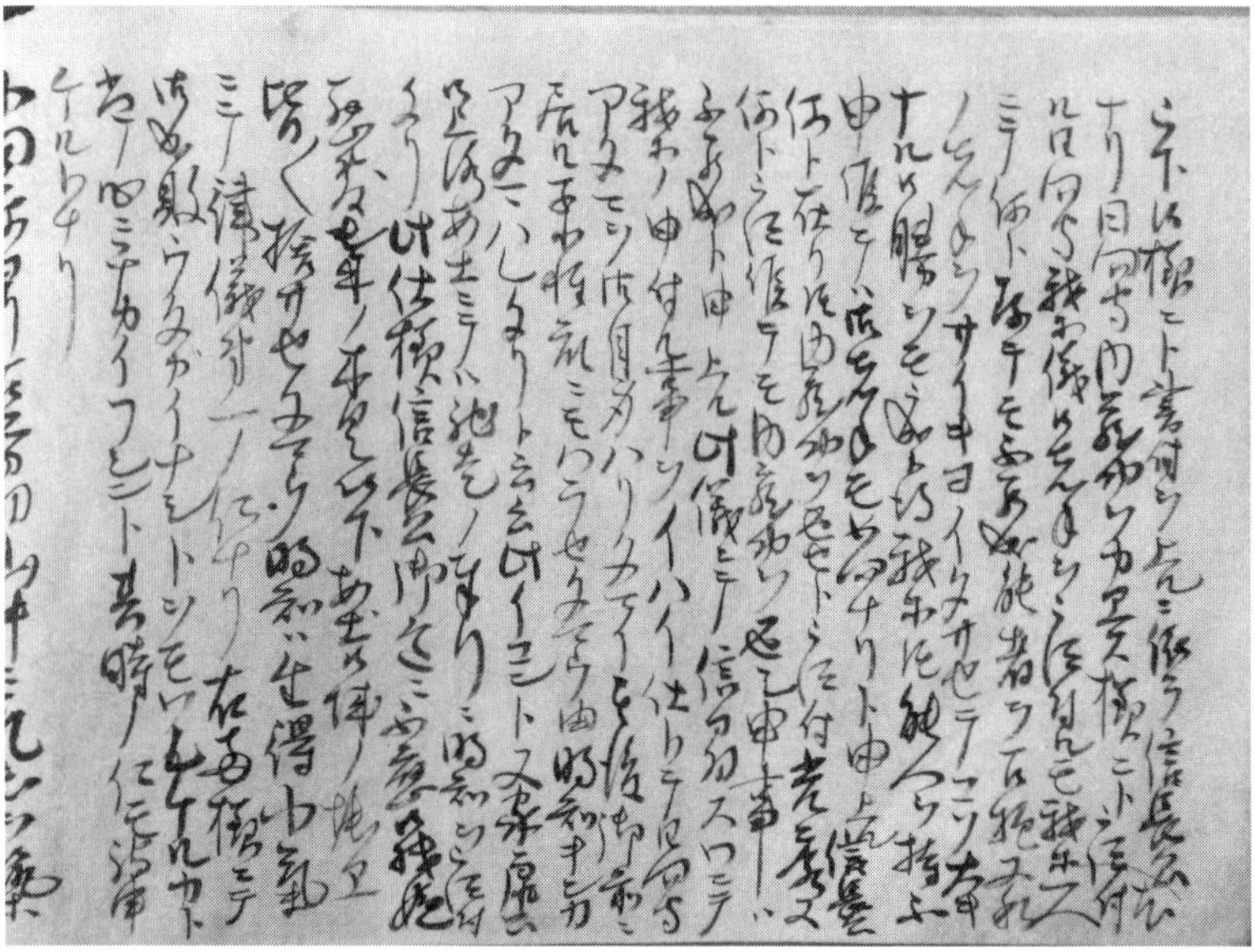

（中巻24丁裏）

（中巻24丁裏）
被下候様ニト、書付ヲ上ルニ依テ、信長公尤
ナリ日向守内蔵助ヲカヱス様ニト被仰付
ル、日向守我等儀御先手ヲ被仰付ルモ、我等一人
ニテ何ト存テモ不罷成、能者ヲ召抱又私
ノ先手ヲサイキヨイタサセテコソ大キ
ナル御腸ヲモ被成ト得、我等トモ能人ヲ持不
申候テハ、御先手モ如何ナリト申上ル、信長公
何ト在リトモ内蔵助ヲ返セト被仰付、光秀又
何ト被仰候テモ内蔵助ヲ返シ申事ハ
不罷成ト申上ル、此儀ニテ信州スワニテ、
我等ノ申付ル事ヲイハイ仕トテ日向守
アタマヲ御自身ハリタマイ、其後御前ニ
居ル所小性（姓）衆ニモハラセタマウ由、明知キンカ
アタマハレタリト云云、此イコント又家康公
御上洛安土ニテハ馳走ノ奉行ニ明知ヲ被仰付
タリ、此仕様信長公御意ニ不応、御機嫌
悪敷、出来ノ木具以下安土御城ノ堀ヱ
皆〱捨サセタマウ、明知ハ生得小気
ニテ律儀第一ノ仁ナリ、右両様ニテ
御成敗ウタガイナシトヲモワリ（レ）ケルカト
常ノ心ニチカイ、フシント其時ノ仁モ被申
ケルトナリ、

大意

一つ

明智光秀の家老である斎藤利三（としみつ）は、稲葉一鉄（いってつ）入道の家来であったが、稲葉家への仕官をやめ、光秀に仕官して知行一万五〇〇〇石取りとなった。稲葉（一鉄）は、激しく怒り、（織田）信長公へ直訴した。「わたしの家来であった斎藤利三という者は、わたし（稲葉一鉄）が小身だとして見限り仕官をやめ、明智家へ移って大身（たいしん）になった。わたし（稲葉）は小身（しょうしん）であっても（信長公の）お役に立ちたいと思い、能力ある者を取り立てていたところ、なんともはや（光秀のような）大身の者から（利三が）高禄で招かれたならば、人間の習いで欲望におぼれて、取り立ててくれた主人を捨てて大身の方へ移って見事な出世を果たしている。これ（利三）を返せと（光秀に）伝えても、今の主人（光秀）は何かと申して返さない。このような状態であれば、以降（私のような）小身の者は（信長公の）お役に立つことも難しい。ぜひとも利三を返すように光秀へ命じていただきたい」と（稲葉が）手紙で（信長公へ）訴えたところ、信長公は「もっともなことだ、光秀は利三を返すように」と通達した。

光秀は「（信長公から織田家の）軍政を命じられたものの、わたし一人（の力）ではどう考えてもうまくいかない。能力ある者を召し抱え、我が家の軍政を任せてこそ、大きな心構えにつながると思う。私どもは能力ある者を部下に持たなければ、（織田家の）軍政もどうなることでしょうか」と答えた。信長公は「何があろうとも、利三を返せ」と命じられたところ、光秀は「何と命じられましても、利三を返すことはできません」と断った。この一件によって、信濃国の諏訪で、「わたし（信長）の命じたことに背いた」と言って、光秀の頭を（信長公）自らがお殴りになり、さらにその後、（信長公の）御前にいた小姓衆にも殴らせたらしく、光秀の金柑頭（きんかあたま）は腫れ上がったそうだ。

この怨みに加えて、家康公が上洛する際の安土でのもてなし役の責任者を光秀は（信長公から）命じられた。そのもてなし方が信長公の気にめさず、（信長公は）御機嫌が悪くなり、準備が調っていた（料理の）膳などを安土城の堀へことごとくお捨てになられた。光秀は生まれつき気が小さく、義理固いことを第一とする者であった。この二つの出来事によって（光秀は信長公に）成敗されることは間違いないと思ったのではないか、平常心とは異なり、よく分からないと、その当時の者たちが述べていた。

信州諏訪での折檻

なぜ惟任（これとう）光秀は織田信長に背いたのか、謀反をめぐる動機について、今日まで数え切れないほど多くの考察が成されてきた。この点は本書の主眼ではないため、あまり深入りする気は無いのだが、『乙夜之書物（いつやのかきもの）』には、光秀が信長に抱いた怨恨、その基になった二つのエピソードを紹介している。一つ目が、光秀重臣斎藤利三の処遇をめぐって信州の諏訪（現長野県諏訪市）で信長に折檻を受けたという話だ。信長が武田勝頼攻めの道中、天正（てんしょう）十年（一五八二）三月十九日から四月二日まで滞在した場所として『信長公記（しんちょうこうき）』に「上諏訪」が出てくる。折檻の話そのものは、怨恨説を語るうえで、かねてからよく知られているものであり、多

図１　『絵本太閤記』３編巻５「信長怒て光秀を打擲する図」
（富山市郷土博物館蔵）

くの研究者が言及してきた。とりわけ、金子拓氏が優れた整理を行っているので［金子二〇一九］、大いに参照しながら私見を述べていく。

江戸時代後期のベストセラー『絵本太閤記』にも登場する、信長が光秀に暴力をふるった一件の初見史料は、ルイス・フロイスの『日本史』だ。しかし、フロイスがそれ以前にまとめた報告書『一五八二年日本年報 補遺 信長の死について』には関連する記述が見られず、『日本史』を著した段階で付け足した記述のため信頼性が低い［浅見二〇二〇］。しかも殴るに至った発端は、徳川家康の饗応をめぐる案件とされている。慶長十二年（一六〇七）頃に成立したとみられる、尾張国朝日村（現愛知県清須市）の柿屋喜左衛門が祖父の見聞をまとめた『祖父物語』によると、諏訪のある寺で光秀が「我等モ年来骨ヲリタル故、諏訪郡ノ内皆御人数ナリ」（私も長く尽力したため、諏訪郡の中はどこも織田軍の支配下だ）と発言したところ、信長が「汝ハイツカタニテ骨折、武辺ヲ仕ケルソ」（おまえがどこで尽力して、武功を立てたのか）と激怒して、欄干に光秀の頭を叩きつけたという。ただし、この『祖父物語』の話は、小瀬甫庵『信長記』に見える佐久間信盛の発言と同工異曲であるため信用できない［金子二〇一九］。元和七年～九年（一六二一～二三）頃に著された『川角太閤記』は、上諏訪で折檻されたことが謀反の原因となったと記す。だが、なぜどのように折檻されたのかまでは書かれていない。寛文十年（一六七〇）に林鵞峰が編んだ『本朝通鑑続編』になると、天正十年三月に信長が信濃国に滞在していた最中の出来事として、光秀と稲葉一鉄が言い争いとなり、信長は稲葉に利ありとするも光秀は屈せず、怒った信長は光秀の髪をつかんで頭を膝下に伏せて手でこれを打ったという。

このように時系列でみてくると、寛文九年に著された『乙夜之書物』の当該記述は、『川角太閤記』から半世紀ほど間が空くものの、『本朝通鑑続編』よりも一年ほど成立が早い。しかも、経緯がより具体的である。信長と光秀の確執の原因は、斎藤利三が稲葉一鉄のもとに仕官していたにもかかわらず、光秀が利三を知行一万五〇〇〇石取りの高禄で招いたことにあったという。筆者の知りうる限り、利三の処遇をめぐる軋轢を述べた初見史料となるのではなかろうか。稲葉の訴えを受けた信長は光秀に利三を返すように命じたものの、光秀が頑なに拒んだことで、信長の不興を買ったらしい。結果、諏訪で折檻事件は起こる。

小姓衆にも殴られた金柑頭

『乙夜之書物』によれば、織田信長が惟任光秀の頭を殴っただけでなく、近くに控えていた小姓衆たちにも殴らせたという。本当であれば、これほどの恥辱はあるまい。そのせいで光秀の頭は腫れ上がってしまったと伝えるが、光秀が「金柑頭」（髪の毛が無く、金柑のように赤く光った禿げ頭）だったとする、時期的に早い史料でもある。いまのところ金柑頭の話は、十六世紀末の成立と考えられている世間話集『義残後覚』が初見史料だ。庚申待（庚申の日に夜を徹して神仏を祀る行事）で厠にたった光秀に対して信長が「いかにきんかあたま、何とてさしきをたちやふるそ、其科怠にほそくひをとをすそ（ママ）」（何をしている金柑頭、どうして桟敷席を立つのか、その罰として細い首を落としてくれるぞ）と言い放ったという。この一件が事実なのかは眉唾ものだが、信長が光秀を「金柑頭」呼ばわりした言説は、ほぼ同時代から少なくとも存在していたことは間違いあるまい。『乙夜之書物』は、かかる逸話が十七世紀中頃には武士社会の知識人の間で浸透していた状況を示す史料と捉えてよいだろう。

少し話を戻す。実は、利三問題に端を発する折檻エピソードは『政春古兵談』にも載っており、すでに桐野作人氏によって紹介されているため［桐野二〇二〇］、関連記述を掲げておく。

> 斎藤内蔵助（利三）ハ義龍（斎藤）ノ甥也、稲葉（一鉄）伊与守〔予、以下同〕ニ仕テ子細有テ、伊与家ヲ立退、明知〔智、以下同〕一万五千石ニ召抱、丹波福智〔知〕山ノ城ヲ預ル、稲葉是ヲ腹立シテ、信長公ヱ訴訟ス、依テ返ス様ニト明知へ被二仰付一候へ共、不返、此出入ニテ、信長公明知カ頭ヲ御張被成候由、井上清左衛門（重成）語ル、

『政春古兵談』では、井上重成（斎藤利宗姪の子）が関屋政春に語った内容として筆録されている。利三が斎藤義龍の甥であったことや福知山城（現京都府福知山市）を預かった点が独自情報として載せられている一

方、信長が光秀の頭を小姓衆に叩かせた記述は無い。このため、『乙夜之書物』の取材源の一つが、同じ井上重成だったとは断定できないだろう。

　この利三をめぐる殴打事件が事実だったかという点では、懐疑的な意見が多い。例えば、土山公仁（きみひと）氏は「（稲葉）一鉄と石谷頼辰（いしがいよりとき）・斎藤利三兄弟の関係はきわめて良好である。（中略）信長が光秀を殴打したという話は本能寺の変の原因をさぐろうとした十七世紀半ばすぎの人々の考えという程度にとどめておいた方がよいだろう」と説く［土山二〇二〇］。たしかに、同時代史料から利三と一鉄の対立関係を見出せない限り、両者の確執に端を発する折檻エピソードは、江戸時代前期以降に生まれた言説の一種とみなすのが、現状では穏当であろう。

堀に膳を捨てさせられる

『乙夜之書物』で取り上げられている、惟任光秀が織田信長に抱いた怨恨、もう一つが安土城（現滋賀県近江八幡市）での徳川家康饗応役をめぐる話だ。こちらも著名なエピソードである。信長は上洛してくる家康の接待を光秀に任せた。それは動かない事実である。

　慶長十二年頃に著された『祖父物語』によると、光秀は諏訪での折檻事件以来、信長のお覚えも良くなく、家康の接待も別の者に命じられてしまい、自分の評判も悪くなると立腹し、用意していた膳などを安土城下の橋の下に廃棄したという。信長の逆鱗にふれた原因について、元和七年～九年頃に成立した『川角太閤記』は、家康に出す魚が腐っていたという著名な逸話を載せている。すなわち、夏だったために用意していた生魚が腐ってしまい、風で悪臭が漂ったことを聞きつけた信長が激怒して、家康の宿を急きょ堀秀政のところへ変えた。面目を失った光秀は、木具・肴の台ほか用意していた料理を堀へ捨てたという。寛文十年にまとめられた『本朝通鑑続編』によれば、信長は急きょ光秀に中国への出陣を命じて饗応役を解いた。光秀は、せっかく準備してきたすべてが無駄になったと憤慨し、道具を湖水へ投げ捨てたという。また、延宝年間（一六七三～八一）までに成立したと考えられている『宇土家譜』（『忠興公譜』）は、中国出陣を命じられた光秀が立腹して、湖に饗膳器具などを捨てたストーリーになっている［金子二〇一九］。

右に紹介したいずれの史料も、饗応役を解かれた光秀が憤りを覚えて、馳走のために準備していたものなどを自ら捨てた筋書きだ。一方、延宝八年頃に国枝清軒が著した『武辺咄聞書』によると、用意した魚が腐っていたのを信長が叱り、膳などを踏み割ったらしく、光秀ではなく信長が割っている。こういった中で、寛文九年に著された『乙夜之書物』は、光秀の調えた馳走が信長の希望に合わず、機嫌を損ねた信長が膳などを安土城の堀に捨てさせたという。つまり、光秀が自発的に廃棄したのではなく、信長の命令によって強制的に捨てさせられた設定になっているのだ。

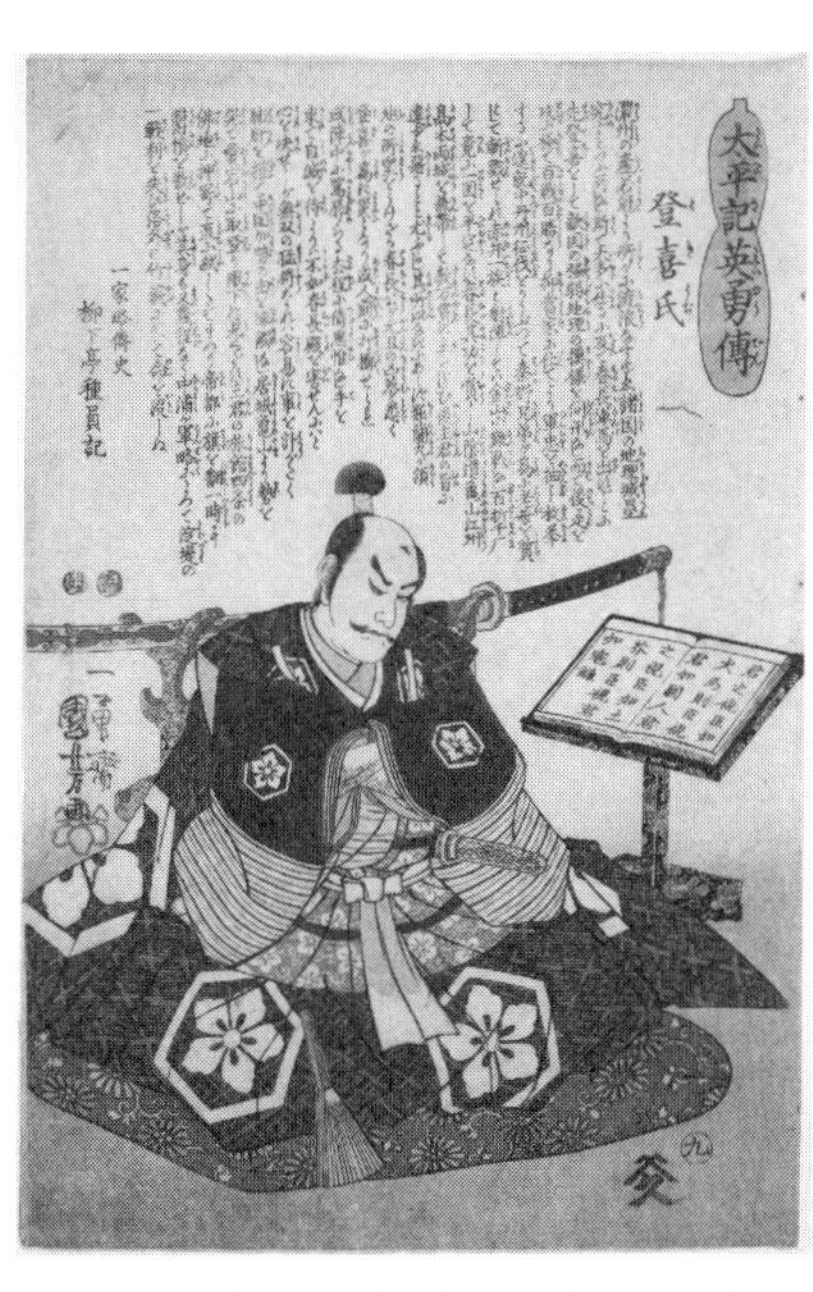

図2「太平記英勇伝　明智光秀」
（富山市郷土博物館蔵）

はたして、実際の家康接待はどうだったのか。

光秀は興福寺をはじめとする奈良の諸方から、盃台や樽・折り櫃・茶などを調達し、安土城内の総見寺に「唐・和之財」（渡来品と国内の品々）で設えた座敷を用意したという（『多聞院日記』）。このほか、京や堺（現大阪府堺市）で珍物を取り揃え、五月十五日から三日間に及んだ饗応は、「結構」（すぐれていて欠点の無い様子）に終わった（『信長公記』）。同月十七日に接待役を解かれて中国出陣を命じられたことも歴史的事実として揺るがないが、それは明らかに饗応の不手際によるものではなく、むしろ光秀の軍事的力量に対する信長の期待の表れと捉えるべきだろう。

怨恨と不安の複合説

ともあれ、『乙夜之書物』によれば、この饗応一件および先の折檻事件によって、主君織田信長の怒りをまざまざと思い知らされた惟任光秀は、生まれつき実直ながらも小心者ゆえに、成敗されることを恐れて、粛清される前にこちらから討つ、いわば先手を打つ形で挙兵に踏み切ったという。動機をめぐる議論の諸説でいえば、怨恨と不安の複合説と呼べようか。

そのほか、延宝元年（一六七三）の序をもつ山鹿素行『武家事紀』は、次のように記す。

> 光秀稲葉（一鉄）カ家臣斎藤内蔵助利三ヲ老臣トス、稲葉是ヲ信長ニ訴、信長此事ヲ光秀ニ告、光秀不レ肯シテ云ケルハ、先手ヲツトメ軍用ヲ弁スル者ハ人ノカマイアル良臣ヲタクワヘスシテハ、大功立カタシト云、信長光秀ヲ近ク召シテ、拳ヲ以テコレヲ托開セラル、群臣列参ノ時分ユヘ、光秀大ニ赤面ス、稲葉モコ

レニヨツテ憤ヲ押ユ、其後光秀、源君(徳川家康)安土ヘ来臨ノ馳走人トシテ経営美ヲ尽スノ処、俄ニ中国ノ加勢ヲ承テ、剰中国ニテ罪死セラルヘキ沙汰ヲ聞テ、此悪逆ヲ企ケルト云伝、

右によると、斎藤利三をめぐる稲葉一鉄の訴えに端を発し、居並ぶ家臣たちの前で光秀は信長に殴られて、大きく恥をかいた。これを受けて、稲葉は怒りをいったん収める。ただし、折檻事件が起こった場所を諏訪だとは言及していない。一方、光秀が成敗される噂を聞きつけて謀反を起こしたという流れは、『乙夜之書物』に似ている。山鹿素行や関屋政春ら山鹿流兵学者の間では、光秀の動機は、殴られた恨みに加えて、信長の怒りが蓄積して自身の粛清へ向かうかもしれない危機感からきたものとみなされていた可能性が高い。

光秀挙兵の動機をめぐる議論については、ごく最近の呉座勇一氏の見解が注目できる。呉座氏は「同時代人は基本的に光秀謀反の動機を野心に求めており、いわゆる怨恨説を採用していない。(中略)怨恨が謀反の主因としてクローズアップされるようになるのは、本能寺の変から一世紀近く経ってからである。(中略)野望より怨恨が重視されていく背景には、社会の価値観の変化があった」と推察している〔呉座二〇二〇B〕。興味深い仮説だと思う。江戸時代の社会に儒教的観念が浸透していく中で、光秀の恨みによる犯行とする説が多数派を占めていったのだ。

いずれにせよ、この『乙夜之書物』の記述は、聞き取り元が明らかでなく、「其時ノ仁」(当時を生きた者)が語ったという、漠然とした形をとっている。井上重成から聞いた話を一部含む可能性はあるものの、十七世紀半ばに山鹿流兵学者の間で流布していた言説として、現時点では理解するにとどめておくべきだろう。

第三章　『乙夜之書物』が記す織田信忠攻め

写真・翻刻

第一節　妙覚寺・二条御所へ

（上巻53丁表）

（上巻53丁表）
一光秀ハ鳥羽ニヒカヱテ本能寺ノ方ヲ見
居タレハ五ツ時分ニ火ノ手アガル、日向守
スワ本能寺ハ仕ヲウセタルゾツヾケ者トモ
トテ懸出ス、城介信忠公妙覚寺ニ被成御
座ヱ心指タルト見ヱテ大形早道ナリ、然
所ニ道ニテ年四十□（余）ナル女房、地白
ゾメノ帷子着キ、殿ハ〳〵ト尋、光秀

（上巻53丁裏）

（上巻53丁裏）
ノ馬ノ口ニ取ツキ、上様（信長）ハ御腹メサレ候ゾ、
若殿様（信忠）ハ唯今二條殿ヱ御入被成候ト云、
後聞ケバ光秀ノ在京ノ時ノ定宿
女房ナリト云、
一町屋ニ居タル侍衆、本能寺ヱハ不被入ニ
依テ、信忠公ノマシマス二條殿ヱ各タテ
ゴモル、去トモ新作イマダ首尾セサルニ依
テ、門ノクワンノ木ハ在テシメカネハナシ、
俄事ハアリウロタヱタル計ニテ、備ハ
且テナカリケリ、

大意

一つ

光秀は鳥羽に控えて本能寺の方を眺めていたところ、五つ時分に火の手が上がった。光秀は「それっ、本能寺は片がついたぞ、続け者ども」と言って駆け出した。（織田）信忠公のいる妙覚寺（みょうかくじ）を目指したとみえて、とても急ぎ足であった。その道中で（出会った）四十歳余りの女房が、地白染（じしろぞめ）の帷子（かたびら）を着ていた。（その女が）「殿（光秀）は、殿は」と尋ね、光秀の馬の口にすがりつき「上様は切腹されました、若殿様はたったいま二条御所へ入られました」と述べた。後で聞いたところ、光秀が在京する時の定宿の女房だったらしい。

一つ

（京の）町屋にいた（織田家の）侍たちは、本能寺へは入れなかったため、織田信忠公のおられる二条御所へそれぞれ立て籠もった。しかし、御所の普請がいまだ完了していなかったため、門に貫の木はあったが締め金は無かった。（敵襲は）突然のことであり、皆うろたえるばかりで、備えは（十分で）無かった。

急ぎ足で鳥羽を発つ

『乙夜之書物』は、鳥羽（現京都市南部）にいた惟任光秀が本能寺の方角で火の手が上がっている様子を確認したのが、五つ時分（午前八時頃）と記す。しかし、『信長公記』によれば、ほぼ同時刻を指す「辰刻」に、光秀は織田信長や信忠を討ち果たし、落人狩りを命じている。『乙夜之書物』の記述を是とすれば、明け方に始まった本能寺攻めが午前八時頃までかかったことになるが、兵力差や装備差をふまえると、実際の戦闘はもっと短時間にちがいない。京の公家たちも、信長が「即座」「即刻」討たれたと報じている（『言経卿記』『兼見卿記』など）。よって、火の手が上がった時刻も、明け方の戦闘開始からほどないはずであり、明け六つ（午前六時頃）の誤りであろうか。この時間把握については、何らかの錯誤を含むとみるほかない。

ともあれ、『乙夜之書物』によれば、光秀は本能寺方面の炎上を合図のごとく、信長を仕留めたと判断し、残された兵たちを引き連れて、急ぎ足で鳥羽を発った。目指す妙覚寺は、信忠が京都に来た際に宿泊する場所だ。光秀としては、信長打倒がひとまず成就した後も生き残るために、織田政権を瓦解に引き込むべく、すでに織田家当主となっていた信忠をも討ち取る必要があった。信忠が落ち延びていれば、その後の秀吉の専横な振舞いなどはありえなかったであろう〔和田二〇一六〕。結果論的解釈となるが、その意味で、光秀の乱は秀吉政権の成立をもたらし、ひいては近世社会の到来を招いたともいえる。

さて、この織田信忠攻めの事実関係として注意しておきたいのは、光秀は人数を分けて本能寺の信長と妙覚寺の信忠を同時に襲撃しようとはせずに、本能寺攻めが一段落したところで妙覚寺へ軍勢を差し向けている点だ。まずは信長ひとりの殺害に集中するためだろうが、本能寺を襲撃した明智軍が先鋒隊の二〇〇〇余騎のみで、人数に余裕がなかったためなのかもしれない〔鈴木・藤本二〇一四〕。次節で述べるが、信忠方も千数百人くらいは擁していたと思しく、先鋒隊だけでは勝算を確実視できなかったゆえだろう。

図１　織田信忠像
（滋賀県立安土城考古博物館蔵）

いま一つ想定できるのは、光秀が信忠の居所を正確には把握していなかった可能性である。河内将芳氏は、京都に信長・信忠父子が滞在するさいには、信長が本能寺、信忠が妙覚寺というかたちが周知となっていたからこそ、ふたりを死に追いやることに成功すると説く〔河内二〇一九〕。しかし、もともと信忠の上洛は、徳川家康と穴山梅雪の接待のためであったから、このあと彼らが堺（現大阪府堺市）を見物する旅にまで同行する予定だった。ところが、信長が急に上洛するという情報が入ったため、予定を変更して京都にとどまる。光秀はこの予定変更を十分に把握せず、すでに信忠は堺へ発ったと考えていたのかもしれない［鈴木・藤本二〇一四］。あるいは、京都にとどまっていることは察するも、どこに宿をとったかまではつかんでいなかったか。いずれにせよ、妙覚寺に信忠がいることに確信を持っていれば、同時襲撃こそ理想かつ妥当な作戦のはずである。にもかかわらず、光秀はそうしなかった、もしくはできなかったのだ。

道中で出会った女房

そこで注目したいのが『惟任退治記（これとうたいじき）』の「惟任（光秀）は、将軍（織田信長）腹を召し御殿に火焔の上るを見て安堵の思ひをなし、信忠の御陣所を尋ぬれば、二条の御所に楯籠らるる由これを聞きて、武士の息を続がせず二条の御所に押寄す」という記述だ。すなわち、信長の本能寺屋敷から火の手が上がったのを見て安心した惟任光秀は、信忠の居所を確認している。そして、二条御所に立て籠もった情報を耳にしてすぐさま兵を差し向けたという。やはり光秀は当初、信忠の具体的な居場所まではつかんでいなかったのである。だからこそ、同時襲撃できなかったのだ。

火の手を確認して動き出す点は『乙夜之書物』も同じだが、まず向かったのは妙覚寺である。本能寺の北北東約六〇〇メートルの位置にあった妙覚寺は、二町規模であり、本能寺の二倍の広さだった［河内二〇一九］。信忠が泊まっている可能性の高い妙覚寺をひとまず目指したのだろうか。ところが、たまたまその途中で遭遇した知り合いの侍女から、信忠が二条御所に移ったことを知らされ、急きょ矛先を変える。『信長公記』によると、信忠は村井貞勝の進言で移ったという。『惟任退治記』の記述は、この経緯を簡略化したものとも理解できる。

当時の二条御所は、妙覚寺から東へ約二〇〇メートルの距離に建つ。一町に満たない敷地の四方を「壁」や「長壁」で囲い、北側には堀、そして南側（あるいは東側にも）門を構え、その敷地内に「主殿」や「御池」などを配したものであった［河内二〇一八］。光秀の京屋敷も二条にあったため（『言経卿記』）、とうぜん近辺の地理は熟知していたであろう。光秀が道中で出会った侍女は、この光秀の二条屋敷に出入りしていた者と考えられる。

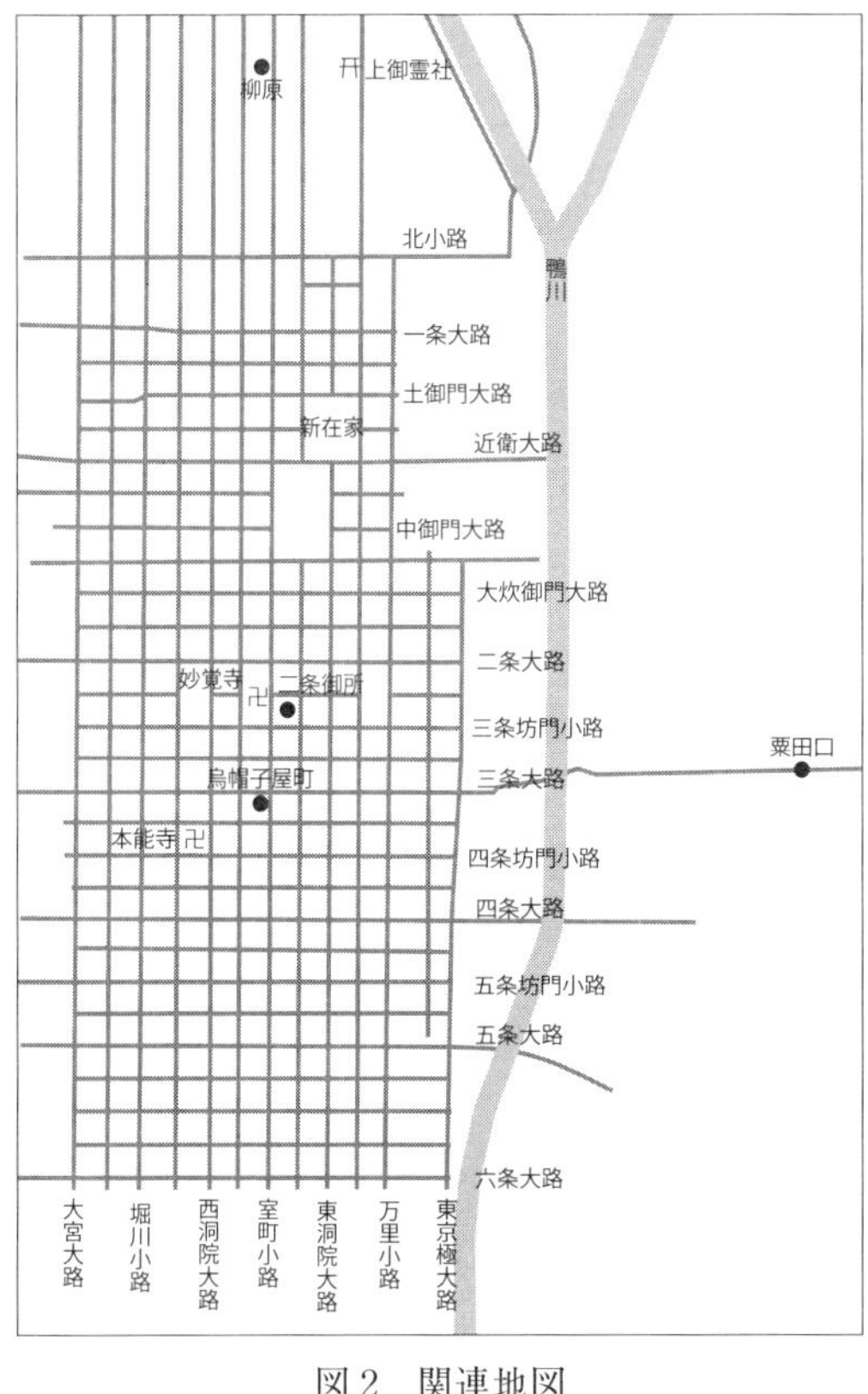

図2　関連地図

光秀の乱から一世紀以上も後のことになるが、正徳三年（一七一三）に『老人雑話』という本が刊行された。永禄八年（一五六五）に生まれ、寛文四年（一六六四）に没した江村専斎という医者が語った内容を、弟子の伊藤坦庵が整理した聞書集だ。

同書によると専斎は、新在家町（現京都市上京区）にあった御土居の上から、（光秀軍の桔梗紋をあしらった）水色の旗が妙覚寺の方へ向かうのを見て、光秀の謀反であることを町衆の皆々が知ったとしている。後年の編纂史料であるため、どこまで事実を反映しているのかは分からないものの、妙覚寺を目指した光秀軍の動向と大きな矛盾は無い。

このように、本能寺の信長攻めを先鋒の斎藤利三と明智弥平次に任せた光秀だったが、信忠攻めに関しては、鳥羽に残されていた本隊の多くを自ら率いて洛中へとなだれ込んだのである。

京の町屋にいた信長家臣

『乙夜之書物』によれば、京の町屋にいた信長家臣は、本能寺へ入ることができず、織田信忠のいる二条御所を目指した。『信長公記』は、湯浅甚助（直宗）と小倉松寿が、敵に混じって本能寺に駆け込んで討死したことを記す。このうち湯浅甚助は、前章で述べたとおり、斎藤利宗に討ち取られている〔『寛永諸家系図伝』斎藤利宗〕。当時、信長の西国遠征や、長男信忠上洛の関係から、京都市中には織田家の家臣が大勢いた〔鈴木・藤本二〇一四〕。彼らの多くは、本能寺へ向かおうにも、時すでに遅く、寺の周囲を惟任光秀軍先鋒隊に固められて、容易に中へは入れなかったにちがいない。のちに光秀が命じた落人狩りのターゲットは、本能寺や妙覚寺・二条御所から逃げ延びた者たちのほか、このような信長・信忠に従って入京し諸方に宿泊していた者たちだったのだろう。

例えば、『信長公記』には、烏帽子屋町（現京都市中京区）に寄宿していた小沢六郎三郎が変報を聞き、二条御所の信忠のもとへ駆けつけて討死したことのほか、上京の柳原（現京都市上京区）にいた土方次郎兵衛は追腹したことなどが記されている。また、尾張衆の梶原景久の子松千代は、町屋に宿泊していたが罹病していたため、同名の又右衛門が松千代の名代として二条御所に参じ、奮戦して討死したという〔和田二〇一六〕。これらのほか、二条御所で討死した武士のひとりに、斎藤道三の子とされる斎藤利治がいた〔金子二〇一七〕。彼の子孫は江戸時代、岡山藩池田家に仕えており、藩に提出した由緒書によれば、このとき利治は稲葉氏らと「京辺稲荷同所」にいたという〔『岡山藩家中諸士家譜五音寄』〕。現場当日、信長の家臣たちは、洛中だけでなく稲荷（現京都市伏見区）の方にまで散らばって寄宿していたとみてよい。

右のごとく、京とその近郊に寄宿していた信長家臣の多くが「二条殿御屋敷」とも呼ばれた二条御所へと集まる。天正四年（一五七六）五月上旬から普請のはじまった「二条殿御屋敷」は、必ずしも定まった呼び方は無かった〔河内二〇一八〕。「天下において、安土についでくらべるものがないほど美しく豪華」と、ルイス・フロイス『日本史』で称賛された二条御所は、天正七年十一月に時の正親町天皇の第一皇子であった誠仁親王に進上される〔『兼見卿記』〕。クーデター時も親王は一家とともに二条御所におり、このあと光秀と思わぬ形で対峙することとなった。

『乙夜之書物』によると、乱当時の二条御所は未完成であり、門の締め金さえ無い有り様だったというが、迂闊にも門の施錠を怠っていたにすぎないのではないか。その点は、証言者もしくは著者の関屋政春の記憶違いを考慮すべきだろう。なお、このエピソードを政春へ話した証言者については明記されていないが、筆者は光秀家臣の進士作左衛門ではないかと推測している。この点は、次節にて考察したい。

【コラム】挙兵した光秀は何歳だったのか

惟任光秀は、クーデターを起こしたわずか十日余り後にあえない最期を遂げる。そのため、考えてみれば当たり前のことだが、挙兵時の年齢は没年とイコールなのだ。そして、当時の光秀を何歳と捉えるかによって、我々の思い描く乱の像が微妙に変わってくるのもまた事実である。

光秀の没年をめぐる諸説に関して整理した野口隆氏によると、五十五歳・五十七歳・六十三歳・六十七歳の少なくとも四つの説があり、江戸時代は五十七歳を採る文献が主流だったという［野口二〇一七］。そのほかでは、延宝～元禄年間（一六七三～一七〇四）にかけて美作森家津山藩士の木村昌明がまとめた『武家聞伝記』が、根拠は不明ながら七十歳説を採る［柴二〇一九］。

それらの中で、谷口克広氏［谷口二〇〇七］をはじめとして多くの研究者に支持されつつあるのが、六十七歳説だ。この説は、徳川家康の外孫であり松平定明が著したと伝えられる『当代記』の「于時明智歳六十七」という注記に基づく理解であり、成立が寛永年間（一六二四～四四）頃と比較的早い史料であることが、信頼性につながっている。しかし、光秀の挙兵前後までの記述は、加賀藩医であった小瀬甫庵が著した『信長記』によったとみられる部分が少なくなく、決め手を欠く。また、多数決にする代物ではないが、『当代記』以外に六十七歳説を採る文献がみられない点も気にかかる。

一方で、歴史ドラマなど現代のメディアは五十五歳説を採用することが多い。織田信長とは六歳年長の差にとどまり、柴田勝家や丹羽（惟住）長秀ら織田家宿老たちとほぼ同世代になるため、光秀のイメージに合うのだろうか。これは「五十五年夢」と詠んだ辞世の詩を収める『明智軍記』（元禄十五年［一七〇二］出版）が主な典拠で、史料の信頼性が格段に劣り、懐疑的な意見も少なくない。

ここでは、近年になって村上紀夫氏が言及した、京都本法寺十四世の日通自筆「妙法堂過去帳」に見える「十三日（中略）惟任日向守光秀 本名字明知(智)子 歳五十五死 天正十壬午六月」という記述［村上二〇二〇］に注目したいと思う。「妙法堂過去帳」が村上氏の推察どおり、どんなに遅くとも日通が没する慶長十三年（一六〇八）以前に著されたものとなれば、五十五歳説が一挙に有力候補へ躍り出る。ただし、この過去帳は日通自筆本とされるものの、いくつかの異筆を含む。古川元也氏が注意を促すごとく、後年の年号や明らかな誤記が認められ、後世の補入や写部分もあると思われ、その点は勘案される必要があろう［古川二〇〇八］。後考を俟ちたい。

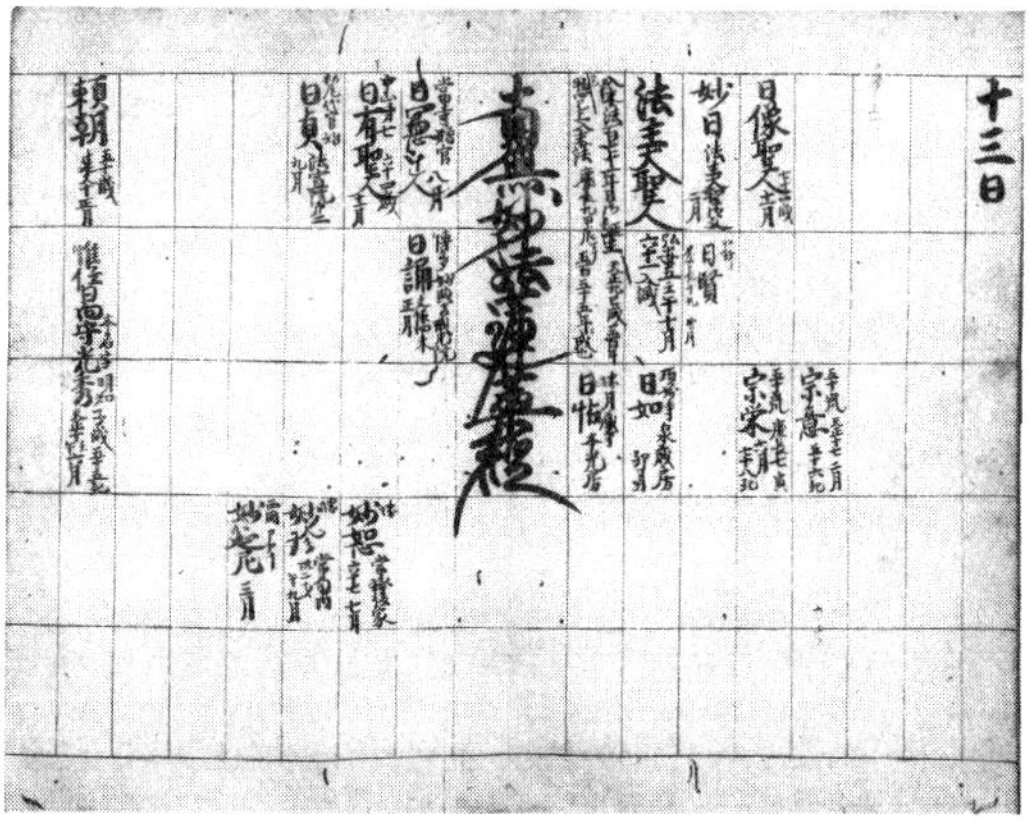

図　「妙法堂過去帳」十三日条（本法寺蔵）

ちなみに、『乙夜之書物』の著者である関屋政春は、この光秀の没年をどう考えていたのだろうか。『乙夜之書物』の中に関連記述を確認することはできないが、政春が生前に残した覚書をベースにした『政春古兵談　剛之巻』の中に「近代名将年齢覚」と題して、戦国武将の没年を列記した箇所がある。そこには「明智向(日脱カ)守　五十五歳」とあり、情報源は謎なのだが、五十五歳説を採っていた。なお、筆者が本書を草した際に念頭に置いた光秀が五十五歳であることは、密かに告白しておこう。

写真・翻刻

第二節　二条御所の攻防

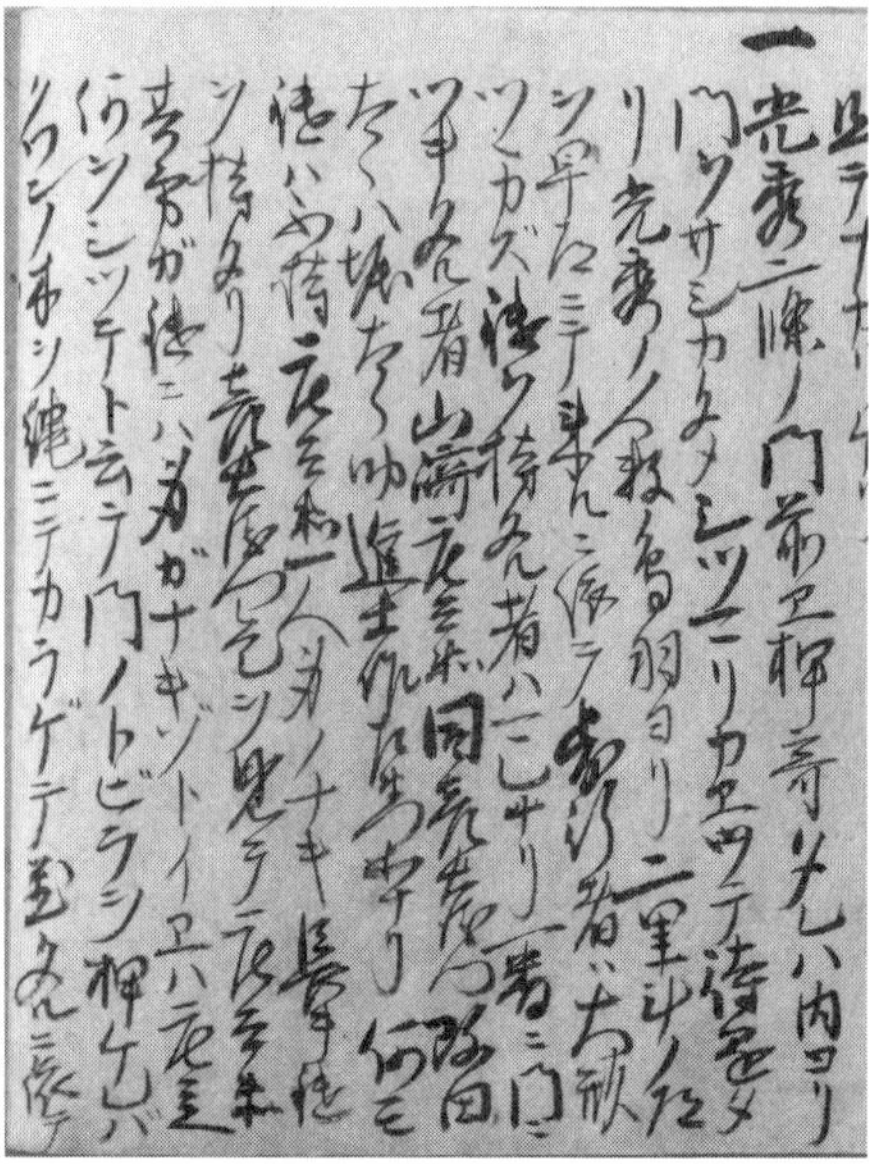

（上巻53丁裏）

（上巻53丁裏）
一光秀二條ノ門前ヱ押寄タレハ、内ヨリ
門ヲサシカタメ、シツマリカヱツテ待懸タ
リ、光秀ノ人数鳥羽ヨリ二里計ノ道
ヲ早道ニテ来ルニ依テ、歩行者ハ大形
ツ、カズ、鑓ヲ持タル者ハマレナリ、一番ニ門ニ
ツキタル者山﨑庄兵衛（長徳）・同彦右衛門・改（開）田
太郎八・堀太郎助・進士作左衛門等ナリ、何モ
鑓ハ不持、庄兵衛一人身ノナキ長キ鑓
ヲ持タリ、彦右衛門是ヲ見テ庄兵衛
其方ガ鑓ニハ身ガナキゾトイヱハ、庄兵
何ヲシツテト云テ、門ノトビラヲ押ケレバ
クワンノ木ヲ縄ニテカラゲテ置タルニ依テ

（上巻54丁表）

（上巻54丁表）

両戸ノ間壱尺計アキタリ、庄兵衛此
間ヨリ鑓ヲヒキスリテ内ヱ入ル、ツヾイテ
堀太郎助・進士作左衛門刀ニテハイル、門ノ
内ニハ人一人モナシ、又拾間計間在テ門在リ
此方ノ門ノ雨落ニ庄兵衛ヲリシキ、鑓ヲ
ヒザノ上ニノセテ居ル、作左衛門・太郎助ハ刀
ヲヌキ、庄兵衛両脇ニ是ラモヲニ(リ)シキテ
居ル、然所ニムカイノ門ノ内ヨリ村井春(貞勝)
長出テ此方ノヤウスヲ見テ内ヱ入ル、ホトナク
赤沢七(座)(永兼)郎右衛門具足ノ胴計着キ朱柄ノ長キ
鑓ヲ持出ル、ツヾイテ山口小弁カキカタビラ
ヲ尻ツマゲシテ、是モ朱柄ノ長キ鑓持テ
両人ニテ此方ヱムカイ、鑓ヲマイロウト云テ
ウチフリ懸ル、庄兵衛ハトカクノ事イワズ
鑓ヲカマヱテ居ル所ヲ両人シテ何ノザウ
サモナクアヲノキニツキタヲス、太郎助・作左衛門
モツキタヲサル、此ヲトヲ門外ノ者トモ聞テ
門ヲ押ヤブル、両人ハ此方三人ヲツキタヲシ
頓テ内ヱ入ルナリ、三人ハ手負タルニ付テ
其後ノ事ハシラズ、手ハ何モウスカリケリ、

一つ

光秀が二条（御所）の門前まで押し寄せたところ、（織田信忠方は）内側から門を固め、静まり返って待ち伏せていた。光秀の軍勢は鳥羽から二里ほどの道筋を急ぎ足で来たため、歩兵はほとんど追いつかず、鑓を持つ者はわずかであった。

一番に門へ着いた者は、山崎庄兵衛・同彦右衛門・開田（かいでん）太郎八・堀太郎助・進士（しんじ）作左衛門らであった。誰も鑓は持っておらず、山崎庄兵衛が一人だけ身の無い長い鑓を持っていた。山崎彦右衛門がそれを見て「庄兵衛、そなたの鑓には身が無いぞ」と言ったところ、庄兵衛は「何を知っているか」と言って、門の扉を押したところ、貫の木を縄で結んで置いてあっただけのため、戸の間に一尺ほどの隙間が空いた。庄兵衛はその間から鑓を引きずって中へ入る。（庄兵衛に）つづいて、堀太郎助と進士作左衛門が刀を持って入る。門の内には人が一人もいない。また十間ほどあって門があり、その門の雨落としに庄兵衛は左膝を立て右膝を曲げて腰を下ろし、鑓を膝の上に乗せていた。作左衛門と太郎助は刀を抜き、庄兵衛の両脇で二人も左膝を立て右膝を曲げて居並んだ。そのようなところに、向かいの門の中から村井貞勝が出てきて、こちらの様子を見て、門の中へ戻った。

ほどなく（信忠方の）赤座七郎右衛門が具足の胴だけを着け、朱柄の長い鑓を持って出てきた。つづいて山口小弁（こべん）が柿帷子（かきかたびら）のすそをまくり上げ帯の後ろにはさんでとめ、彼も朱柄の長い鑓を持って二人でこちら側へ向かってきて、「鑓で勝負だ」と言って襲いかかってきた。山崎庄兵衛が物言わずに鑓を構えていたところに、（赤座と山口の）二人はいとも簡単に（庄兵衛を）仰向けに突き倒した。そして、堀太郎助や進士作左衛門をも突き倒した。この物音を門外の者どもが聞いて、門を押し破った。（赤座と山口の）両人は、この三人を突き倒してすぐに中へ入っていった。（庄兵衛・太郎助・作左衛門の）三人は負傷したために、その後のことは知らない。（ただし）傷はいずれも軽かった。

解説

証言者は進士作左衛門か

前節と本節の織田信忠攻めに関する三か条に及ぶエピソード（上巻53丁表〜54丁表）を、関屋政春に話したのは誰なのだろうか。これら三か条に続く次の条は、惟任光秀軍の安土城占拠から山崎の戦いを中心に述べているが、その末尾に進士作左衛門が二代作左衛門へ証言した話に基づく旨を明記している。翻刻は第四章第一節で掲げているので、そちらを先に確認してもらっても構わない。これらの点からすると、一連の条文はすべて進士作左衛門の証言である可能性が浮かび上がる。また、同じ加賀藩士の青地礼幹がまとめた『可観小説』は、「進士作左衛門二条城夜討話」と題した一文を含む。その文末に「進士作左衛門話」とあり、同じ作左衛門の証言として『乙夜之書物』と酷似する情報を載せている。この二条御所攻めのくだりは、進士作左衛門が語った話として、広く加賀藩内に流通していたとみてよい。

それでは、進士作左衛門とは何者なのだろうか。彼については、実名が貞連で、寛永十年（一六三三）までに加賀藩士になっていた事実を小林正信氏が指摘している〔小林二〇一九〕。なお、小林氏の所論は、進士作左衛門の兄藤延こそ光秀の正体だとする点に特色をもつ。その当否を本書では論じないが、作左衛門が加賀藩へ仕官した時期に関してはもう少し遡ることができ、「慶長之侍帳」に「七百石　進士作左衛門」（『加賀藩初期の侍帳』）と見える。このため、遅くとも本帳の作成年次である慶長十九年（一六一四）頃までに、知行七〇〇石取りで加賀藩に仕えるようになっていた。また、万治元年（一六五八）の侍帳に、知行四五〇石取りで五十九歳の進士作左衛門を確認できる（『古組帳抜萃』）。こちらは計算すると慶長五年の生まれとなり、二代目の作左衛門、すなわち初代作左衛門の子息と考えてよい。関屋政春はこの二代目の作左衛門から話を聞いたのだろう。

本書で注目したいのは、初代作左衛門の方が光秀旧臣だった点だ。一次史料ではないが、加賀藩の侍医小瀬甫庵が著した『太閤記』に、山崎の戦いで大敗した光秀が勝龍寺（現京都府長岡京市）へ退いた際の従者に進士作左衛門の名を確認でき、さらに小栗栖（現京都市山科区）へと落ち延びた時の随行にもその名が登場する。本節で紹介した『乙夜之書物』は、作左衛門を二条御所攻めの光秀軍の一員として記す。また、延宝元年（一六七三）の序をもつ山鹿素行『武家事紀』では、光秀家臣の一人として取り上げている。このほか、かなり後年の編纂史料ではあるものの、肥後細川家歴代の事績をまとめた『綿考輯録』（安永七年〔一七七八〕成立）には「作左衛門は明智（光秀）殿ニ奉公、最後まて供致したる七騎の内なり」と見える。その続きに「寛永の末比作左衛門は果、其子牛之助も忠利（細川）君江御目見仕、御脇差なと被為拝領候、牛之助加州にて弐百五拾石取候由、馬廻組なり」とあり、光秀死後に細川家へ仕えた初代作左衛門が寛永年間末頃に世を去り、子の牛之助は加賀藩で知行二五〇石取り、馬廻組に属した旨を記す。

この牛之助が二代作左衛門かというと、そうではない。寛永四年の侍帳に「七百石　進士作左衛門（中略）百五拾石　進士牛助」（『加賀藩初期の侍帳』）と見え、明らかに別人と捉えられている。二人は兄弟かもしれないが、よく分からない。『加陽諸士系譜』には「進士氏　祖美作守一色左京大夫子孫義時子左馬助為督養、改作左衛門、其二三男也」とあり、この進士作左衛門の二男が「作左衛門　仕瑞龍公（前田利長）、七百石」、三男が「彦兵衛　三百石　大正〔聖寺〕持」と見える。牛之助が彦兵衛と同一人物かは明らかでないものの、前田利長（加賀前田家二代）に知行七〇〇石取りで仕えた二男が二代目進士作左衛門と考えられ、三男は知行三〇〇石取りで大聖寺前田家（大聖寺藩）に仕えたという。

ともあれ、初代作左衛門は亡くなる寛永末年までに二代作左衛門へ証言し、二代作左衛門がそれを同じ加賀藩士の政春へ語ったと推定できる。『可観小説』著者の青地礼幹は、延宝三年の生まれで延享元年（一七四四）に没するため、二代作左衛門から直接話を聞いた可能性は低い。作左衛門が話していた内容として加賀藩内で伝わっていたものを書き留めたのであろう。要するに、同じ初代作左衛門の証言をベースにした記述ではあるものの、『可観小説』よりも『乙夜之書物』の方が良質な史料だと断じてよい。

門前に迫る光秀

『乙夜之書物』によると、鳥羽（現京都市南部）にいた惟任光秀は、二里（約八キロメートル）の道のりを急いで駆け抜け、織田信忠の立て籠もる二条御所の門前にまで迫った。本能寺まで押し寄せた光秀という通説イ

図1　誠仁親王像（泉涌寺蔵）

メージは、むしろこの二条御所攻めの光景に読み替えていく必要があるだろう。光秀が鳥羽に控えていた事実は、第二章第一節で言及したごとく、斎藤利宗（としむね）の証言に基づく。一方、今回の記述は進士作左衛門の話がベースとなっている。要するに、本能寺攻めの際に光秀が後方の鳥羽にいた事実について、少なくとも二人以上の光秀家臣が語り継いでいたことになろう。

本能寺に光秀本人が来たことを明確に示す史料が存在しない点は、同じく第二章第一節で述べたとおりだ。一方、二条御所に来た点は、比較的良質なイエズス会宣教師の記録で確認することができる。ルイス・フロイス報告書『一五八二年日本年報　補遺　信長の死について』が「彼（村井貞勝）の勧めによって、武装し騎乗して街路に来ていた明智（光秀）に使者を送った。そこでは、御子（誠仁親王（さねひとしんのう））がどうするのが望みなのか、彼も同様に切腹すべきかと尋ねた。明智は、御子には何も望まないが、信長の世子（信忠）を逃がさないようにするために、騎馬や駕籠に乗らず退去するようにと答えた」と記す。すなわち、光秀が二条御所の近くまで騎馬で来ていることを聞き、御所にいた誠仁親王の処遇について問うべく、光秀へ使者が遣わされている。この証言から、たしかに光秀本人が二条御所近くまで来ていたと考えてよかろう。

交渉の結果、東宮や女房衆といえども、輿を用いず、被り物で顔をかくさず立ち退くという条件で、光秀は彼ら局外者の退去を認めた。東宮や女房衆のなかに、信忠らが万が一にも紛れ込んで落ち延びることがないようにという、光秀の怜悧な用心深さが十分に示された対応である〔藤井二〇〇三〕。誠仁親王とその一家が退去したのは「辰刻」（午前八時頃）だ〔『言経卿記』〕。親王は女中らとともに徒歩で脱出し、当代きっての連歌師であった里村紹巴の計らいでようやく新在家の辺りから輿に乗ることができた〔『兼見卿記』別本〕。親王は「今上皇帝」とも呼ばれ〔『蓮成院記録』〕、対寺社門跡・対信長の局面で天皇とともに（あるいは天皇に代わって）朝廷の政務を主導していたという〔金子二〇一五〕。よって、今後の朝廷との関係構築を考えれば、輿ぐらい用意して然るべきではなかったか。しかし、光秀にとって妙覚寺攻めはまだしも、二条御所攻めが全くの想定外だったことをふまえると、そこまでの周到な準備を事前に求めるのは酷というべきだろう。

図2　上杉本洛中洛外図屛風　二条御所（上）と妙覚寺（下）（米沢市上杉博物館蔵）

そして、いよいよ二条御所の戦いが始まる。信忠軍は「わずかに五百ばかり」と「馳せ加うる者一千余騎」〔『惟任退治記』〕とあり、おおよそ二〇〇〇前後の兵が集結していた。一〇〇人余りであった本能寺の信長軍よりは格段に数が多く、退路を断たれた信忠軍は、窮鼠猫を噛むごとく、死に物狂いで挑んでくるだろう。先鋒隊の二〇〇〇余騎では、接戦に持ち込まれる可能性が高い。ともすれば、敗北さえありうる。そのあたりも考慮して光秀は、自ら本隊を率いて二条御所へ向かったのだろう。『乙夜之書物』によれば、急ぎ足で押し寄せた光秀軍は、騎馬がメインで歩兵は追いつかなかった。自らの身の危険も省みず、

図3　村井貞勝像模写
（東京大学史料編纂所蔵）

信忠逃走の芽を摘むべく一刻も早く現場へ迫ったのかもしれない。

負傷でその後を知らず

惟任光秀軍の歩兵が不在であったとしても、本能寺の戦いと同じく両軍の人数差・装備差は、埋めがたかった。信忠たちは「素膚に帷一重」〔『惟任退治記』〕、多勢に無勢ながら、三度にわたって寄せ手を撃退するほどの健闘をみせる〔『蓮成院記録』〕。『兼見卿記』は、二条御所での戦闘が「数刻」に及んだと報じ、ルイス・フロイス報告書『一五八二年日本年報　補遺　信長の死について』は「一時間以上も戦った。しかし、外の者が多勢でよく武装しており、多数の鉄砲を備えていたので、彼（光秀）に抵抗することは困難であった」と伝え、諸史料の記述を整理した盛本昌広氏は、戦闘終了を巳の刻（午前十時頃）と仮定している〔盛本二〇一六〕。おおよそ妥当な見解であろう。『信長公記』が伝える、光秀が落人狩りを命じた「辰刻」は、限りなく巳の刻に近い時間帯であったと捉えておきたい。

当時の妙覚寺住職であった日典は「内府（信長）并城介（信忠）殿・其外御家中歴々之大名衆、去月（六月）二日一時半計ニ悉御果候」〔『不受不施遺芳』「妙覚寺所蔵文書」〕と、クーデターの翌月に振り返っている。つまり、一時半（約三時間）ほどで信長と信忠ら一党は全滅したというのだ。現場近くにいた第三者による事件直後の貴重な証言である。

私見では、明け方（午前五時頃）に本能寺攻めが始まってすぐに信長を死に追いやり、午前八時頃に誠仁親王が退去した二条御所で戦闘が始まって、二時間もかかることなく、午前十時を迎えるまでに片が付いたと思う。戦いに実質要した時間が、三時間ほど（一時半）であった。

『乙夜之書物』は、二条御所にいた信忠方の武将として、村井春長軒（貞勝）・赤座七郎右衛門（永兼）・山口小弁（実名未詳）ら三人の名を記す。中でも、赤座は信忠の側近だ［和田二〇一九］。対する光秀方の武将として、山崎庄兵衛（長徳）・山崎彦右衛門（実名未詳）・開田太郎八（実名未詳）・堀太郎助（実名未詳）・進士作左衛門ら五名が登場している。彼らの内、山崎庄兵衛・堀太郎助・進士作左衛門の三名は、赤座・山口との鑓合わせで負傷した。よって、その後は知らないと記されている。この点から、取材源は負傷した光秀家臣たち三名の中の誰かとみてよく、のちの加賀藩士となった進士作左衛門は極めて有力な候補であり、彼の証言に基づく蓋然性がより高まろう。

図4　二条御所跡

右のような事情で『乙夜之書物』は、その後に一切の言及が無い。これも記録という意味では、証言者が見た範囲のことしか書かれておらず、良質な聞書であることを示すといえようか。以下、他史料からその後にふれておこう。『信長公記』では、信忠は切腹して側近の鎌田新介に介錯させている。一方、ルイス・フロイス報告書『一五八二年日本年報補遺　信長の死について』は「結局、明智の多数の人々が勝って侵入し、放火し、多数の者が焼死した。世子（信忠）も、兵士や高貴な武士たちと一緒に焼死した」と記す。信忠は切腹ではなく焼死したという理解だ。たしかに『兼見卿記』によれば、二条御所には火が放たれている。

戦いでは、信忠を取り巻く小姓（こしょう）五〇〇人から六〇〇人が死んだという（『多聞院日記（たもんいんにっき）』）。事が済んだ後に現場を見に行った公家の勧修寺晴豊（かじゅうじはれとよ）が「くひ、しにんかすかぎりなし」（首や死人の数に際限が無かった）（『晴豊公記』）と嘆息したのは、無理からぬことであった。なお、江戸幕府旗本の竹中重門（しげかど）が晩年の寛永八年（一六三一）頃に著した『豊鑑（とよかがみ）』は「信忠自害し給ひぬ」と記す。凄惨な戦いが繰り広げられた二条御所で、切腹か焼死かは判断できないものの、天下人信長の嫡男信忠は奮戦むなしく絶命したのだ。享年二十六。このほか、『乙夜之書物』に出てきた村井貞勝・赤座永兼・山口小弁の三名も討死した（『信長公記』）。もちろん、信忠軍すべてが主君に殉じたわけでもない。名のある武将の中にも、無事に逃げ延びた者がいる。『乙夜之書物』の別箇所で記述があるため、節をあらためて紹介することにしよう。

【コラム】山崎庄兵衛その後

二条御所攻めに参戦して負傷した山崎庄兵衛（長徳）は、惟任（これとう）光秀と命運をともにすることなく生き延び、晩年に出家して閑斎（かんさい）を名乗る。彼は『川角太閤記（かわすみたいこうき）』の取材源の一人になるなど、光秀の乱を考えるうえで重要人物と断じてよい。実は、『乙夜之書物（いつやのかきもの）』上巻14条に、誰から聞いた話かは明記されていないものの、山崎庄兵衛その後が書き留められている。翻刻と大意を掲げておこう。

図　山崎長徳像
（常松寺蔵、石川県立歴史博物館写真提供）

（上巻16丁裏）
一山崎閑斎（長徳）、明知（智、以下同）光秀ニテ七百石取庄兵衛ト
云、明知城州山崎表敗北ノ後、庄兵衛モ
落人ニナリ、本国ナルニ依テ越前ヱ帰リ
柴田勝家ニ仕ル、天正拾弐（ママ）年佐久間玄番（蕃）
江州余湖ノ海中入ノ時、庄兵衛一番乗
翌日玄番（蕃）敗北ノ時庄兵衛跡サガリ退口
ジンジヤウナリ、秀吉公山上ヨリ御覧被成
敵ノ中ニ羽織着テ後殿スル者ハ柴田
三左（勝政）衛門ナルベシ、扨見事ナルフリカナ、人々
アレ見ヨト上意ノ由、近付御当家ヱ被召抱
千石被下、一代ノ場数八度御当家ニテハ鳥
越ノ鑓一度ナリ、野村伝兵衛庄兵衛ニヲト
ラヌ者ニテ庄兵衛一所ニ越前ヨリ千石
ニテ被召抱、伝兵衛三拾二三歳ノ時関
東八王（子）寺城攻ニ討死ス、庄兵衛後法躰シテ
閑斎ニナル、

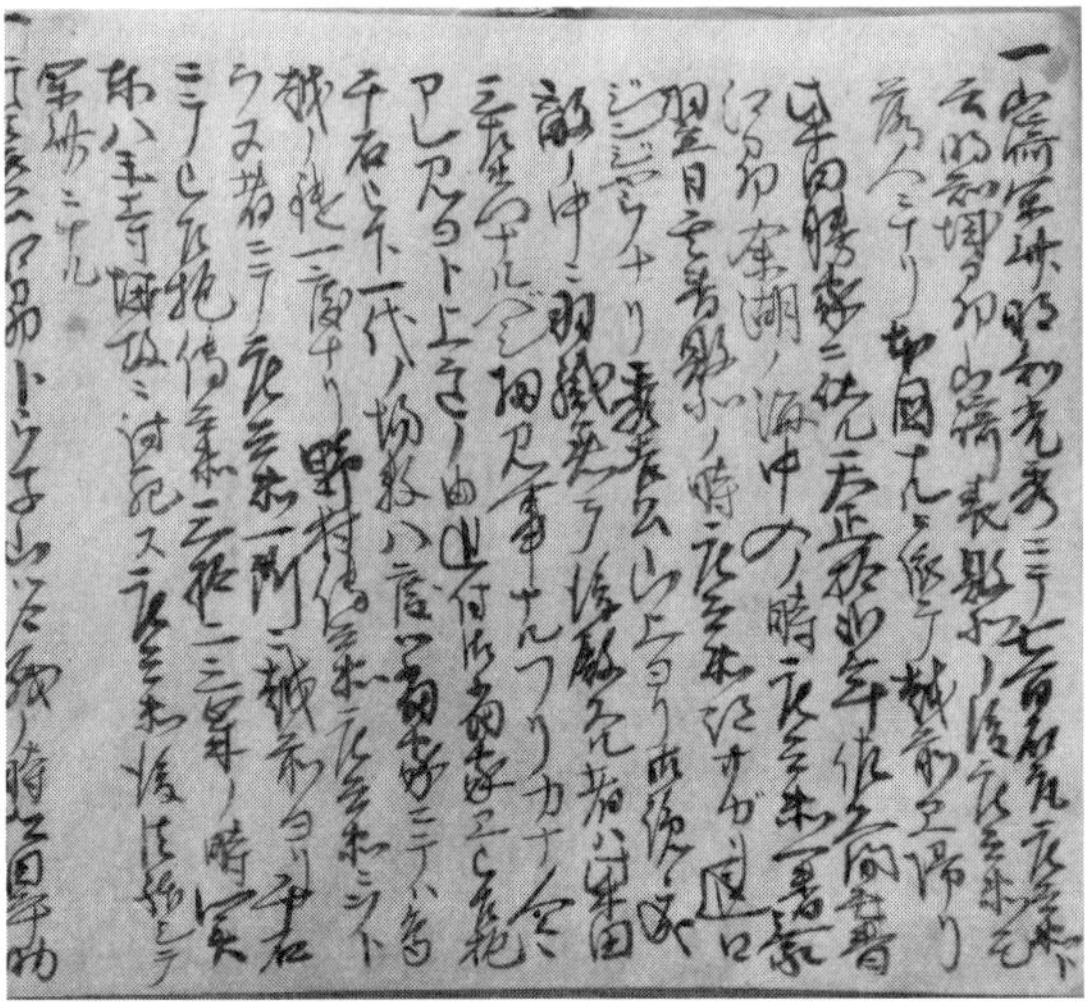

（上巻16丁裏）

一つ

山崎閑斎は光秀のもとで知行七〇〇石取り、庄兵衛と名乗った。光秀軍が山城国の山崎で敗北した後、庄兵衛も浪人となった。生まれた国であったため越前へ帰って柴田勝家に仕官した。天正(てんしょう)十二（一）年に佐久間盛政が近江国の余呉湖の水中へ入った時、庄兵衛は一番乗りであった。翌日に盛政が敗北した時、庄兵衛は後方へ下がり、その撤退時の戦いぶりは取り乱していなかった。秀吉公は山の上から督戦なさっており、「敵の中で羽織を身に着けて殿(しんがり)を勤めた者は柴田三左衛門であろう、とても見事な戦いぶりである、皆の者あれを見習え」との命令であり、（山崎庄兵衛は）縁あって加賀前田家に召し抱えられ、千石の知行取りとなった。生涯で臨んだ戦いは八度に及び、前田家に来てからは鳥越の戦い一度である。野村伝兵衛は庄兵衛に勝るとも劣らない者であって、庄兵衛と同じく越前（柴田勝家のもと）から千石取りで召し抱えられていた。伝兵衛は三十二歳か三十三歳の時に関東攻めの際に八王子城攻めで討ち死にした。庄兵衛は後年に出家して閑斎になった。

右によると、山崎長徳は光秀の敗死後に越前国で不遇をかこっていたところ、柴田勝家に召し抱えられた。天正十一年（一五八三）四月に起こった賤ヶ岳の戦いでは、一番乗りを誇ったほか見事な退き際を見せるなど、武名を存分に轟かせている。そして、この活躍もあってであろう、勝家亡き後には加賀前田家へ仕官した。その後、加賀藩で人持組という上級藩士となった庄兵衛は、長門守を名乗っていく。

人持組に列した加賀藩士諸家の先祖由緒をまとめた『加陽人持先祖』という史料が、金沢市立玉川図書館近世史料館に残っている。寛文七年（一六六七）にまとめられたもので、『乙夜之書物』より二年ほど成立が早い。その『加陽人持先祖』の山崎家の部分で「一　曾祖父　山崎閑斎（中略）義景（朝倉）滅亡之後浪人仕罷有申候、明知日向対　信長公叛逆三四ヶ月已前被相抱、右叛逆之刻、城之助殿（織田信忠）御籠候於二条城赤座七郎（永兼）右衛門与鑓合手負申由、明知御退治之後越前在候」と記されている。これによると、長徳はもともと越前の朝倉義景に仕えていたが、朝倉家が滅んで浪人となっていたところ、光秀が乱を起こすわずか三、四ヶ月前に光秀家臣となった。おそらく、天正十年に入ってから仕官したわけであり、長徳は光秀家臣の中でかなりの新参者だったことになる。そして乱の際には、信忠が立て籠もる二条御所で赤座永兼と戦って負傷したという。前節で紹介した『乙夜之書物』の記述と矛盾は無い。そして、光秀敗死後は本国の越前に戻った。

朝倉家、惟任（明智）家・柴田家・前田家と次々に仕官先を変えた彼もまた「渡り奉公人」の一人に数えてよかろう。山崎家は、加賀藩士として絶えることなく続いたため、少なからぬ史料が現在まで伝えられてきた。家伝文書が加賀市役所のほか、金沢工業大学ライブラリーセンターなどに所蔵されている。また近年、山崎庄兵衛家文書（二〇点）が金沢市立玉川図書館近世史料館に寄贈されたが、そこには光秀がらみの史料は含まれていない。それでも筆者は、そのほかの山崎家関係史料を加賀藩研究だけでなく戦国史研究の視点で丹念に見ていくことで、光秀の乱に関する新知見がまだ出てくるのではないかと密かににらんでいる。

写真・翻刻

第三節　脱出した織田有楽斎

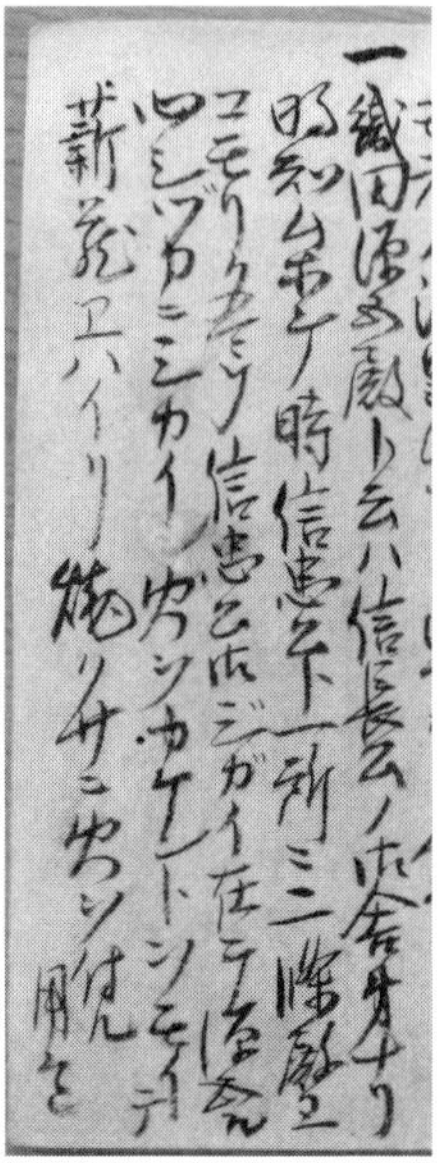

（上巻60丁表）

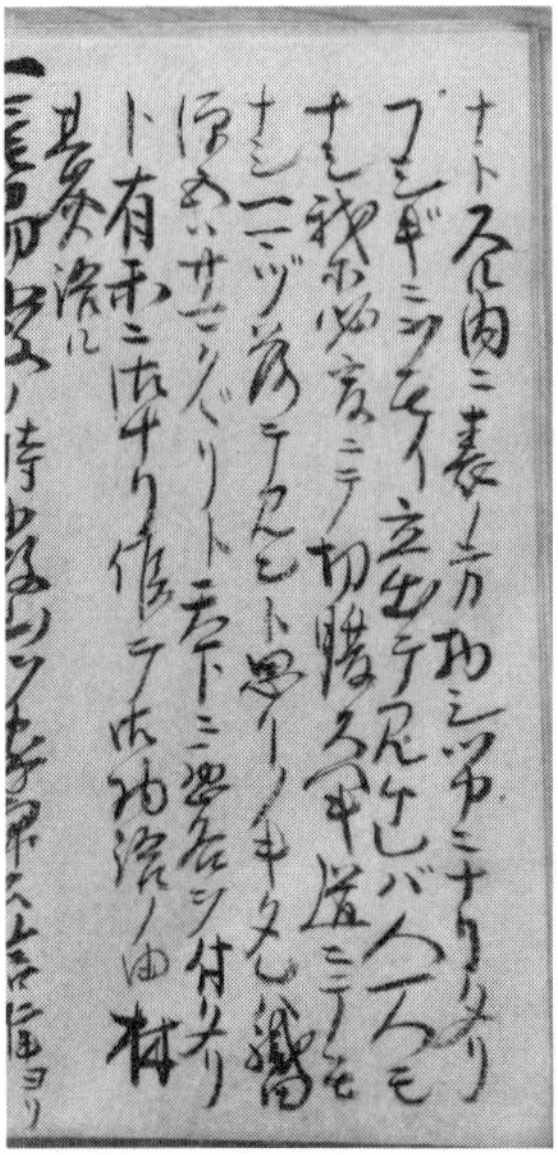

（上巻60丁裏）

（上巻60丁表）
一織田源五(長益)殿ト云ハ信長公ノ御舎弟ナリ、
明知(智、以下同)ムホンノ時信忠公ト一所ニ二條殿ヱ
コモリタマウ、信忠公御ジガイ在テ源五殿
心シヅカニシカイシ火ヲカケントヲモイテ
薪蔵ヱハイリ、焼クサニ火ヲ付ル用意

（上巻60丁裏）
ナトスル内ニ表ノ方物シツカニナリタリ、
フシギニヲモイ立出テ見ケレバ、人一人モ
ナシ、我等必爰ニテ切腹スヘキ道ニテモ
ナシ、一マヅ落テ見ント思イノキタレハ、織田
源五ハサマクヾリト天下ニ悪各(名)ヲ付タリ
ト有楽ニ御ナリ候テ御物語ノ由、林
甚介語ル、

大意

一つ

織田源五殿という方は、信長公の弟である。光秀が謀反を起こした時、織田信忠公と行動を共にして二条御所にお籠もりになられた。信忠公が自害なさって、源五殿は心を落ち着けて、自らも切腹して火を放とうと考え、薪蔵（たきぎぐら）へ入り、焼草に火を付ける用意をしていた間に、（御所の）表の方が物静かになっていた。なにやら不思議に思って、（薪蔵から）出て外を眺めたところ、人が一人もいない。（そこで、）私（源五）が必ずここで切腹しなければならない道理もないので、ひとまず落ち延びてみようと思い、退いたところ、織田源五は「狭間（さま）くぐり」だと天下に悪名が付いてしまったと、有楽（うらく）を名乗るようになってからお話しされたとのことを、林甚介（じんすけ）が語った。

解説

狭間くぐりの悪名

織田源五の実名は長益（ながます）、信長の弟だ。織田信秀の十男あるいは十一男とされている［谷口二〇一〇］。一般的には、晩年に名乗った有楽斎（うらくさい）の号が知られていよう。惟任（これとう）光秀が挙兵して京へ押し寄せた天正（てんしょう）十年（一五八二）六月二日、長益は甥の信忠とともに二条御所に立て籠もっていた。織田家の統領であった信忠はここで最期を遂げるが、叔父の長益は戦うことなく落ち延びる。

図1　織田有楽斎像（正伝永源院蔵）

彼の逃亡劇は、ほぼ同時代である十六世紀末から割と知られていたらしく、時期的に早い史料としては『義残後覚』を挙げることができよう。同書には「織田源五郎殿落給ふ事」と題したエピソードが、京都の年老いた住人の話として収められている。それによると、長益は信忠に切腹を勧めておきながら、自らは味方が防戦している間に安土城（現滋賀県近江八幡市）を目指して逃げ延びた。結果、信忠は自害したにもかかわらず、長益は何の妨げも受けずに難なく安土へたどりつく。この顚末を伝え聞いた京の童たちは「をだの源五ハ人てハないよ御はらめせ〳〵めさせておいて我ハあづちへにくる」（織田の源五は人ではないよ、御腹めせめせ、めさせておいて、我は安土へ逃ぐる）と歌にして皮肉ったという。このほか、寛永年間（一六二四〜四四）頃に成立した『当代記』は「織田源五、信長弟有楽こと、被遁出ける、時人令悪」と簡潔に記す。信忠に殉じることなく逃げ失せた長益は、世の人々から非難されたらしい。主君に忠節を尽くすべき江戸時代の儒教道徳からすれば、さもありなんである。

その報いであろう、『乙夜之書物』によると、長益は天下に「狭間くぐり」という悪名がついた。そもそも狭間とは、矢や鉄炮などの攻撃を行うため城や櫓に設けられた隙間のことであり、狭間くぐりとは、その狭間を中から潜って逃げる者のこと、転じて逃亡者または臆病者の意だ。まさしく長益は、主君を置き去りにして逃げ延びた臆病者だと呼ばれたわけである。この『乙夜之書物』の記述は、すでに柏木輝久氏が大意を紹介しているが〔柏木二〇二〇〕、「狭間くぐり」という表現は、管見の限り、大久保忠教が著した『三河物語』（寛永三年〔一六二六〕成立）が時期的に早い。すなわち、「小田(ママ)之源五殿と山之内修理(康豊)ハ狭間をくぐる」と説く。二条御所にいた長益と山内康豊が、狭間をくぐって脱出したという。康豊は、山内一豊の同母弟にあたり、信忠に仕えていた（『寛政重修諸家譜』）。ちなみに、彼らのほか、水野忠重（徳川家康の叔父）も信忠に従って妙覚寺、二条御所にいたのだが、難を逃れて無事に三河国へたどりついている（『家忠日記』『当代記』）。

信忠は自害した

『乙夜之書物』の記述で注目すべきは、取材源が林甚介（実名未詳）だと明記されている点だ。関屋政春も林甚介も、織田長則の旧臣で、主家断絶の後、前田利常に転仕した経歴をもつ〔柏木二〇二〇〕。『加陽諸士系譜』には「林氏　元祖信長公旧臣林佐渡守　末葉父茂右衛門仕信長公　甚助(ママ)　仕織田河内守長次　后仕微妙公(前田利常)先知三百石」とあり、織田長次（長則）に仕えたのち、利常に知行三〇〇石取りで召し抱えられている。「政春自分之先祖等之覚書」（『政春古兵談』）によれば、寛永十年（一六三三）に織田長政（長益四男、大和戒重織田家初代）の取り持ちで、政春とともに加賀前田家へ仕官した旧臣九名の内の一人が林甚介であった。また、承応三年（一六五四）の侍帳は「三百石　越中御用人　同四十　林甚助(ママ)」と記す（『古組帳抜萃』）。つまり、承応三年に四十歳なので、慶長二十年（一六一五）生まれとなり、政春とは全くの同い年で、同じ家格の馬廻組に属している。政春と甚介は同じ境遇をたどった、いわば戦友であった。

　そして、この二人にとって長益は、かつて仕えた織田長次の祖父にあたる。林甚介からの話をベースにした『乙夜之書物』の記述の信頼性は、決して低くはないだろう。また、政春祖父の姉妹は長益の室となっていた（26頁系図参照）。長益に関わるエピソードについて、政春本人とて何も聞いてこなかったわけでもあるまい。長益は元和七年（一六二一）に没するため、林甚介とて晩年の長益から直接聞いたわけではなかろうが、それを差し引いても、最後まで二条御所にいた長益本人の証言に基づく記述である。御所に薪蔵があった事実のほか、信忠が焼死ではなく自害して果てた点など、それらの情報の確度は比較的高いとみてよいのではなかろうか。

『信長公記』は、切腹した信忠の遺骸を鎌田新介が御所内に隠し置き、「無情の煙」となったと記す。そのような状況ゆえに、自害とも焼死とも報じられることになったのだろう。本書では、『乙夜之書物』の長益の証言どおり、信忠の最期は切腹だったと捉えておく。

第四章　『乙夜之書物』が記す乱の終焉

第一節　安土城の接収と山崎の戦い

写真・翻刻

（上巻54丁表）

（上巻54丁裏）

（上巻54丁表）
一光秀本能寺・二條トモニ勝利ヲ得、信長
御父子ヲ討奉リ、シバラク京都ヲ持、扨
安土ヱ行、御蔵ノ金銀宝物ヲ取出シ

（上巻54丁裏）
諸軍勢ニ宛行、然所ニ筑前守秀吉公
中国毛利ト無事ニナシ、セメノボル由ヲ聞テ
安土ニハ明知（智）左馬助ヲ残シ、光秀ハ勝立寺（ママ）ヘ
行、六月十三日合戦、日向守槇本ヲンボウガ
塚、先手ハ山崎ヱ取ツヾク、右ノ方山崎ノ後
天玉（王）山ヱ松田太郎左衛門（政近）ヲ遣ス、松田山八分
メヱアガル時、山上ニ人見ユル、敵カ味方カト
見ル所ニ、二人ニナリ三人ニナリ次第ニ大勢

(上巻54丁裏)

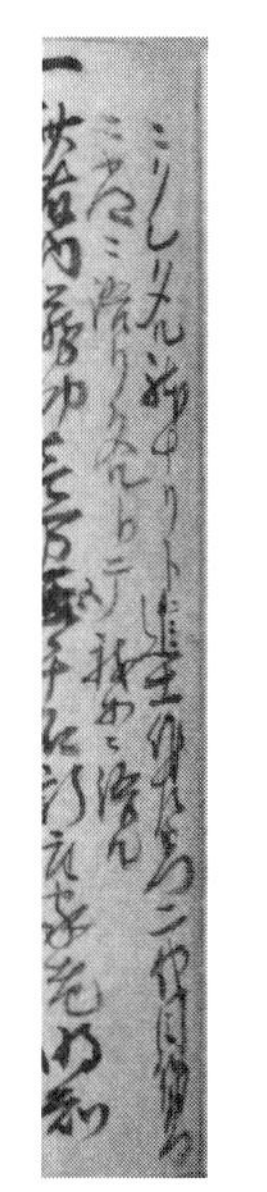

(上巻55丁表)

ニナリ、味方ヱ鉄炮ヲ討懸ル、太郎左衛門少ツカヱタルヤウナリ、光秀是ヲ見テ、スワ味方討立ラル、ハ人数ヲ可返、誰行ケカレユケト被申ケレトモ、各ト方ニクレ手足モナヱタルヤウニテ行者一人モナシ、其内ニ松田人数討立タテラレ(ママ)、トビナドノマイサカルヤウニ次第ニ山下ヱサガル、敵ハ見ル内ニ大勢ニナツテ松田敗軍ナリ、先手山崎モ敗北シテ斎藤内蔵助(利三)唯一騎光秀ノ本ヱ来テ今日ノ合戦イ、ガイナク討負ムネンニ御座候、我等二番目ノセガレ行ヱシレ不申候、此者ヲ尋見可申候、是ガ御イトマゴイニテ御座候ト云ステ、又先ヱ懸行、光秀モト方

(上巻55丁表)

ニクレタル躰ナリト、進士作左衛門二代目作左衛門ニ常々語リタルトテ、我等ニ語ル、

大意

一つ

光秀は本能寺と二条（御所）の両方で勝利を得て、織田信長・信忠父子を討ち、（その後）しばらく京都を保った。そうしたところで、安土へ向かった。（安土城の）御蔵に残されていた金銀財宝を取り出し、自らの軍勢に分け与えた。ところが、そのような折に羽柴秀吉が中国の毛利氏と和睦して（京へ）攻め上ってくるとの報に接したため、安土に明智左馬助を残し、光秀は勝龍寺へ赴いた。

六月十三日に合戦があり、光秀は本陣を御坊塚に置き、先鋒隊の兵は山崎にまで続いた。山崎の後背にあたる天王山へは、松田政近（の部隊）を差し向けた。松田隊が山の八分目まで上がった時、山の上に人影が見えた。敵か味方かと探りを入れていたところに、（人影は）二人になり三人になり次第に大勢となって、松田の兵たちへ鉄炮を撃ってきた。松田が苦戦しているとみた光秀は、「それっ、味方が窮地に陥っている、兵を取って返せ、誰か彼か助けに向かえ」と命じたが、いずれも途方に暮れて手足も萎えたようで、助けに向かう者は一人もいなかった。そうこうしている内に、松田の兵たちは追い立てられ、鳶が舞うかのごとく、少しずつ山の下の方へ退くことを余儀なくされ、敵はみるみる大軍勢となり、松田隊は敗走した。

（光秀の）先鋒隊も山崎で敗北して、斎藤利三がただ一騎で光秀の本陣へやってきて「今日の合戦はどうしようもなく打ち負け、残念でなりません。私の二番目の息子は行方不明になってしまいました。（いまから）その子を探しに参ります。これにて暇乞いとさせていただきます」と言い捨てて、また先の方へと駆けていった。光秀も途方に暮れる有様であったと、進士作左衛門が二代目作左衛門に日頃からよく語っていたとして、私（関屋政春）に話した。

安土城の財宝を分け与える

本条文の末尾によると、惟任光秀家臣の進士作左衛門が息子の二代目作左衛門によく話していた内容だという。第三章第二節で紹介したとおり、初代の作左衛門は、二条御所攻めに臨んで負傷した。しかし、幸いにも軽傷であったため、その後の光秀の軍事行動にも付き従うことができ、安土城（現滋賀県近江八幡市）の接収、さらには山崎の戦いにも参加したのだろう。本条文は、その実体験に基づく記述である可能性が高い。敗者側の証言という貴重な聞書である。

図１　安土城天主台礎石跡

織田信長・信忠父子を滅ぼした後、すぐさま光秀は織田政権のシンボルである安土城へと向かった（『信長公記』）。クーデターの目的が、単に二人の殺害にとどまるものではないことを確認できよう。そして、光秀は天正十年（一五八二）六月五日に入城している（『兼見卿記』。『多聞院日記』は四日の入城とする）。それまで、安土城には留守居の蒲生賢秀がいたが、いち早く信長の妻妾らを連れて日野（現滋賀県日野町）へと避難していた。光秀は安土城内に残されていた「数奇道具」や「天下重宝・金銀珠玉」など数多の戦利品を手にしたが（『惟任退治記』）、『乙夜之書物』によると、これらの金銀財宝を諸軍勢に分け与えたという。

この財宝分与の一件は、イエズス会宣教師の記録や、小瀬甫庵『太閤記』にも見えている。『太閤記』の記述を以て事実と認めることはできないが、ルイス・フロイス報告書『一五八二年日本年報　補遺　信長の死について』が「こうして、（光秀は）信長の屋敷と城を占拠して、城の最高所に上ると、ここには日本の逸品がすべてあったので、金銀やさまざまな貴重品で満たされたといわれる、信長が所有していた収蔵庫を開けはじめ、ほとんど苦労せずに得たものを家臣たちに広く分け与えた」と記す。この時に光秀家臣の津田重久へ下賜したと伝わる太刀が現存する。詳しくは次のコラムを参照していただきたいが、そのような由緒をもつ品は、ほかにも類例があるにちがいない。ここまで挙兵から付き従ってきた将兵たちを労い、さらには自らの求心力を高めるために、信長が蓄えていた財宝の数々を、光秀は惜しげもなく分け与えたのだろう。

この後の六月七日には、公家の吉田兼見が朝廷の勅使として安土へ来訪、日頃より親しい光秀と対面し、勅旨の巻物を手渡した（『兼見卿記』）。事前に誠仁親王は兼見に対して、光秀へ京都のことについて支障の無いように堅く申し付けるよう命じており（『兼見卿記』別本）、勅旨にはそのような内容が書かれていたのだろう。光秀は謝辞を伝え、誠仁親王が無事だったことに祝意を示した（『晴豊公記』）。光秀による織田信忠攻めが誠仁親王を期せずして窮地に追い込んだにもかかわらず、何とも皮肉なものである。また、詳細は明かされていないが、この場で「今度謀反之存分、雑談」（『兼見卿記』別本）したのは、有名な話だ。

こうして、信長が滅んでわずか五日にもかかわらず、さっそく朝廷は光秀への接近を露骨に図り出した。

織田権力の象徴たる安土城に居座り、公武政権の次なる担い手として朝廷から認められつつあったこの瞬間こそ、光秀の絶頂期だったにちがいない。ところが、それは終わりの始まりでもあった。実は同じ日の夜までに、備中高松（現岡山市）で中国毛利氏と対峙していたはずの羽柴秀吉の軍勢が、すでに姫路（現兵庫県姫路市）まで戻ってきていたのだ〔服部二〇一五〕。俗に言う「中国大返し」である。

本陣「ヲンボウガ塚」

図２　山崎古戦場

『乙夜之書物』によれば、羽柴秀吉軍が押し寄せてきている報に接した惟任光秀は、勝龍寺（現京都府長岡京市）へ向かったという。しかし、同時代史料で勝龍寺へ入ったことが分かるのは、山崎の戦いで大敗した直後のことだ〔『兼見卿記』〕。実際にいつ頃秀吉軍の襲来を知りえたのかも、定かではない。一方、安土城には明智左馬助を残した。この左馬助は通説によると、弥平次秀満のことである。しかし、両者は別人と考えられ、詳細は次節で述べたい。

　天正十年六月八日、光秀は京都へ向けて安土を発し、翌九日の未刻（午後二時頃）に上洛した〔『兼見卿記』〕。上洛した理由は、安土で対面した勅使の吉田兼見に対して、九日に朝廷へ参内して直接お礼を述べると返答していた〔『晴豊公記』〕からであろう。しかし、摂津国で四

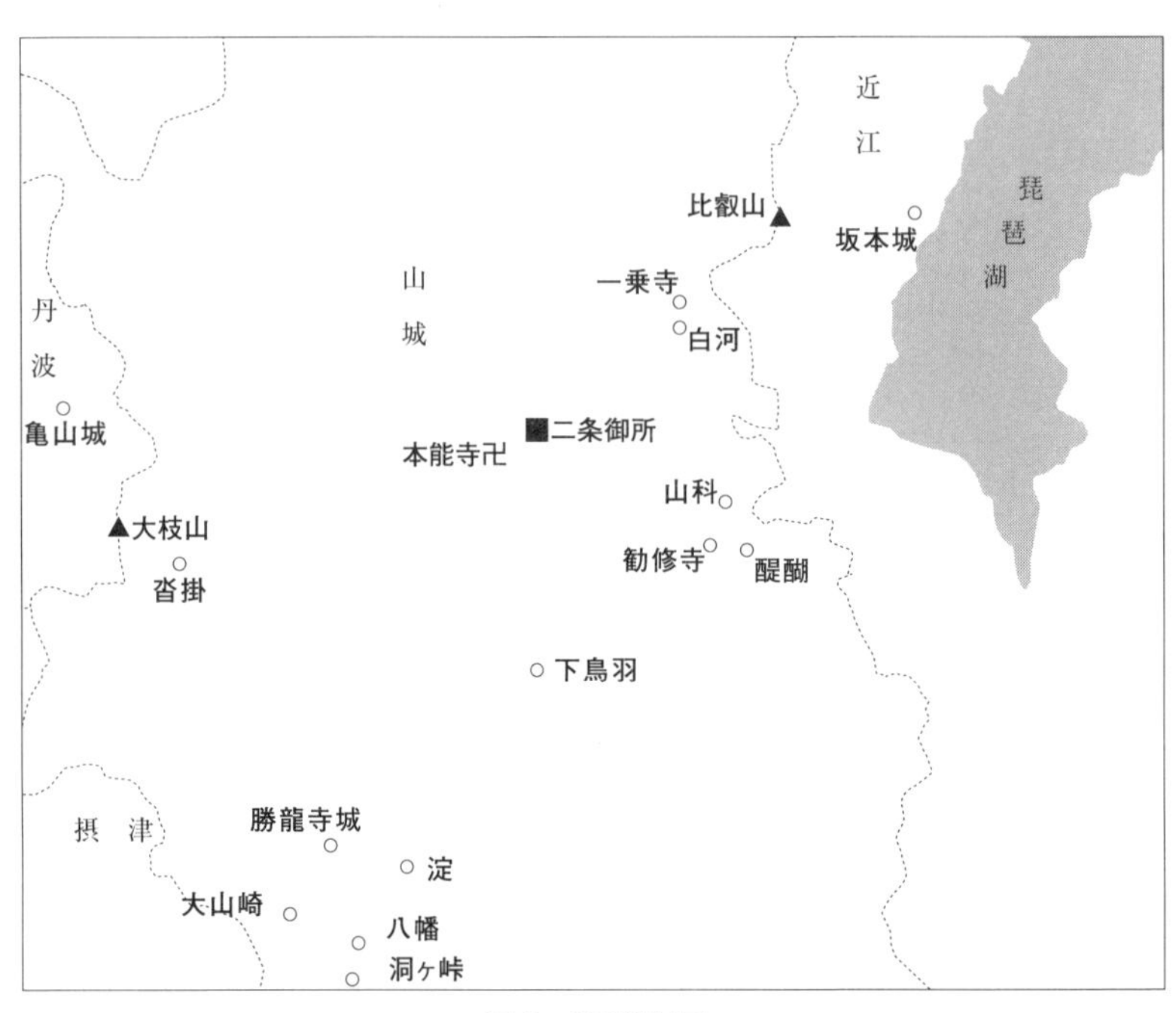

図3　関連地図

国長宗我部攻めの渡海準備を進めていた織田信孝、惟住長秀の動向が気になっていたため、九日の夜になって下鳥羽へ出陣（『兼見卿記』）、この時に「なんてん寺」（鳥羽南殿跡に建てられた寺院か）に陣を置いている（『晴豊公記』）。結果、朝廷へは書状を遣わすにとどまり（『兼見卿記』）、ついに光秀の参内は無かった。

六月十日に光秀は、大山崎（現京都府大山崎町）、八幡・洞ヶ峠（現京都府八幡市）へ軍勢を派遣している（『蓮成院記録』）。大山崎に関しては、福島克彦氏によれば、地元住民が自治意識を含めて「大山崎」と呼び、外来者が一般地名として使用した「山崎」と差別化していたという〔福島二〇二〇〕。光秀は、十一日に淀の地（現京都市伏見区）に城を普請するよう命じたが、翌十二日には勝龍寺城の西で、秀吉方と光秀方両軍の足軽隊同士が出くわし、鉄炮戦と近辺の放火が成されている〔『兼見卿記』〕。山崎での決戦の前日に起きた出来事だ。この間、光秀は下鳥羽で指揮を執ったのだろう。朝廷などから支持を受けつつあった光秀は、京都防衛にこだわったため、京都の出入口たる三つの中世都市（大山崎・八幡・淀）を押さえて、敵方に京都を戴く山城国には絶対入らせない布陣を目指した〔福島二〇二〇〕。光秀は、数日前に安土城で賜った勅旨を遵守しようとしたのであろう。

六月十三日の申刻（午後四時頃）、織田信孝（信長三男）を首班とする織田・秀吉軍と光秀軍が激突した。世に言う、山崎の戦いだ。両軍の人数については、小瀬甫庵『太閤記』による場合が多い。同書によると、秀吉方が都合四万、光秀軍は一万六〇〇〇余りとなっているが、ほかの史料ではどうだろうか。『宇野主水日記』は、山崎で光秀軍の一万人ばかりが討死したと報じている。山崎から勝龍寺へ退いた段階で光秀軍は、三〇〇〇にまで数を減らしていた〔『惟任退治記』〕。やや後年の史料になるが、『祖父物語』は「明智カ人数一萬三千ハカリ」と記しており、右の計算に一致する。もちろん死者の数に誇張は付きものなのだが、拙著のごとく光秀挙兵時の兵数を二万から三万ほどと見積もった場合（第二章第一節）、安土城に残した部隊や京都の守備にそれなりの人数を割いたと考えると、一万三〇〇〇は割と妥当な数字ではなかろうか。対する信孝・秀吉方は「二万を超える人々」だったという〔ルイス・フロイス報告書『一五八二年日本年報補遺　信長の死について』〕。また、敗走した光秀が逃げ込んだ勝龍寺城を「二万余」りの兵で取り囲んでいる〔『兼見卿記』〕。よって、信孝・秀吉軍が二万人余り、光秀軍は一万三〇〇〇人ほどと推量しておきたい。

『乙夜之書物』によると、山崎の決戦に臨む光秀が構えた本陣は「ヲンボウガ塚」（御坊塚）であった。この地名に関する史料表記は、『太閤記』の「おんばうが塚」に続く二例目となる。ただし、具体的な場所は

図4 「山崎合戦図屏風」の惟任光秀
（大阪城天守閣蔵）

不明であり、恵解山古墳（現京都府長岡京市）、もしくは境野一号墳（現京都府大山崎町）が候補に挙げられてきた。近年では、恵解山古墳に再考の余地が示されており［福島二〇二〇］、境野一号墳の方が、やや有力になりつつあるだろうか。

天王山の小競り合い

現代で天王山と言えば、ここ一番の勝負時や運命の分かれ目を指す言葉として広く用いられている。その語源となったのが、天正十年六月十三日に起こった山崎の戦いにおける天王山の攻防だ。しかし、この攻防を詳しく記す同時代史料は無く、江戸時代初期に成立した『川角太閤記』や小瀬甫庵『太閤記』くらいにすぎない。明智憲三郎氏によると、『川角太閤記』に「松山が勝負の分かれ目」と書かれたのが初めてであり、天王山という名前は『太閤記』に初めて出てくる。『川角太閤記』が山の取り合いの話を作り、『甫庵太閤記』が山の名前を天王山に変えたと説く［明智二〇一八］。近年の研究の多くは、笠谷和比古氏［笠谷二〇二〇］を除いて、天王山の戦いの存在そのものに懐疑的だ。例えば、盛本昌広氏は、天王山の戦いは、小瀬甫庵が旧主堀尾吉晴の活躍を述べるために創作したと主張している［盛本二〇一六］。

右の点について、先行研究を遡ってみよう。古く光秀に関する古典的名著『明智光秀』を執筆した高柳光寿氏は「天王山の争奪戦は良質な史料には全くみえていない。（中略）そんなわけで天王山の争奪が勝敗を決したというのは作り話であって、事実ではない」と述べている〔高柳一九五八A〕。しかし注意すべきなのは、天王山の攻防の存在そのものを否定していない点だ。同氏は「（六月）十二日の晩ごろには、（中川）清秀はすでに天王山を占拠し、光秀の兵と鉄砲の撃ちあいをしたものと思われる」とも説いているのである〔高柳一九五八B〕。この記述の典拠は明記されぬものの、中川家の家譜類だろうか。『寛永諸家系図伝』の中川清秀の項は「明智反逆の時、清秀、秀吉の先手をいたし、山崎の山上にして合戦し、敵の先手大将三牧（御）三左衛門（景重）・伊勢伊勢守（貞興）を討とる、これによりて明智敗北す」と記す。すなわち、清秀が秀吉軍の先鋒として天王山で戦い、敵将の御牧景重と伊勢貞興を討ち取り、この勝ちによって光秀軍を敗北に追いやったという。その記述に従えば、天王山の勝ち負けが山崎の戦い全体の帰趨を決したことになる。

『乙夜之書物』に基づくと、天王山にいた光秀軍の部隊は、松田太郎左衛門（政近）が率いていた。そこに御牧や伊勢も加わっていたのだろう。この松田は、大山崎神人出身だった可能性が高い〔福島二〇二〇〕。天正五年十二月に奈良興福寺の僧侶が坂本（現滋賀県大津市）へ赴いた際、松田が光秀への奏者を勤めている〔『戒和上昔今禄』〕。山崎の戦い直前の六月五日にも、光秀の使者を勤めた松田に興福寺から礼物が遣わされており〔『蓮成院記録』〕、光秀の信任厚い家臣だったのだろう。出自から山崎の地理に精通していたとみられる松田を、光秀は天王山を押さえる部隊のトップに抜擢したのだ。しかし、松田隊は、山上で敵と遭遇して鉄炮で銃撃され、孤立無援のまま大敗を喫している。

『乙夜之書物』には、天王山の秀吉軍を率いた武将の具体名は記されていない。『太閤記』は堀尾吉晴を想定しているが、先述したとおり、中川清秀の蓋然性が高かろう。『寛永諸家系図伝』の池田恒興の項には「清秀先山にのぼりて、明智が先手松田とた丶かつて勝利を得る」とあり、『乙夜之書物』の筋書きどおり、山上で松田隊を打ち破ったと伝えている。わざわざ池田家が清秀の武功を誇る必要は無いわけであり、この記述は信じてよいのではなかろうか。そのほか、ルイス・フロイス報告書『一五八二年日本年報　補遺　信長の死について』も「ジュスト（高山右近）の大敵であった彼らのうちの一人（中川清秀）が和睦して山上を行進し」と書き残しており、天王山にいた秀吉軍を指揮していたのは中川清秀だったとみて大過あるまい。ただし、中川清秀隊と松田政近隊による天王山の小競り合いが、山崎の戦いの勝敗を決したというのは『寛永諸家系図伝』の中川清秀の項にのみ見え、それは先祖の功績を強調する中川家による誇張と考えられ、にわかには信じがたい。しかし、御牧景重や伊勢貞興を討ち取るなど、光秀軍の出鼻をくじき、全体の士気を削ぐに至った可能性はあるだろう。要するに、天王山の攻防そのものは、戦いの規模はともかく、間違いなく史実として存在したとみるべきなのである。

途方に暮れる大敗

山崎の戦い当日の天正十年六月十三日は、雨が降っていた〔『言経卿記（ときつねきょうき）』『兼見卿記』『晴豊公記』〕。隘路（あいろ）である大山崎の周辺で、織田信孝・羽柴秀吉軍は淀川沿い、街道、山手という「三手」に分かれて進撃する〔福島二〇二〇〕。『乙夜之書物』に基づくと、対する惟任光秀軍は、天王山で松田政近隊が打ち負かされ、先鋒隊も山崎で敗退し、重臣の斎藤利三はただ一騎で光秀の本陣へやって来たという。わずか一騎で参じ、行方知れずとなった二番目の息子を探しに行くと暇乞いを述べて立ち去った点などは、いかにも臨場感があって興味深い。利三の戦いぶりは「斎藤内蔵助（利三）等、町口にすゝみきたる、高山右近等いどミたゝかふ所へ、勝入（池田恒興）川邉よりいそぎはせきたり、横あひにこれをうつ故、内蔵助敗軍す」（『寛永諸家系図伝』池田恒興）とある。すなわち、利三たちは大山崎の町の出入り口まで進んだところで高山右近隊と交戦したが、淀川沿いから池田恒興隊がすぐさま駆けつけ、側面攻撃を加えてきたため、敗れ去ったという。この乱戦の中で、我が子と散り散りになったわけである。

『乙夜之書物』によれば、倅を探しに再び前線へ駆け出す利三を見送る光秀は、呆然とするばかりだったという。山崎の戦いは光秀にとって、まさしく途方に暮れる大敗であった。本陣「ヲンボウガ塚」の記述など、小瀬甫庵『太閤記』の影響を想定すべきだという意見もあろうが、同書に記される堀尾吉晴や堀秀政の活躍が『乙夜之書物』では、一切言及されていない。このため、あくまで証言者である進士作左衛門の見聞に限られているのではないだろうか。

なお、光秀や利三のその後は書き留められていないため、言及しておこう。この時に袂を分かったかのように記される光秀と利三だが、勝龍寺城まで退いたところで合流している。そこには、利三のほか息子の甚平・利宗も馳せ参じており、城を出た光秀の前後を固めていた。利三は、探していた我が子を無事に見つけたのだろう。その後、京内の得長寿院の辺り（現京都市左京区岡崎の一帯）で戦い、白河（現京都市左京区）へ至っている（『寛永諸家系図伝』斎藤利三）。光秀方の落ち武者が、京の五条口から白河や一乗寺（現京都市左京区）の方へ逃げ延びていったと報じられており（『兼見卿記』）、おそらくは利三もその一人だった。けれども、二条にあった光秀の京都屋敷も、山崎の戦いの同日に早くも火が放たれており〔『言経卿記』〕、これも秀吉方の手によるものと思われ、利三たちは京から脱出するほか無かったにちがいない。亀山城（現京都府亀岡市）のある丹波方面へ向かうか、坂本城（現滋賀県大津市）や安土城のある近江方面へ落ちるか、おそらくは二者択一でしか無かった。

敗走する中で利三は、光秀や利宗らと離れ離れとなったらしく、二人の子どもを伴い、ふんどし姿で逃げていたところを捕えられ、一緒にいた男子はその場で斬られた〔『豊臣秀吉文書集』「高木文書」〕。この内の一人が甚平と考えられる。場所は堅田（かたた）（現滋賀県大津市）だったという〔『兼見卿記』〕。利三たちは、白河から比叡の山中を抜けて琵琶湖岸へ出たわけで、ひとまず坂本城を目指していたと考えてよい。しかし、あえなく京へ連行された利三は、洛中を車で引き回され、六条川原で殺されて首は曝（さら）された〔『兼見卿記』〕。六月十七日のことである。無残な最期を遂げた父や兄の一方で、弟利宗が無事に生き延びたことは第二章第二節で述べた通りだ。

利三たちと離れた光秀もまた、坂本を目指したと思われるが、六月十三日もしくは翌十四日、道中で郷人に襲われて、あえなく命を落とした。最期の地は、山科、勧修寺（かじゅうじ）（いずれも現京都市山科区）、醍醐（現京都市伏見区）と、諸説が伝えられている〔『多聞院日記』『晴豊公記』『兼見卿記』など〕。光秀の首と胴体は本能寺で磔（はりつけ）にされ〔『晴豊公記』〕、のち粟田口（あわたぐち）（現京都市東山区）の東に塚が築かれ、利三とともにそこに葬られたという〔『兼見卿記』〕。かくして、六月二日の日暮れ前の挙兵から、わずか二週間足らずで惟任光秀の乱は、彼の死とともに終局へ向かい始めるのであった。

【コラム】高野山に光秀供養墓を築かせた津田重久

惟任（これとう）光秀は山崎の戦い後、逃げ延びる最中に非業の死を遂げた。今も高野山（こうやさん）奥の院（現和歌山県高野町）に建つ光秀墓（五輪塔）は、津田遠江守重久が亡き主君を供養するための石塔を築くように頼んだものと伝えられている（「津田氏先祖由来」）。この津田重久なる人物、知名度は正直なところ低いにちがいない。だが、「渡り奉公人」の典型例として（富山市郷土博物館二〇一五、竹井二〇一九）、少しずつ学界で注目されつつある武将だ。

津田家の由緒書などに基づくと、天文（てんぶん）十八年（一五四九）に山城国伏見（現京都市伏見区）で生まれた重久は、数多の戦場で名を馳せた強者で、主君を次々と変えながら戦国の世をたくましく生き抜いた「渡り奉公人」であった。最初に三好三人衆、つづいて足利義昭、次に明智（惟任）光秀、その後は豊臣秀吉、豊臣秀次と仕え、のち前田利長に召し出され、加賀藩士に転じて徳川の世を迎え、寛永（かんえい）十一年（一六三四）まで長寿を全うしている。そして、彼は光秀家臣だった時、主君が決起したクーデターにも参戦した。

刀剣ファンの間では、むしろ重久の名乗りに由来する太刀「津田遠江長光（とおとうみながみつ）」の方が知られているだろう。徳川美術館が所蔵する国宝の一つで、備前長船（おさふね）流二代長光の傑作という呼び声高い鎌倉時代の名刀だ。この太刀は、もともと織田信長が蒐集したもので、安土城（現滋賀県近江八幡市）の宝蔵に収められていた。しかし、城を占拠した光秀が金銀財宝を家臣たちに分け与えた折、その太刀は重久に褒美として下されている。「津田遠江長光」と呼ばれるようになった太刀は、元和（げんな）二年（一六一六）に重久から加賀前田家三代の利常へ進上され、後年に前田家から江戸幕府五代将軍徳川綱吉へと贈られ、宝永（ほうえい）六年（一七〇九）には六代将軍徳川家宣（いえのぶ）より尾張徳川家四代の徳川吉通（よしみち）に与えられた。以後は尾張徳川家に伝来し、今日に至っている。

さて、当の重久だが、晩年の寛永六年十月二十日付で、自らが挙げてきた手柄を子孫たちに伝えるため、参加した戦いと獲得した首の数について、全長約三メートル余りにもわたる覚書を記した。富山市郷土博物館が所蔵する「首数之覚（くびかずのおぼえ）」という史料だ。光秀のクーデターに関しては、ひと通りの手柄を書き連ねた後、付け足り的に触れている。すなわち、「右外、明知（智）日向守　信長公江逆心之時、我等就働、近江一国致拝領候得共、不儀被行君下天罰故歟、不立其功、世仁無陰故、書不乗也」と記す。

図　高野山奥の院の光秀供養墓

右（ここまで記してきた手柄）のほかに、光秀が信長様に反逆した際、私はその時の活躍によって近江一国（の支配権）を与えられたのだが、道義に反した行いをした主君（光秀）に天罰が下ったためであろうか、私の功績を示すことはできなかった。世に広く知られた話なので、（わざわざ）書き記すことはあるまい。

重久がクーデターでどのような役回りを果たしたのか、同時代史料に見えず、正直なところよく分からない。彼自身も多くを語らず、あえて手柄の中にも含めていないため、複雑な感情を抱いていたようである。主君を裏切る不義理を働いた報いを天から受けたとする考え方は、江戸時代の儒教道徳による影響が濃厚だ。『乙夜之書物（いつやのかきもの）』中巻77条は、光秀軍が山崎の戦いで敗れた後、生きながらえた重久が高野山を目指して流浪したエピソードを載せている。本書では紹介しきれなかったが、冒頭の言い伝えが正しければ、高野山へたどりついた重久は、束の間だったとはいえ近江一国を与えてくれた主君光秀の供養墓を山内に築かせたことになるだろう。

写真・翻刻

第二節　明智左馬助と明智弥平次

（上巻55丁表）

（上巻55丁表）
一斎藤内蔵助（利三）壱万■（五）千石新座家老、明知（智、以下同）
弥平次壱万五千石光秀ヲイナリ、津田与三郎（重久）
七千石、明知左馬助五千石是ハ光秀御モツ
立ナリ、山崎庄兵衛（長徳）七百石三十歳計ノ男
其時分ニモ場数在ヤウニ云タリ、山崎彦右衛門
庄兵衛イトコ、身上モ年比モ大形依タル（進士作左衛門）
物、両人トモニ越前衆ナリト、是モ同人語ル、

一つ

斎藤利三（としみつ）は、知行一万五〇〇〇石取りで、新参者の家老である。明智弥平次も知行一万五〇〇〇石取りで、（彼は）光秀の甥である。津田重久は知行七〇〇〇石取り、明智左馬助（さまのすけ）は知行五〇〇〇石取りで、彼は光秀小姓（こしょう）からの栄達者である。山崎長徳（ながのり）は知行七〇〇〇石取りで三十歳ほどの男であるが、すでにその時までに多くの戦場を踏んだと言われている。山崎彦右衛門は長徳の従兄弟であり、体格も年齢もおおよそ同じくらいである。（山崎の）二人はいずれも越前国生まれであったと、これらの情報も進士（しんじ）作左衛門が語った。。

解説

新座家老と越前衆

本条は、前節の『乙夜之書物（いつやのかきもの）』上巻55丁表の続きにあたり、証言した「同人」は、進士作左衛門と把握できる。つまり、惟任（これとう）光秀の家臣が述べた同僚の知行高や光秀との関係性、家中での地位などを語ったものと理解でき、興味深い。ただし、言及されているのは、斎藤利三・明智弥平次・津田重久・明智左馬助・山崎長徳・山崎彦右衛門の六人にすぎず、光秀家臣団全体からすれば、ごく一部である。なぜ彼ら六人だけなのかは知る由もないが、順にみていこう。

まず、斎藤利三は「新座家老」（新参者でありながら家老）と評されている。桐野作人（さくじん）氏によれば、利三が光秀に仕官したのは、史料的には天正（てんしょう）六年（一五七八）三月以前だという。より具体的には、光秀が近江国志賀郡と山門領を得て、一気に所領が拡大したため、それに応じた家臣の召し抱えが急務だった元亀（げんき）二年（一五七一）と想定されている［桐野二〇二〇B］。進士作左衛門から「新座家老」と評されるごとく、利三は新参者でありながら家老の地位に昇りつめたとみてよく、他者に比べて後から仕官したにもかかわらず、光秀が好んで重用した状況をうかがえよう。次の明智弥平次と並ぶ知行一万五〇〇〇石取りとされ、この弥平次と利三が光秀家中のツートップであり、最初に記されたと考えられる。別人とみられる明智弥平次と明智左馬助については、後に詳しく述べたい。

つづく知行七〇〇〇石取りとされた津田与三郎は、遠江守重久のことであり、先のコラムでも略述した「渡り奉公人」だ。クーデター前年の天正九年二月十六日に重久は、坂本城（現滋賀県大津市）から京まで、公家の近衛前久（さきひさ）が求めていた名馬を運んでいる。翌日に前久が実見したところ、どうも気に召さなかったようで、馬は重久が坂本へすぐに連れて帰った（『兼見卿記（かねみきょうき）』）。他愛もない一件にもみえるが、武一辺倒ではなく、公家とのやりとりも任される家臣だったことが分かる。

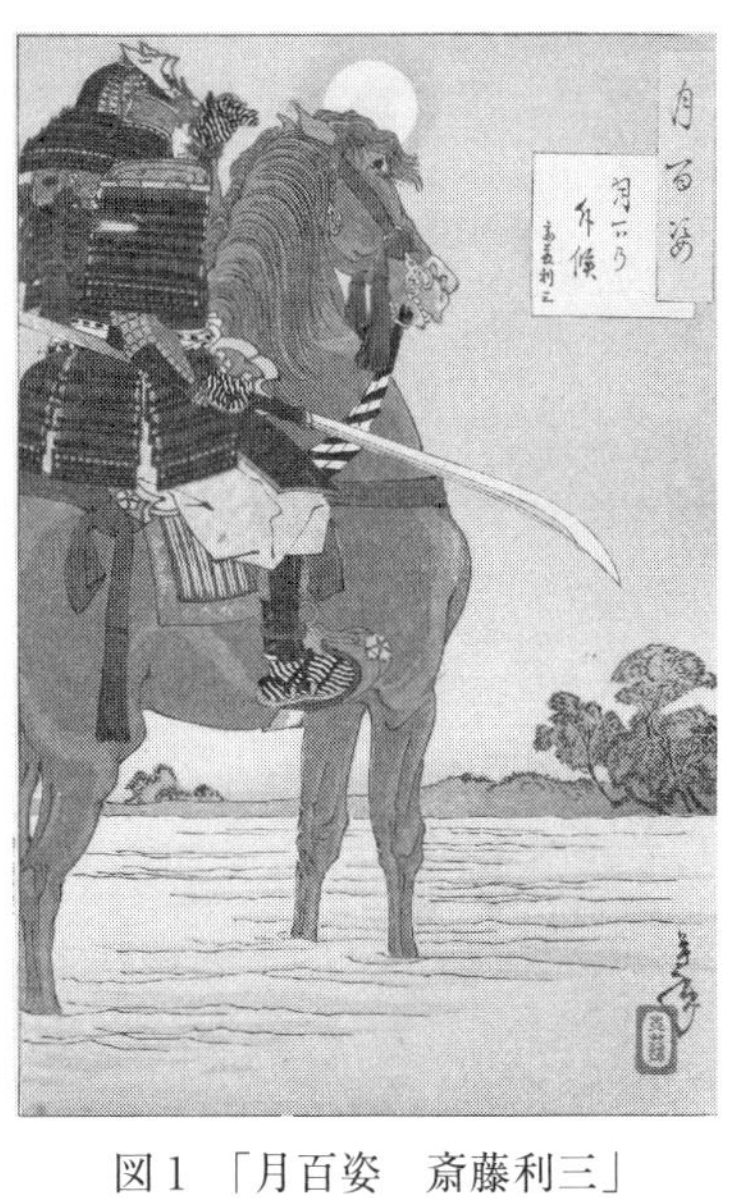

図１「月百姿　斎藤利三」
（東京都立中央図書館蔵）

次の山崎庄兵衛（長徳）についても、第三章のコラムで取り上げた。ここで庄兵衛は、三十歳ほどだと記されており、天文二十一年（一五五二）生まれの彼は、光秀のクーデターの時にちょうど、数え年で三十一歳だ。そのわずか数か月前に光秀家臣となったらしく〔『加陽人持先祖』〕、庄兵衛と年齢も体格も似ているという従兄弟の彦右衛門（実名未詳）も、同時期に一緒に仕官したのかもしれない。彼らは、二条御所攻めに参戦している。彦右衛門のその後は『加能郷土辞彙』によると、乱の翌年である天正十一年に早くも前田利家に仕え、同十三年には一五〇〇俵を与えられ、ついには知行八〇〇〇石取りとなったが、慶長五年（一六〇〇）以降に致仕し、越後国で没したという。たしかに、天正十二年九月の末森合戦で利家の馬廻として参加している〔『御夜話集　上編』「利家公御代之覚書」〕。

このほか、クーデターで亡くなった斎藤利三にも言及していることから、進士作左衛門は乱直前の状況を証言したものと捉えてよい。ちなみに、山崎庄兵衛や山崎彦右衛門らは「越前衆」とされている。これまでの研究では、光秀家臣団の中で越前衆（越前国生まれの者たち）は固有の位置づけを与えられていない場合が多かった〔諏訪二〇一九など〕。しかし、かつて光秀も越前国にいたことがあるわけで、その当時の縁でのちに家臣となった者もいたのではないだろうか。今後の課題のひとつである。

光秀「ヲイ」と光秀「御モツ立」

それでは、明智弥平次と明智左馬助に戻ろう。弥平次は、通称が左馬助、実名は秀満（のち光遠）と考えられてきた。例えば、田端泰子氏の研究〔田端二〇一〇A・B〕によると、『細川家記』に見える左馬助の坂本城での最期の様子が『惟任退治記』の弥平次光遠と完全に一致すると指摘する。そして、明智光遠と同一人物である光春こそが光秀の長女と再婚した弥平次であり、のちに光秀の婿になってから左馬助とよばれ、福知山城主にまでなった光秀の老臣であったと説く。また、近年の小和田哲男氏の研究によれば、明智左馬助は、本能寺の変後に明智光秀から偏諱を与えられた明智弥平次秀満が光遠へ改名し、官途名として左馬助を称した可能性があるという〔小和田二〇一九〕。なお、盛本昌広氏は、左馬助は『太閤記』の誤記または創作と断じるが〔盛本二〇一六〕、左馬助の名は『信長公記』に出てくるので従えない。ともあれ、現在までのところ、明智左馬助と明智弥平次秀満（のち光遠）は同一人物であったとみるのが、通説と捉えてよかろう。

しかし、『乙夜之書物』では、弥平次と左馬助は明らかに別人として記されている。すなわち、弥平次は知行一万五〇〇〇石取りで光秀の甥、左馬助は知行五〇〇〇石取りで光秀の「御モツ立（物）」という。御物立とは、幼少より近侍して出頭した人の称の一種である〔岡本一九三五〕。この言葉は加賀藩内のローカルなものであり、同藩士であった進士作左衛門もしくは関屋政春が普段用いるボギャブラリーで、左馬助らの立ち位置を表現したのだろう。

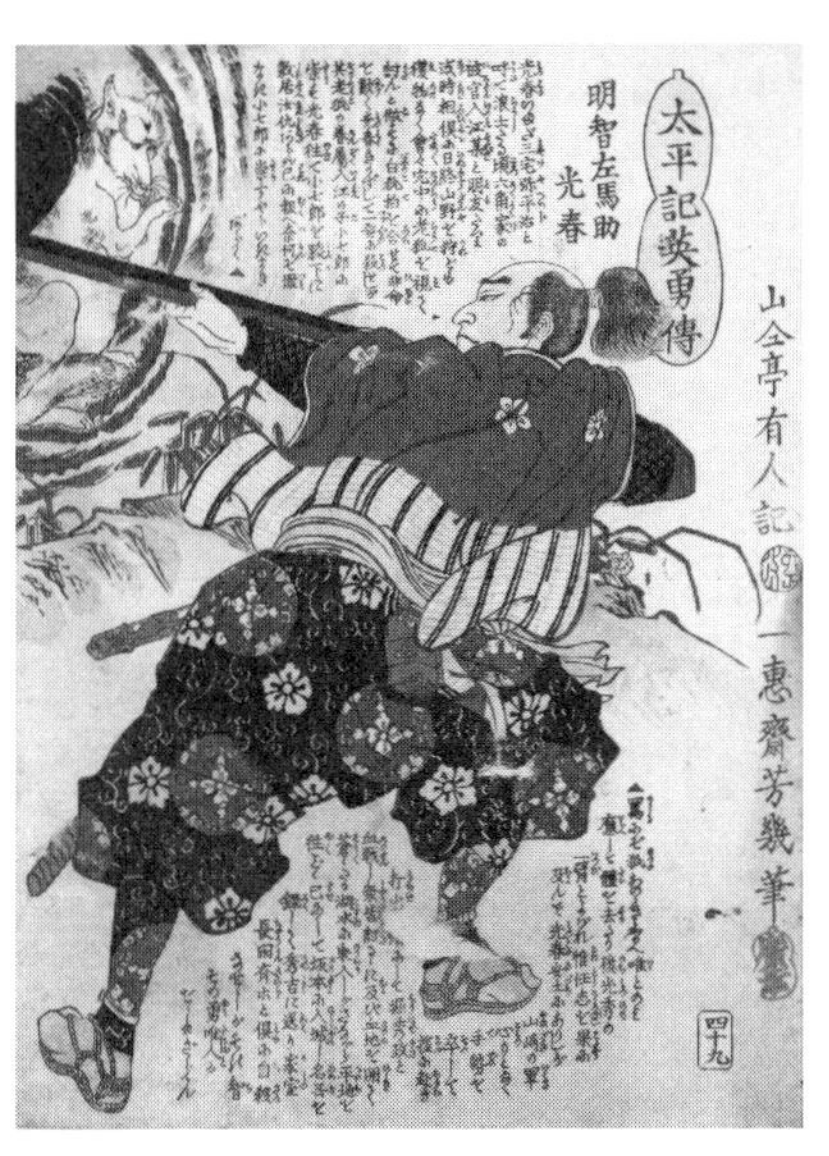

図２「太平記英勇伝　明智左馬助」
（東京都立中央図書館蔵）

実は、斎藤利宗の証言に基づく『乙夜之書物』上巻51丁裏～52丁裏（第二章第一節）を見ても、やはり両者が書き分けられていることに気づく。弥平次は、本能寺襲撃の先鋒を任された大将格である。また、丹波攻略戦の折、氷上郡（現兵庫県丹波市）の荒木山城（実名未詳）の居城を攻めた際にも「さきてハあけち弥平次」（『本城惣右衛門覚書』）とあり、ここでも先鋒を勤めていた。要するに、光秀の軍事活動面での中核を担う重臣だったのだ。対して左馬助は、亀山城（現京都府亀岡市）の数寄屋で光秀たちが謀議を交わしていた際に勝手口で控え、光秀に呼ばれるとすぐに中へ入ってきて、命令に忠実に従って道明寺の配膳や誓詞血判状の手配をするなど、まさしく近習的な仕事ぶりと考えてよかろう。

比較的良質な史料で左馬助の名は、『信長公記』で光秀が謀反を打ち明けた場面にのみ登場する。かたや弥平次は、同書に出てこない。その点は、いささか疑問として残る。先行研究では、『宗及茶湯日記』天正八年九月二十一日条に「三宅弥平次」とある者が、翌九年十月六日付の手紙で「明智弥平次秀満」と署判しており（『福知山市史　史料編一』「天寧寺文書」）、この間に明智名字を与えられたと考えられてきた〔高柳一九五八A〕。この三宅から明智へと名字を改めた弥平次秀満こそ、光秀甥の明智弥平次その人であろう。そして、『乙夜之書物』によって、光秀甥の弥平次秀満が光秀近習の左馬助（実名未詳）とは全く異なる武将だったと、結論づけることができる。同僚家臣の証言に基づく記述であり、その信ぴょう性は高いと言わねばならない。

写真・翻刻

第三節　安土退去と坂本落城

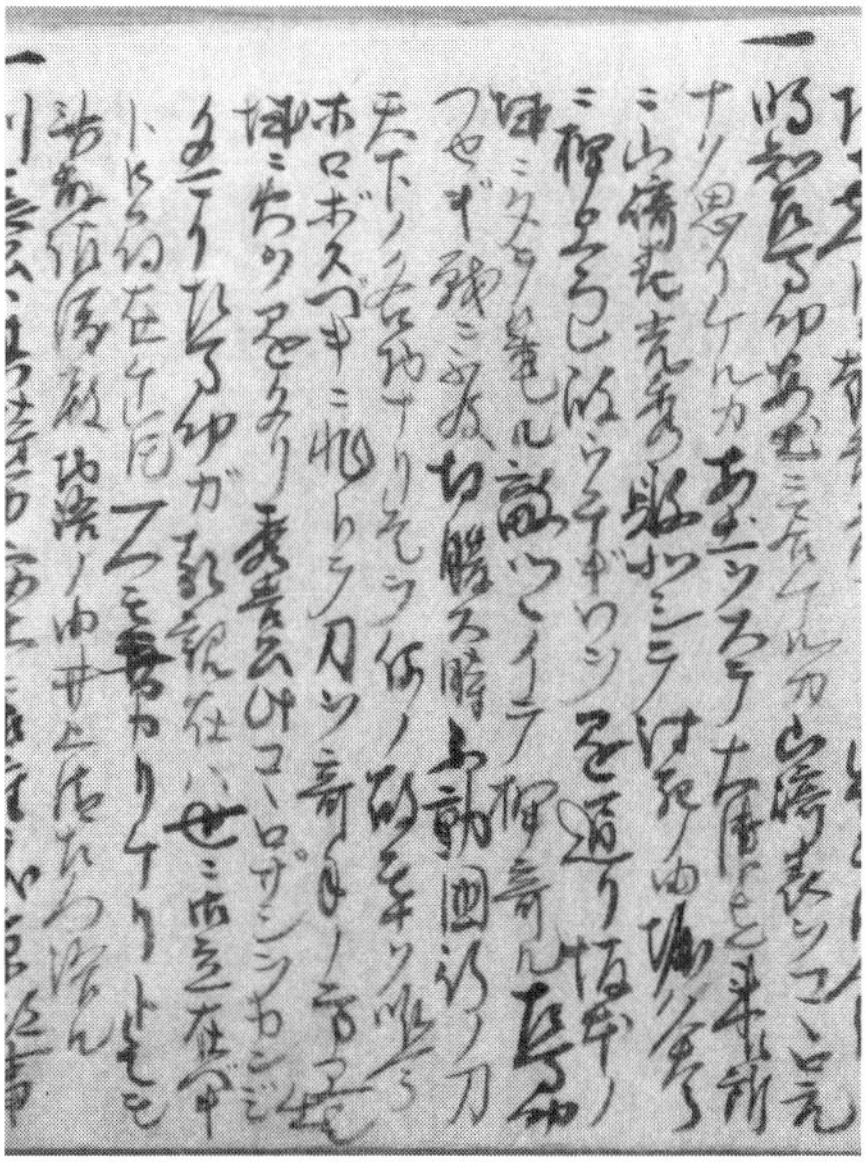

（上巻55丁表）

（上巻55丁表）

一明知(智)左馬助安土ニ居ケルカ、山﨑表ヲコヽロ元
ナク思イケルカ、安土ヲステ大津迄来ル所
ニ山﨑表光秀敗北シテ討死ノ由堀久太郎(秀政)
ニ押ヱラレ、波ウチギワヲ懸通リ坂本ノ
城ニタテ篭ル、敵ツヽイテ押竒(寄)ル、左馬助
フセギ戦ニ不及切腹ス時(ル脱カ)、不動国行ノ刀
天下ノ名物ナリ、是ヲ何ノ故モナク唯今
ホロボスベキニ非トテ、刀ヲ竒(寄)手ノ方ヱ出シ
城ニ火ヲ懸タリ、秀吉公此コヽロザシヲカンジ
タマイ、左馬助ガ類親在ハ、世ニ御立在ベキ
ト御尋在ケレトモ一人モ□(無)カリケリト、是モ
斎藤佐渡(利宗)殿物語ノ由井上清左衛門(重成)語ル、

大意

一つ

明智左馬助（さまのすけ）は安土にいたのだが、山崎方面の戦況を案じ、安土城を放棄して大津まで来たところ、山崎で光秀が敗北して討死したとの報を知る。そして、堀秀政軍に追い詰められ、（琵琶湖の）波打ち際を駆け通って坂本城に籠もった。敵もそれに続いて（坂本城へ）押し寄せてきた。

左馬助は防戦することなく、切腹に臨んだ時、不動国行（ふどうくにゆき）の刀は天下の名物であるため、何の理由もなく（城の焼失によって一緒に）滅ぼし去るのはよくないとして、刀を城攻めの敵軍へ差し出して、城に火をかけた。秀吉公はこの思いに感じ入り、もしも左馬助の一族縁者が生きているならば、取り立てたいと探し求めたけれども、一人としていなかったという。

このことも斎藤佐渡守様が語っていたと、井上清左衛門が（関屋政春（せきやまさはる）に）話した。

解説

安土を捨て大津へ

本条は、惟任（これとう）光秀の家臣だった斎藤利宗（としむね）（家老斎藤利三（としみつ）の三男）が、姪の子である加賀藩士井上重成に語った内容に基づく。ただし、利宗は山崎の戦いに参加しているため〔『寛永諸家系図伝（かんえいしょかけいずでん）』斎藤利三〕、安土城（現滋賀県近江八幡市）の退去から坂本（現滋賀県大津市）の落城に至る別働隊には加わっていない。このため、利宗当人の実体験ではなく、生き延びた光秀軍の誰かから後日に聞いたものだろう。

光秀近習の明智左馬助（実名未詳）は、主君光秀の身を案じて安土城に固執することなく、ここを捨て兵を山崎方面へ向けた。その道中の大津（現滋賀県大津市）へ来たところで、光秀の敗死を知ったという。天正十年（一五八二）六月十四日のことであろうか。ルイス・フロイス報告書『一五八二年日本年報　補遺信長の死について』は「安土山では、津国において生じた壊滅を知ると、明智（光秀）がそこに置いた武将はすぐに勇気を失い、急いで坂本に向けて退却した」と伝えている。これだと、光秀の敗走を聞いてから安土城を放棄したことになるが、日本側の同時代史料からはその辺りの経過はよく分からない。なお、安土には、自然という名の光秀の息子も置かれていたという（『岐阜県史　史料編　古代・中世一』「安養寺文書」）。

大津では、秀吉方の堀秀政の軍勢が立ちはだかった。山崎の戦いで秀政は、先手を勤めた高山右近・中川清秀と一緒に光秀軍と戦っている（『豊臣秀吉文書集』「金井文書」）。左馬助からすれば、まさに主君の仇敵だ。一方、『惟任退治記』は、安土にいた明智弥平次秀満が一〇〇〇余騎を率いて大津まで来たが、堀秀政軍の前に敗北し、三〇〇ばかりの兵が討たれたと記す。続きには、秀満が「取乗小舟、楯籠坂本」と見え、小さな舟に乗って、命からがら琵琶湖を渡り、坂本城へと落ち延びたのであろう。このように、弥平次秀満も左馬助と同じく、安土城に別働隊として残されていた。

近年見つかった「山岡景以舎系図」（石山寺蔵）によると、本能寺で信長たちを討った後、弥平次秀満率いる光秀軍が安土城を奪うため、道中の瀬田橋（現滋賀県大津市）で山岡景隆（景以の父）勢と戦っている。ところが、山岡勢が橋を焼き落としたので、秀満たちは舟で渡ろうとして湖上の攻防となり、家臣の何名かが

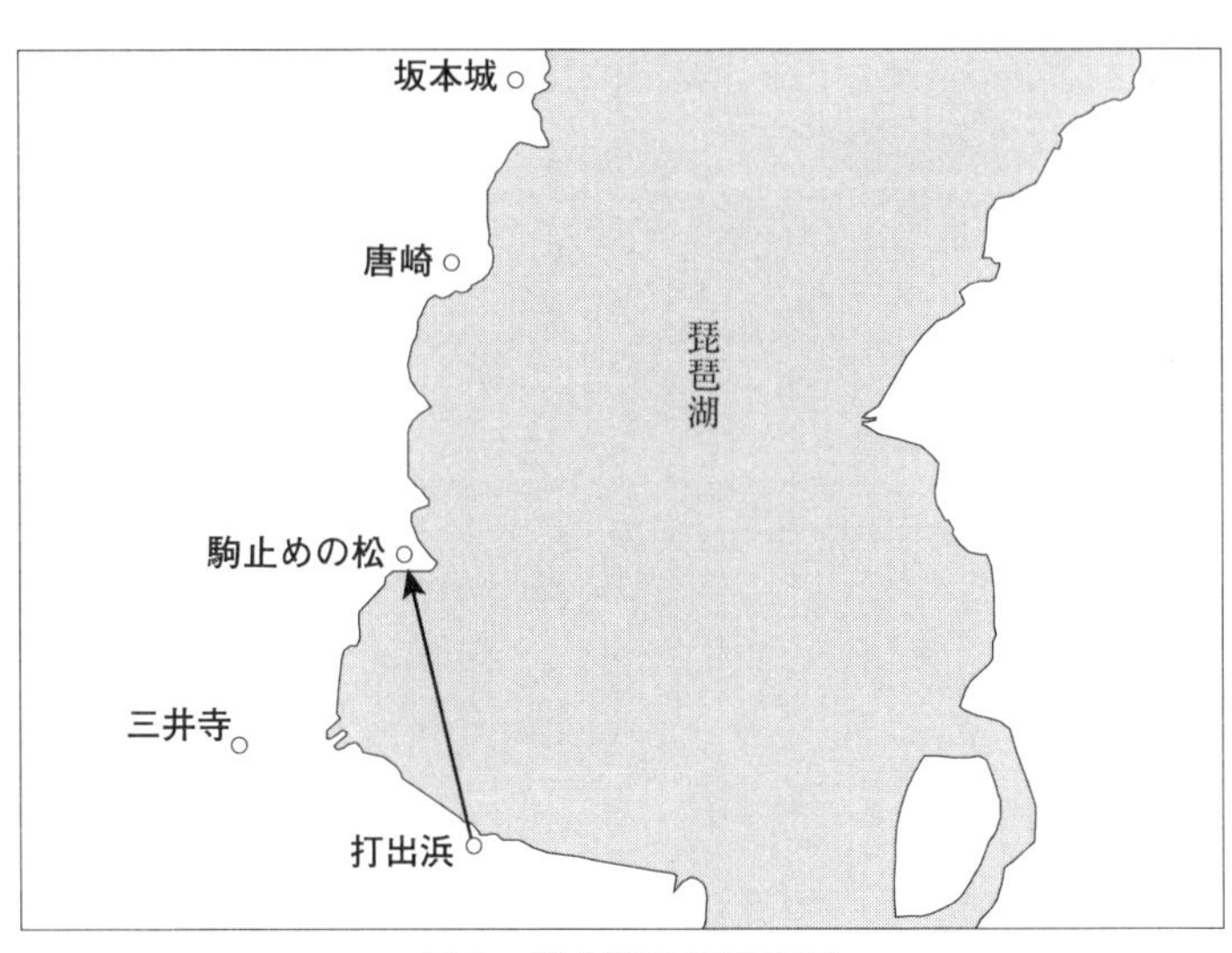

図１　湖水渡り関連地図

討たれ、ついに渡ることができなかったという。山岡側が瀬田橋を焼き落とした事実は『信長公記』で確認できる。秀満は、本能寺での先鋒を務めた後、安土進攻の部隊指揮も任されていたとみてよかろう。一方、秀満とほぼ同じ行動をとっていたにもかかわらず、左馬助は同時代史料の前面に出てこない。その理由は、光秀の近習である彼よりも、光秀甥の弥平次秀満の方が知行高も倍以上の大身であり、かつ家老ということで格上だったからではなかろうか。

波打ち際を駆け抜ける

明智左馬助といえば、馬に乗ったまま琵琶湖を泳いで渡った「湖水渡り」の伝説があまりにも有名である。現在も、泳ぎ始めた起点（打出浜）、渡り終わった終点（駒止めの松）と伝えられている地に記念碑が建つ（いずれも現滋賀県大津市）。仮に伝承どおりだとすれば、遊泳距離はおおよそ二キロメートル前後になろうか。「湖水渡

図２　『絵本太閤記』４編巻５「左馬介唐崎より坂本の城へ入る図　其二」
（富山市郷土博物館蔵）

り」の史料初見は、元和七年〜九年頃（一六二一〜二三）に成立した『川角太閤記』だが、早く戦前から、『川角太閤記』の記事は俗説で信用できず、『惟任退治記』の小舟で渡ったのが正しく、そこから尾ひれがついて俗説が形成されたと指摘されてきた〔永島一九三六〕。近年の研究では、大津の町と湖水の間を騎馬で走り抜けたというのが真相と説かれている〔小和田二〇一九〕。この小和田説は、おそらく小瀬甫庵『太閤記』の「左馬助は湖水と町との間を乗ぬけ」という記述に基づくものとみられるが、はたしてどうであろうか。

『乙夜之書物』によると、左馬助は馬で琵琶湖の波打ち際を駆け抜けたという。これは、斎藤利宗の証言に基づく記述であり、同じような説明をする史料として、竹中重門が寛永八年（一六三一）に著した『豊鑑』のほか（ただし同書は左馬助ではなく弥平次で出てくる）、『明智物語』も挙げられる。『明智物語』には左馬助が「強敵ノ中ヲ真一文字ニ突敗リ、湖水ノ波打際ニツトヌケテ欠通リシヲ」と見える。

この湖の渚を駆け抜ける姿が後世にデフォルメされて、馬で湖を泳いで渡った伝説へと肥大化していったというシナリオを描くことができるのではないだろうか。

私見では、「湖水渡り」伝説は『川角太閤記』を淵源として、元文(げんぶん)四年(一七三九)に湯浅常山(じょうざん)が著した『常山紀談(きだん)』などによって知識人の間で広まっていたと想定している。それが巷間にも知られる大きな画期となったのは、寛政(かんせい)九年(一七九七)〜享和(きょうわ)二年(一八〇二)にかけて出版された挿絵入り読み本『絵本太閤記(えほんたいこうき)』であろう。同書は、江戸時代後期のベストセラーとなり、浮世絵版画や歌舞伎狂言など大衆文化メディアのモチーフともなっていく[萩原二〇一六]。『絵本太閤記』四編巻五に湖水を単騎で泳ぐ姿を描いた「左馬介唐崎より坂本の城へ入る図　其二」を載せている(図2)。このような視覚的イメージが世間に流布して、一挙に知名度を高めた結果であろう、「左馬助の湖水渡り」は、浮世絵版画や歌舞伎狂言はもとより、講談や人形浄瑠璃などでも取り上げられていく。

諸史料を可能な限り整合的に捉えようとするならば、安土城から坂本城へと落ち延びる際に小船で琵琶湖を渡ったのが弥平次秀満、湖岸を馬上で駆け抜けたのが左馬助となろう。したがって、「湖水渡り」伝説の源になったエピソードは、明智左馬助が大津から坂本に至る湖岸の波打ち際を駆け抜けたことにある。ただし、繰り返し念を押すが、彼は明智弥平次秀満ではない。

不動国行の太刀

大津から琵琶湖岸を駆け抜けて坂本城へと逃げ延びた明智左馬助だが、籠城しての徹底抗戦を早々にあきらめ、切腹を決意した。そして、天下の名物との呼び声高い不動国行の刀に関して、落城と道連れにするのは憚られるとして、敵方に明け渡したと『乙夜之書物』は記す。羽柴秀吉はその行いに感じ入り、のちに左馬助の縁者を探し求めたが、ついに一人も見つからなかったという。実際には、左馬助の子孫が肥後熊本藩士の三宅家として、命脈を保っている〔萩原二〇二二〕。秀吉は、山崎の戦い翌日の天正十年六月十四日に、三井寺（現滋賀県大津市）へ入った〔『兼見卿記』〕。したがって、秀吉は坂本落城の一件を、至近距離の三井寺で見届けた可能性が高い。

さて、ここで登場する「不動国行ノ刀」とは、実際には太刀で、作刀したのは鎌倉時代中期に活躍した来派の刀工で知られる国行だ。裏側に不動明王の浮き彫りが施されていることから、不動国行の名をもつ。この太刀は、元亀四年（一五七三）正月八日に松永久秀が岐阜城（現岐阜市）に参上した際、「天下無双の名物」として信長へ献上したものだ〔『信長公記』〕。以降、信長の蒐集した名物コレクションに入っていたが、惟任光秀のもとへ渡ったのは安土城の接収によるものと考えられ、城内の宝蔵で保管されていたのだろう。それが、光秀軍の手によって安土から坂本へ運ばれていたことになる。

そして、坂本落城時に左馬助が太刀の滅却を図るのではなく、押し寄せてきた攻め手へ譲り渡した結果、秀吉のもとへと進上されたのだろう。後日、秀吉は信長の葬儀を執り行うにあたって、この不動国行を「御葬礼御太刀」として、会場となる大徳寺（現京都市北区）への作善料に供した〔『大徳寺文書』〕。さらに、秀吉はその太刀を佩き、天正十年十月十五日の葬儀に臨んだ〔『惟任退治記』〕。信長遺物の象徴的なものだったのであろう。これを持して参行する秀吉の姿は大いに人目を引く存在であったことは言うまでもないことで、信長の後継者は秀吉であることを宣伝する効果十分なものがあった〔橋本二〇〇二〕。おそらく秀吉は、逆族光秀から奪い返した不動国行の太刀を、織田権力を引き継ぐレガリアとして、大いに政治活用したのであろう。さらに同月十七日には、大徳寺内に築かれた信長位牌所である総見院へ永代寄進した〔『大徳寺文書』〕。不動国行の太刀は、信長の菩提を弔うシンボリックな奉納品ともなったのである。

ところが、永代寄進されたはずにもかかわらず、早くも翌年八月に不動国行の太刀は、秀吉から徳川家康へと贈られた〔『大日本史料　第十一編之五』「中村不能斎採集文書」、『家忠日記』〕。その秀吉の意図を本書では明らかにしえないが、こののち家康から嫡男秀忠へ渡ったと考えられる。『徳川実紀』によると、将軍宣下を受けた徳川家光が御礼のために朝廷へ参内した元和九年八月六日、二条城（現京都市中京区）にいた父秀忠のもとで三献の酒宴が営まれた。その席上で家光は、秀忠から不動国行の太刀を拝領したという。徳川家では、将軍の地位にある者こそが所有すべき太刀だと認識されていたのではあるまいか。誤解を恐れずに言えば、不動国行の太刀は、徳川将軍のレガリアの一つであった。

しかし、『明暦大火焼失柳営御道具・刀剣目録』が説くところでは、明暦三年（一六五七）正月十九日、いわゆる「明暦の大火」で焼刃してしまう。のち焼き直され、八代将軍徳川吉宗の命令によって模造されたものが紀州徳川家へ与えられたらしく、レガリアとしての役割は明暦の焼刃で消え失せたのだ。明治時代に入って、これが徳川宗家のもとへ戻り、一九三七年に国の重要美術品に認定されていたが、戦後は所在不明となって今日に至っている。左馬助の手から放たれた後、かくも数奇な運命をたどったのだ。再発見が待たれてならない。

なお、『川角太閤記』によれば、不動国行の太刀のほか、藤四郎吉光（鎌倉時代中期に活躍した刀工）の脇差、虚堂智愚（中国南宋の名僧）の墨跡などを包み、目録を添えて、寄せ手の堀秀政軍へ渡すべく、坂本城の天守から下に落としたという。ルイス・フロイス報告書『一五八二年日本年報　補遺　信長の死について』だと、堀秀政ではなく高山右近に呼びかけて、坂本城内の窓から湖へ大量の黄金を投げ捨てた筋書きとなっている。だがいずれも、その真偽は定かでない。

城に火を放つ

明智左馬助は坂本城に火を放ち、最期を迎えた。天正十年六月十五日のことであり、天守へ火を放ったのは高山次右衛門だとも報じられている（『兼見卿記』）。この高山次右衛門は、光秀家臣の明智次右衛門のことだ〔谷口二〇一四〕。『惟任退治記』は、明智弥平次秀満が城内で光秀の妻子たちを刺し殺したのち、天守に火を放ち自害したと記す。ルイス・フロイス報告書『一五八二年日本年報　補遺　信長の死について』には、「最初に女性と子どもをすべて殺害し、続いて塔（天守閣）に放火して彼らも切腹した」とあり、ほぼ同じ情報を伝える。同書によれば、死んだ光秀の子息二人のうち長子は十三歳だったという。三井寺で督戦していたと思しき秀吉は「坂本明智居城にてハ、明智子二人・明智弥平次（秀満）腹を切、殿守焼崩死候事」と述べ（『豊臣秀吉文書集』「高木文書」）、光秀の子息二人と弥平次秀満らは坂本城内で切腹し、天守が焼け崩れて死んだとする。火を放ったのが誰かは確定できないが、左馬助もまた坂本城で主君の妻子たちに殉じたとしても、何ら疑念は生じまい。

図３　坂本城跡石碑

ちなみに、左馬助や弥平次秀満はこの時に何歳で死んだのであろうか。『政春古兵談』は、左馬助の享年を二十六と掲げている。延宝～元禄年間（一六七三～一七〇四）にかけて美作森家津山藩士の木村昌明がまとめた『武家聞伝記』も、同じく二十六歳と記す。実否はともかく、若くして没したものと捉えられていたのであろう。一方、弥平次秀満の没年に関しては、『豊臣記』が二十五歳とするという〔谷口二〇一四〕。クーデターからほどなく召し捕られた弥平次の父は六十三歳だったらしく〔『言経卿記』〕、大きな齟齬は無い。左馬助と弥平次秀満は、年齢も近かったのだ。それも江戸時代以降に両者が同一人物として混同されていく要因のひとつだったかもしれない。

ともあれ、坂本落城に伴う光秀の妻子、弥平次秀満と左馬助らの死によって、光秀軍の組織的な抵抗はほぼ収束した。近江国で光秀に与同していた者たちについても、多くが降伏している。抵抗を続けていた阿閉貞征が籠もる山本山城（現滋賀県長浜市）は天正十年六月二十六日までに攻め落とされ、女子を含めて一族ことごとくが首を刎ねられた〔『豊臣秀吉文書集』「大阪城天守閣所蔵文書」〕。丹波国の方でも、横山（現京都府福知山市）にいた弥平次秀満の父が捕まり、同月二十九日に京へ連行されて、洛中を車で引き回された後、七月二日に粟田口（現京都市東山区）の東に築かれていた光秀たちの首塚辺りで、生きながらにして磔刑に処されたという〔『兼見卿記』〕。かくして、俗に言う「三日天下」ではなかったにせよ、クーデターからおおよそ一か月の間に、光秀一党の大部分が葬り去られたのである。

最後に、惟任光秀の乱の終息を知った同時代人の述懐をひとつ紹介しておこう。織田信忠が宿所していた京都妙覚寺（みょうかくじ）の当時の住職である日典は「此時明智威勢無是非躰ニ候間、彼人幷与党不経二七日、又被相果候、安土之天主、二条之大内、本能寺御居所、坂本其外方々城墎、金銀珠玉、一切なにの用ニも立候ハて、徒ニ同草芥候、これハ不慮謀叛、一戦之勝負等ニ付而、如此にて候」〔『不受不施遺芳』「妙覚寺所蔵文書」〕と、クーデター翌月の手紙に記している。すなわち、織田政権の中枢を打破・掌握した時の光秀の威勢が甚だしかったゆえであろう、その反動で光秀と仲間たちは十四日も経ずして滅び、安土城の天守、二条の御所、本能寺の信長御殿、坂本城そのほかの諸城、そこにあった金銀財宝、どれも何の役にも立たず、ゴミくずと化してしい、突然のクーデターと一度の勝ち負けなどによって、このような成れの果てとなったと吐露した。同じような感慨を抱いていたのは、決して彼一人だけではあるまい。

【コラム】明智左馬助の兄弟が築いた光秀墓

多くの現代人の感覚では、ふつう墓は一人ひとつだ。しかし、織田信長など著名人ともなると、全国各地に墓が設けられていたりする。惟任光秀もご多分に漏れない。民俗学者の岩田重則氏は、六ヵ所に及ぶ光秀の墓を整理・紹介している。氏によると、敗者中の敗者光秀の墓の多くは塚であり、それは仏教寺院とは無関係であり、供養対象ではないという［岩田二〇一九］。しかし、その反証となるような光秀墓が、江戸時代の北陸地方に営まれていたことは全く知られていない。

まだ歴史の表舞台に出る以前、越前の長崎称念寺（現福井県坂井市）門前に約十年住んでいた過去を持つと伝わる光秀。信長の越前一向一揆攻めに従軍した際に、大聖寺（現石川県加賀市）まで攻め入ったのが、彼のたどった北陸の東限である。不思議なことに、足を踏み入れたことさえない、縁もゆかりも無いに等しい富山の地に供養墓は築かれていたという。「宥照寺の光秀塚」である［萩原二〇二一］。

宥照寺は、現在の富山市辰巳町、市中心部を流れる鼬川沿いにあった真言宗寺院だ。寛文三年（一六六三）から数年間のうちに描かれた『万治年間富山旧市街図』（個人蔵・富山県立図書館寄託）にその名が確認できるため、富山藩政初期から存在した寺院とみてよい。

十八世紀中頃に金沢の俳人である堀麦水がまとめた『三州奇談』は、「宥照寺と云ふ寺には、明智光秀が塚あり、宥照寺の世代の内に、明智左馬助が兄此寺を持ちしことあり、故に今爰に光秀が塚ありと云ふ」と記す。つまり、明智左馬助の兄が宥照寺を有していたため、境内に光秀の塚が築かれたらしい。左馬助は本書で説いたごとく、光秀が重用した側近である。

文化十二年（一八一五）に富山藩士の野崎雅明が著した『肯搆泉達録』（富山県立図書館蔵）は「宥照寺

【コラム】明智左馬助の兄弟が築いた光秀墓

図　宥照寺跡推定地付近
（現富山市辰巳町１丁目）

明智日向守（光秀）墓有、是ハ明智三成（ママ）弟僧となり、宥照寺住侶たり、故に墓を築、供養すといふ」と記す。これによると、宥照寺の光秀塚には供養墓が設けられたようだが、明智某（なにがし）の弟が同寺の僧であったためなど、判然としない。

　そこで、天保（てんぽう）十三年（一八四二）に宥照寺を参詣した者の記録『五ヶ山大牧入湯道之記（ごかやまおおまきにゅうとうみちのき）』に着目したい。「宥照寺、真言宗、本尊不動明王秘仏ニテ霊験アラタ也、本堂ノ後ロニ明智光秀ノ石碑有、是ハ其頃ノ住職、明智左馬之介（ママ）ノ弟ト申事也、庫裏（くり）ニツヾキ仏堂有」と見える（『越中紀行文集』）。この証言によると、本堂の裏手に光秀に関する石碑があった。どうもそれには、明智左馬助の弟が住職だった旨が書かれていたらしく、この石碑こそ光秀塚に建てられた供養墓と考えられるだろう。

　儒教道徳に支配された江戸時代に、あえて逆臣光秀を祀ったエピソードを偽作する必要性は乏しい。よって、この話は信じてよいのではないか。生き残った左馬助の兄弟が何らかの縁を頼り越中へ落ち延びて宥照寺の住職となり、主君光秀を弔うべく、境内に塚を築き供養墓を建てた。そのような流れを想定することができよう。ただし、左馬助に兄弟がいたのか、史料が残らずよく分からないのも偽らざる事実である。

　光秀を祀った宥照寺は、年始の参賀では富山藩主にも御目見（おめみえ）しうる、高い寺格を有していた。ところが、いつしか退転して、今は面影すら残らない。安政（あんせい）元年（一八五四）に描かれた『越中富山御城下絵図（えっちゅうとやまごじょうかえず）』（富山県立図書館蔵）では確認できるため、維新政府による廃仏毀釈（はいぶつきしゃく）や、富山藩が発した合寺令（ごうじれい）など、明治初期の混乱の中で廃絶したのだろうか。ともあれ、寺の消滅とともに、光秀が富山で祀られた記憶さえも忘れ去られてしまったのである。

写真・翻刻

第四節　信長に鑓を浴びせた天野源右衛門

（上巻 50 丁表）

（上巻50丁表）
一明知(智)光秀本能寺ヱ取懸タル時、天野(安田)
源右(国継)衛門ト云者一番ニ門ノ内ヱ入、(織田)信長公
白キ御カタビラヲメシ、御弓ニテシラス
ヱコミ入タル敵ヲ射タマウ処ヲ、戸ノ
カゲヨリシノビ寄テ御左ノカタサキ
カト思フ所ヲ一鑓ツク、信長公大ヲン
ジヤウヲ上ケテ、セガレメトノタマウ御コヘ
カミナリノ落カ、ルヤウニ覚ヱタリ、其後
此源右衛門カホニクロキアサ少出来タリ
(前田)利長公ニ一両年仕テ御イトマ申(名)、各々
字ヲカヱ加藤肥後守清正ニ奉公ス、
フシキナリ右ノアサ次第ニ大キニナリテ

（上巻50丁表）

何ト養生スレトモナヲラズ、此ツラニテハ
奉公ナラヌトテ御イトマヲ申上ル、清正
少モ不苦ト御トメ被成候ヘ共、タツテ御イトマ申
浪人シテ居タリケルカ、イヨ〳〵大キニナリ
後ハ三病気ニナリ、（ママ）信州草津ノ湯ニ
入ケレトモ終ニ本復セズ死タリケリト
江守是セツ語ル、

大意

一つ

明智光秀（の軍勢）が本能寺へ攻め込んだ際、天野源右衛門という者が真っ先に門の中へ入った。信長公は白い帷子（かたびら）を着て、（庭先の）白州（しらす）へ押し寄せてきた敵を弓でお射（う）ちになられていたところ、（天野源右衛門は）戸の影に潜んで忍び寄り、（信長の）左の肩先と思われるところに鑓を浴びせた。信長公は大声で「せがれめ」と雷が落ちるように叫んだと記憶している。その後、この（天野）源右衛門の顔に黒いアザが小さく出来た。（源右衛門は）一年ほど前田利長に仕えたのち、暇（いとま）を申し出て、姓名を変えて、加藤清正に奉公した。不思議なことにアザが少しずつ大きくなり、養生につとめても治らない。このような顔では奉公もできないとして、暇を申し出た。清正は（その顔でも奉公に）何も差し支えは無いと引き留められたが、とくに暇を願

い出て浪人となった。しかし、（アザは）さらに大きくなって病気と化し、（上野国の）草津で湯治に励んだけれども回復せず、ついには死んでしまったと、江守是胥が（関屋政春に）語った。

左の肩先を突く

まず、このエピソードを語った江守是胥について触れておこう。彼もまた著者の関屋政春と同じ加賀藩士であり、寛文七年（一六六七）にまとめられた『加陽人持先祖』に是胥本人が加賀藩へ差し出した由緒書が写されている。それによると、是胥の父三井加兵衛は前田利家に仕えていたが、天正十八年（一五九〇）の小田原北条攻めに従軍し、八王子城（現東京都八王子市）攻めで討死した。是胥は父の死後に生まれたため、祖父の江守祐庵に養育され、慶長八年（一六〇三）に前田利長に召し出されたという。その後、知行一〇〇〇石取りにまで昇り、実名が値孝、出家して是胥と号し、延宝三年（一六七五）に八十六歳で没している〔『諸士系譜』〕。要するに、本能寺の変から八年経った天正十八年生まれであり、この話そのものは他者から耳に入れたものだろう。ただし、誰から聞いたのか、肝心の情報源が書かれておらず、変を語る史料としての信ぴょう性は決して高くない。

本条の主人公といえる天野源右衛門は、安田作兵衛（国継）の名の方が知られている。光秀に仕えてクーデターに参加した時も、こちらの名であった。のちに姓名を天野源右衛門と改めたのである。『乙夜之書物』は、彼が織田信長の左の肩先を鑓で突いたと記す。一方、『明智物語』（正保四年［一六四七］自序）によると、永沼喜八なる人物が信長の右脇を鑓で突いたという。すでに江戸時代初期から、信長に傷を負わせたのが天野源右衛門だったという説は、必ずしも衆目の一致する見解ではなかったのである。

かつて高柳光寿氏は「箕浦大蔵・古川九兵衛・天野源右衛門の三人が大庭へ乱入して信長と槍を合せたとか、源右衛門が蘭と渡り合い、さらに信長を腰障子の外から刺したとか、いろいろのことが雑書の類には伝わっているが、多くは誤り」と唱えていた［高柳一九五八B］。典拠は示されていないが、その一つは神沢杜口著『翁草』とみられる。安永五年（一七七六）の序をもつ『翁草』は、「天野源右衛門之事」と題するエピソードを収めており、「本能寺にて信長公御生害の時、塀重門より御座の間の大庭へ乱れ入り候は、明智が家士、箕浦大蔵丞・古川九兵衛・安田作兵衛なり（中略）信長公の影、障子に映りけるを、安田作兵衛、穂長の鎗にて障子越に突く。其の鎗、信長公の右の脇腹を刺して深疵なれば叶はせられず、寝殿に入りて自害し玉ふ」と記す。これだと、左の肩先ではなく右の脇腹を刺したことになっており、『明智物語』が語る右脇とも微妙に異なる。

図１「太平記英勇伝　安田国継」（東京都立中央図書館蔵）

比較的良質な史料に目を転じると、例えば『信長公記』によれば、信長は肩ではなく肘に鑓傷を受けたという。ルイス・フロイス報告書『一五八二年日本年報　補遺　信長の死について』だと、信長

図2　楊斎延一「本能寺焼討之図」（東京都立中央図書館蔵）

は背中に放たれた矢を引き抜き、長刀で応戦していたところ腕に銃弾を受けている。はたして、肩先か脇か脇腹か、それとも肘か、はたまた腕なのか、信長に与えた傷の部位を確定する術（すべ）は無い。『乙夜之書物』は、信長に傷を負わせたのは天野源右衛門だという逸話が、すでに十七世紀半ばの加賀藩内で広まっていたことを示す、その意味で興味深い史料と評せよう。

顔に黒いアザ

いつからか天野源右衛門（安田作兵衛）は、信長への一番鑓だけでなく、森乱丸（らんまる）（実名は成利（なりとし）、蘭丸は後世の誤り）を討ったことも著名になっていく。信長小姓の乱丸は、時に十八歳の若さであった（『寛永（かんえい）諸家系図伝（しょかけいずでん）』森成利）。幕末・明治期の浮世絵版画には、その乱丸を源右衛門が討ち取った逸話を画題にしたものが散見する。例えば、慶応（けいおう）三年（一八六七）に落合芳幾（よしいく）が手掛けた武者絵の揃物（そろいもの）『太平記（たいへいき）英勇伝（えいゆうでん）』の「安田作兵衛国次（ママ）」（図1）を挙げることができよう。管見の限り、この逸話が広まった嚆矢は、すでに拙著で何度か取り上げている江戸時代後期のベストセラー読み本『絵本太閤記（えほんたいこうき）』であろうか。乱丸と戦う中で本能寺内の溝に足をとられた源右衛門は、欄干の上から鑓で突かれたところ、その鑓をつかんで起き上がり、乱丸の両足を斬り、討ち取った。その攻防が『絵本太閤記』三編巻九に挿絵とともに載せられており、世間で一挙に知られることになったのだろう。

ただし、このストーリーそのものは、すでに「森蘭丸幷に明智の士安田作兵衛の事」というタイトルで『翁草』に「森蘭丸、十文字の槍にて安田を椽先の溝へ懸け落し、続て突く槍、安田が股の間男根半ば突切る、安田其の槍をたぐりて溝より起上り、佩刀を抜て蘭丸を斬る」と見えている。一方、やや遡って享保六年（一七二一）頃に福井藩（越前松平家）が編纂した『越藩諸士元祖由来書』は、四王天又兵衛政実なる光秀家臣が乱丸を倒したと記す［福井市立郷土歴史博物館二〇二〇］。先の『絵本太閤記』でも、乱丸を討ち取ったのは天野源右衛門だが、その首を獲ったのは四王天政実だと紹介している。あくまで筆者の推測にすぎないが、十八世紀後半以降に天野源右衛門が森乱丸を斬った言説が定着していくように思う。

さて、『乙夜之書物』によると、光秀の死後に天野源右衛門は、前田利長に二年ほど仕えた後、姓名を安田作兵衛から変えて加藤清正の元へ転じた。しかし、清正に仕えていた明らかな史料的確証は得られない。中野等氏によれば、天野源右衛門に改称して以降、羽柴秀勝、ついで羽柴秀長に仕え、さらに蒲生氏郷、立花宗茂に転仕、立花家を去ったのちに寺沢広高に仕え『立花朝鮮記』を著した。詳細は不明だが、文禄の役に先立って浅野長吉に付せられて奥州再征に従い、その奥州から九州への途次、京・大坂において宗茂宛の書状をいくつか託されたという［中野二〇〇一］。よって、加藤清正はともかく、立花宗茂に仕えていたことは間違いない。清正とした点は、証言した江守是胥、もしくは著者の関屋政春の誤解であろうか。

再び『乙夜之書物』に戻ると、天野源右衛門の顔にできた黒いアザは次第に大きくなり、ついには病と化して命を落とす。現代でいえば、皮膚ガンだろうか。その顚末が事実かどうか、同時代史料は残っておらず、全く分からない。ただし、主君信長に叛逆の刃を向け、あまつさえ肩に鑓傷まで負わせた源右衛門が、病魔で死に至るというシナリオである。筆者としては、忠義の道から外れた行いをした報いを、予期せぬ病という形で受けるその流れは、江戸時代の儒教道徳に適合しすぎる気がしてならない。

ともあれ、光秀家臣団は、主君の敗死を受けて、それぞれが様々な結末をたどる。光秀と運命を共にした者、ほかの大名に仕官して生きながらえた者、このほか天野源右衛門のごとく、光秀に殉じずとも、その後に悲劇的な最期を遂げたと伝えられる者もいたのだ。

第五章　『乙夜之書物』が記す戦国エピソード

写真・翻刻

第一節　惟任光秀の乱直後の前田利長

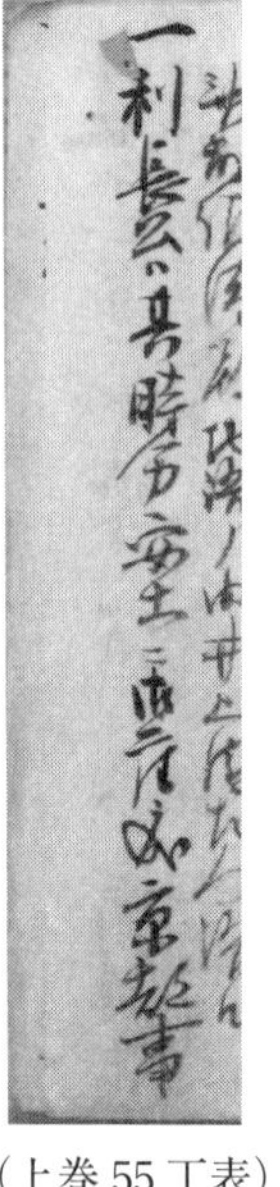
（上巻55丁表）

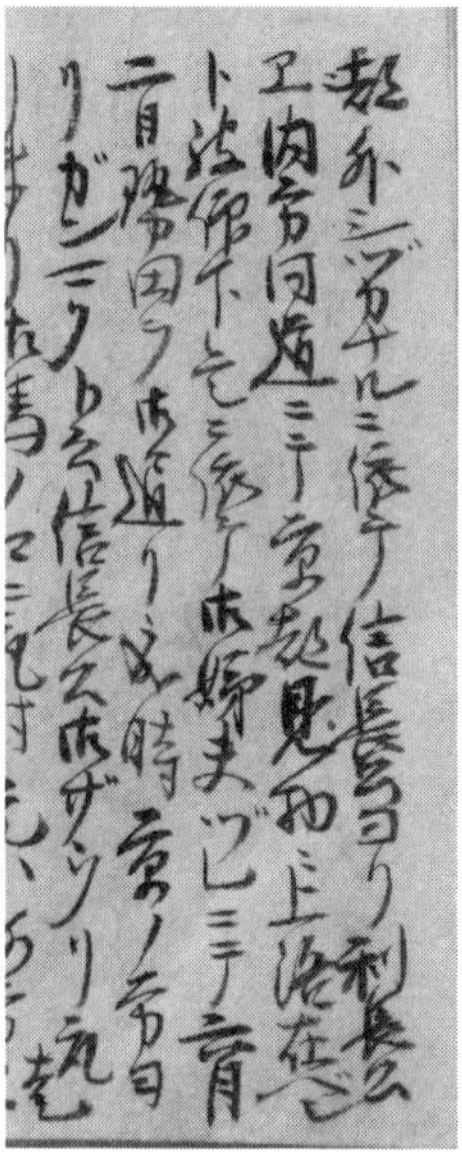

（上巻55丁裏）

（上巻55丁表）
一利長（前田）公ハ其時分安土ニ御座被成、京都事

（上巻55丁裏）
都外シヅカナルニ依テ、信長公ヨリ利長公
ヱ内方同道ニテ京都見物ニ上洛在ベシ
ト被仰下、是ニ依テ御姉夫（ママ）ヅレニテ六月
二日勢田ヲ御通リ被成時、京ノ方ヨ
リガンマクト云信長公御ザウリ取走

（上巻55丁裏）

リ来リ、御馬ノ口ニ取付、是ハ何方ヱ
御越被成候ゾ、明知〔智、以下同〕メムホンヲイタシ、上様
御父子今朝ウタレサセタマウ、イソギ
カヱラセタマヱト云、上下アキレ、コワイカ
ニト計ナリ、利長公其時御弐拾歳、カイ
ガイ敷、扨モ口惜キ事カナ、此上ハ女房トモ
ヲカタ付テ、心安ク働ベシ、北国マデハハル〴〵
ナレバカナイガタシ、尾州ノ在所ヱ可遣、
奥村次右衛門・恒川久次ツレテ行ケト被
仰付、カシコマルト云所ニ御ノリ物カキ
トモ是ヨリ御イトマ給ハレ、尾州ヱマイル事
ナルマジト云、扨モニクキ事カナ、一々首ヲ切
ベシト云、利長公イヤ〳〵我等ノ女トモニメイ
ワクスルモ、下々ノ妻子ヲコ、ロモトナク
思フモ一ツ事ナリ、イトマトラセヨトテ
銭ナド被下、皆御イトマ被遣、扨御前

（上巻56丁表）

（上巻56丁表）

様ハ御手拭ニテ御カホヲツ、ミ御馬ニノセ
奉リ、両人御馬ノ口ヲ取、尾州アラコ
ニ行着、御在所ノ事ナレバ、イヅレモ慥ニ
カイ〳〵敷請取申、御心安クヲボシメセ
トシユゴス、両人アンドシテ安土ヱ帰ル、早
信長公御切腹ノ事カクレナク濃州
イマス・関ヶ原ノ辺ニテハ、ガウ人多ク出テ
通スマジト云、両人イロ〳〵ハカリコトヲ云
テ近ガウノ者タガイニ見シリガヱシゾ
ナド云テ通リスマシ、安土ヱ帰リ来ル、利長公
御アンドナリ、然所ニレキ〳〵場数モ在ト
云ホトノ侍トモ欠落シテ、残ル者スクナシ、
明知奇〔寄、以下同〕来ルト云沙汰在、利長公御具足
ヲ取来レト被仰遣、御使スグニ欠落シ
テ尤御具足不持来、利長公御立腹被成、
三度目（ママ）ノ御使御ザウリ取アガリ中村
　百五拾石被下者、是モスグニハヅス、四
度目ノ御使姉﨑勘右衛門マイリ、御具足
奉行吉田数馬トモニ御具足持テ来ル、利長
公先刻ヨリ度々使ヲヤルニ何ヲシテ具足
持テ不来、数馬承姉﨑ヨリ外一人モ不
参ト云、タレ〳〵遣シタルハトノタマウ、数馬

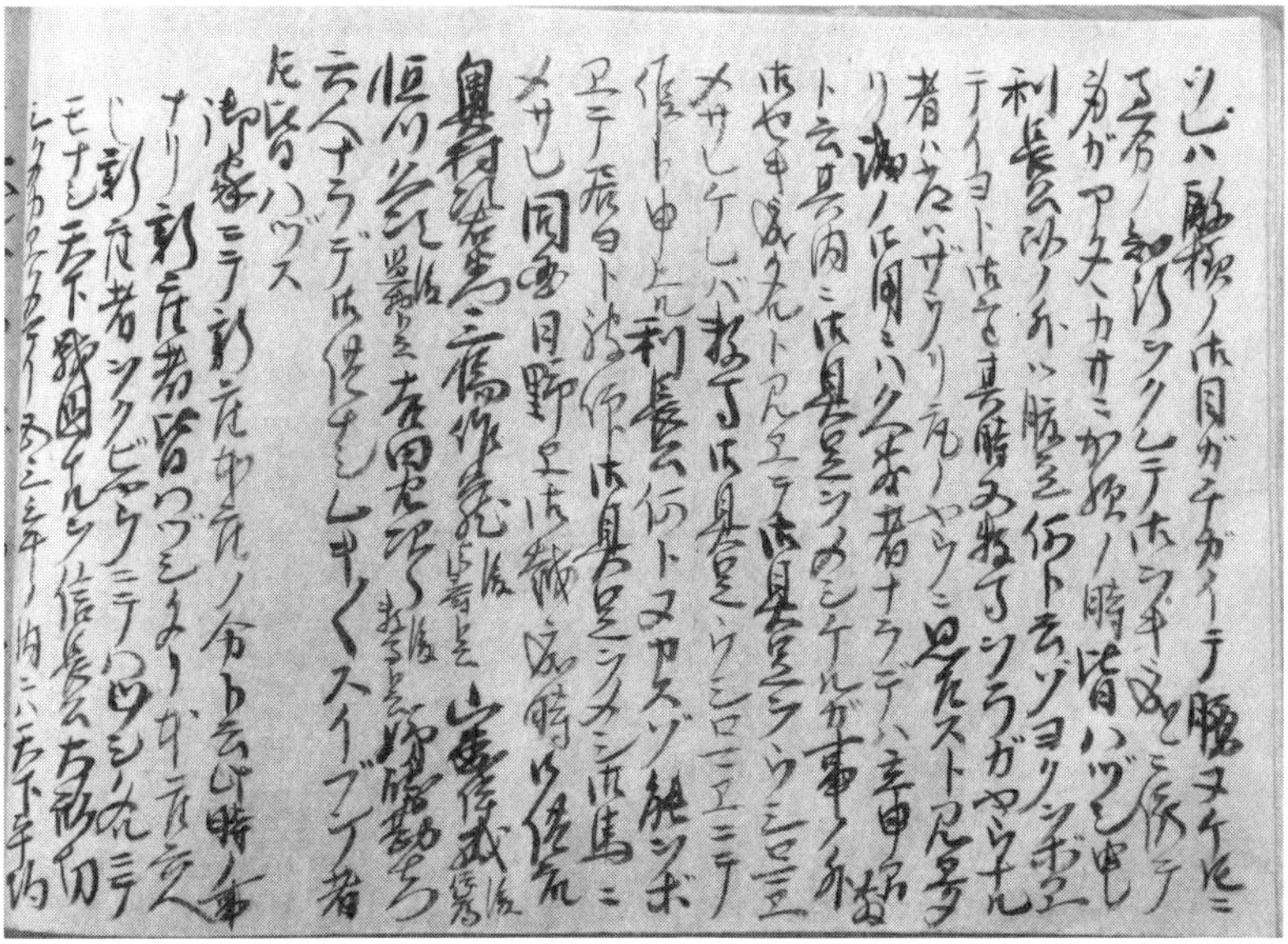

（上巻56丁裏）

（上巻56丁裏）

ソレハ殿様ノ御目ガチガイテ腰ヌケトモニ
過分ノ知行ヲクレテ御ヲキ被成候ニ依テ、
身ガアタ、カサニか様ノ時皆ハヅシ申候、
利長公以ノ外御腹立、何ト云ゾヨクヲボヱ
テイヨト御意、其時又数馬、ヲラガヤウナル
者ハ常ハザウリ取ノヤウニ思召スト見ヱタ
リ、誠ノ御用ニハ久敷者ナラデハ立申間敷
ト云、其内ニ御具足ヲメシケルガ、事ノ外
御セキ被成タルト見ヱテ、御具足ヲウシロマヱ
メサレケレバ、数馬御具足ウシロマヱニテ
候ト申上ル、利長公何トヌカスゾ能ヲボ
ヱテ居ヨト被仰、御具足ヲメシ、御馬ニ
メサレ、同国日野ヱ御越被成時、御供衆
奥村次右衛門・三輪作蔵（後法寿ト云）・山森伊織（後伊庵）
恒川久次（後監物ト云）・吉田忠次郎（後数馬ト云）・姉崎勘右衛門
云人ナラデ御供ナシ、レキ〳〵スイブンノ者
トモ皆ハヅス、
　御家ニテ新座本座ノ分ト云、此時ノ事
ナリ、新座者皆ハヅシタリ、本座六人
也、新座者ヲクビヤウニテハヨシタルニテ
モナシ、天下戦国ナルヲ信長公大形切
シタカヱタマイ、五三年ノ内ニハ天下平均

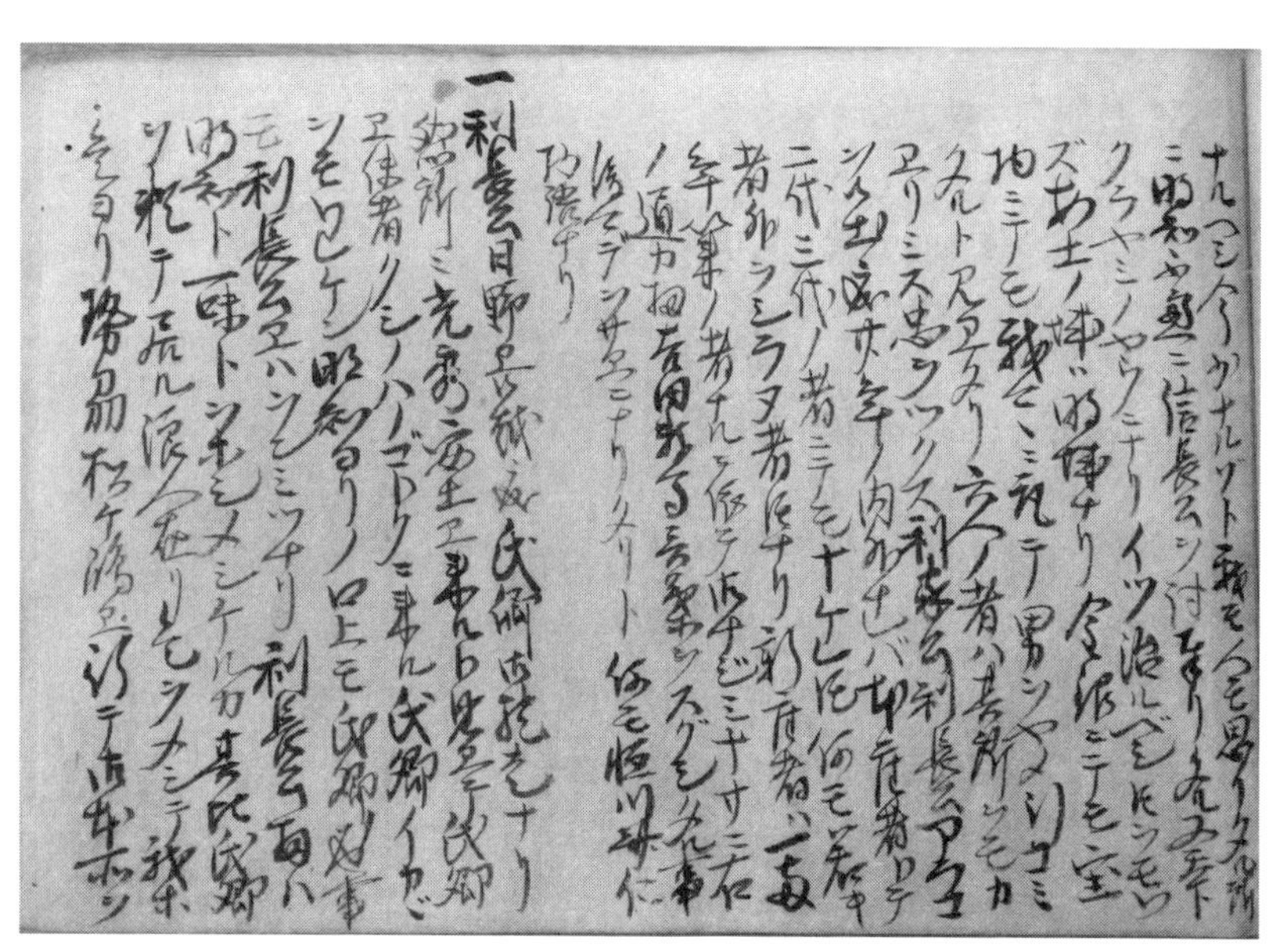

（上巻57丁表）

（上巻57丁表）

ナルヘシ、今少ナルゾト我モ人モ思イタル所
ニ明知不慮ニ信長公ヲ討奉リタル、又天下
クラヤミノヤウニナリ、イツ治ルベシトモヲモワ
ズ、安土ノ城ハ明城ナリ、金銀ニテモ宝
物ニテモ我マヽニ取テ、男ヲヤメ、引コミ
タルト見ヱタリ、六人ノ者ハ其所ヲモカ
ヱリミス忠ヲツクス、利家公・利長公アラコ
ヲ御出被成廿年ノ内外ナレバ、本座者トテ
二代三代ノ者ニテモナケレトモ、何モ若キ
者、外ヲシラヌ者トモナリ、新座者ハ一両
年以来ノ者ナルニ依テ、御ナジミナサニ右
ノ通カ、扨吉田数馬言葉ヲスグシタル事
後マデヲサヱニナリタリト、何モ恒川斉仁（斎而）
物語ナリ、

一利長公日野ヱ御越被成、氏郷（蒲生）御馳走ナリ、
然所ニ光秀安土ヱ来ルト見ヱテ、氏郷
ヱ使者クシノハノゴトクニ来ル、氏郷イカヾ
ヲモワレケン、明知ヨリノ口上モ氏郷ノ返事
モ利長公ヱハヲンミツナリ、利長公扨ハ
明知ト一味トヲホシメシケルカ、其比氏郷
ヲ頼テ居ル浪人在リ、是ヲメシテ我等
是ヨリ勢州松ケ嶋（ママ）ヱ行テ御本所（織田信雄）ヲ

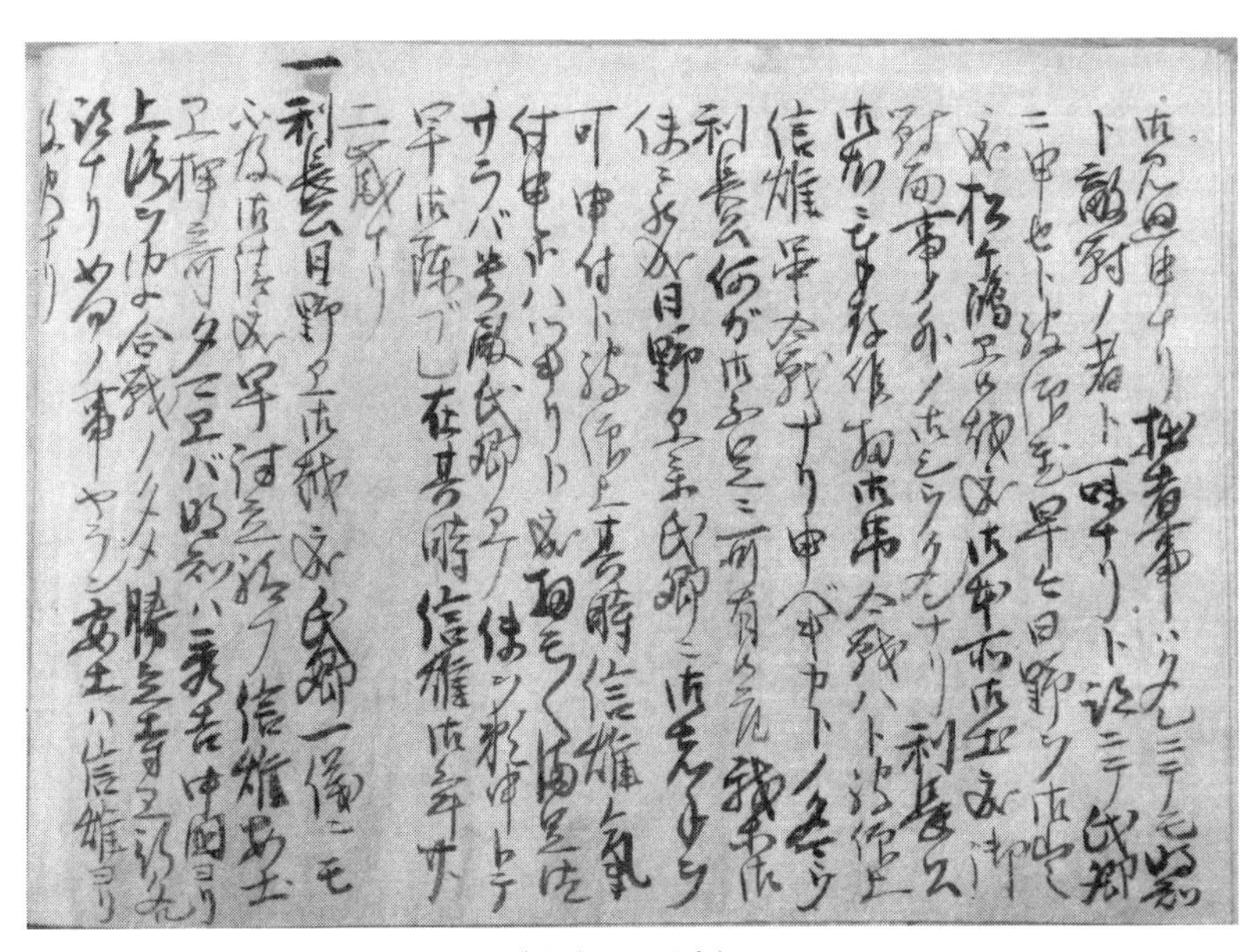

（上巻57丁裏）

（上巻57丁裏）

御見廻申ナリ、拙者事ハタレニテモ明知
ト敵対ノ者ト一味ナリト、跡ニテ氏郷
ニ申セト被仰置、早々日野ヲ御出
被成、松ケ嶋(ママ)ヱ御越被成、御本所御出被成、御
対面事ノ外ノ御シウタンナリ、利長公
御尤ニ奉存候、扨御弔合戦ハト被仰上、
信雄弔合戦ナリ申ベキカトノタマウ、
利長公何ガ御不足ニ可有御座、我等御
使ニ被成、日野ヱ参、氏郷ニ御先手ヲ
可申付ト被仰上、其時信雄気
付申候哉、ハツキリト被成、扨モ〱満足仕候、
サラバ貴殿氏郷ヱノ使ヲ頼申トテ
早御陳ブレ在、其時信雄御年廿
二歳ナリ、
一利長公日野ヱ御越被成、氏郷一儀ニモ
不及、御請被成、早討立給フ、信雄安土
ヱ押奇(ママ)タマヱバ、明知ハ秀吉中国ヨリ
上洛ヲ聞、合戦ノタメ勝立寺ヱ行タル
跡ナリ、如何ノ事ヤラン、安土ハ信雄ヨリ
放火ナリ、

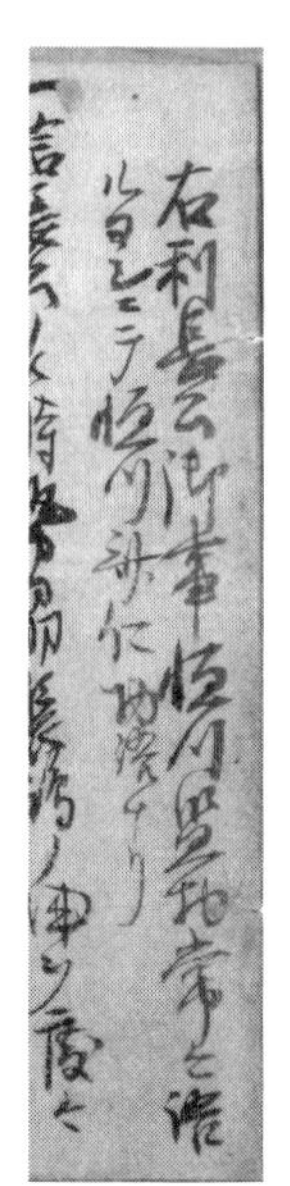
（上巻58丁表）

（上巻58丁表）
右利長公御事、恒川監物（久次）常々語ルヨシニテ恒川斎仁物語ナリ、

大意

一つ

前田利長公は（惟任（これとう）光秀の乱が起きた）その時、安土におられた。京都は思いのほか平穏であったため、信長公から利長公に対して、正室を伴って京都見物に上洛せよとのご命令があった。このため、（利長公は）夫婦連れ立って六月二日に勢田（せた）をお通りになられていた時、京の方からガンマクという信長公の草履取りが走ってきた。（ガンマクは利長夫婦の）馬の手綱を引き「これはどちらへお越しになるのか、明智めが謀反を起こし、信長様父子は今朝がた討たれてしまわれた。急いでお帰りになられよ」と言った。みな驚き、これはどうしたものかというばかりであった。

利長公はその時まだ二十歳できびきびしており、「なんと無念なことか、こうなったからには女たちを置いて、気兼ねなく動きたい。北国までは遠いので（送り届けるのは）難しい。尾張国の郷里へ連れていきたい。奥村次右衛門と恒川（つねかわ）久次が（女たちを）連れていくように」と命じられた。（奥村と恒川は）「承知しました」と述べたところ、乗物を担ぐ者たちが「たった今から奉公をやめさせていただきます、尾張国まで行く事はできません」と言った。（奥村たちは）「なんと腹立たしい事であろうか、一人一人の首を切ってしまえ」と言った。利長公は「やむなく自分の女たち（の扱い）に迷惑しているが、家臣たちの妻子たちのことも心配事の一つである、（彼らに）暇をとらせよ」と言って、銭などを与え、みなに暇を与えた。

その後、（利長の）奥方様は手拭いでお顔を包み隠して馬に乗られ、（奥村と恒川の）二人が手綱を引き、尾張国の荒子へ行き着いた。（前田家の）郷里であったので、たしかに滞りなく（奥方様たちを）引き取られ、（利長様が）安心されるようにお守りする（と荒子の者は言った）。（奥村と恒川の）二人は胸をなでおろして安土への帰路についた。早くも信長公が切腹されたことが知れ渡り、美濃国の今須や関ヶ原の辺りでは、村人たちがうろついていて（よそ者を）通さないだろうとのことだった。（奥村と恒川の）二人はいろいろと考えて、「近くの村の者たちと互いに知り合いである」などと言って、無事に通過して安土まで帰りついた。利長公はご安心なさった。

ところが、幾多の戦場に臨んだというほどの家臣たちが（利長のもとから）逃げ去ってしまい、残っている者は少なかった。光秀軍が（安土へ）押し寄せて来るという知らせがあり、利長公は「（私の）具足をとってまいれ」と命じられたが、その使者はすぐに逃げ去り、具足を持ってこなかった。利長公は立腹されて、草履取りから知行一五〇石取りに召し抱えられた中村を三度目の使者にしたのだが、中村もすぐに姿をくらませてしまった。四度目の使者を姉崎勘右衛門が勤め、具足奉行の吉田数馬（かずま）と共に具足を持って来た。利長公は「先ほどから何回も使者を送っていたにもかかわらず、どうして具足を持って来なかったのか」と問うた。数馬は「姉崎の他に一人も（私の所へ）来ませんでした」と答え、（利長は）「誰か彼かは遣わしたはずだ」とおっしゃったので、数馬は「それは殿様に家臣を見る目が無く、腰抜けばかりに度を越えた知行をお与えになられてきたゆえ、保身ばかりでこのような時には皆いなくなるのです」と言った。利長公は激怒されて「何をほざくか、よく覚えておれ」とおっしゃった。その時また数馬は「役立つ者を（利長公は）普段は草履取りだと考えておられるように見えます。本当に肝心な時には、長く（前田家に）仕えている者でないと、お役には立ちません」と言った。

そうこうしている内に（利長は）具足を着けられたものの、思いのほか急がれたと見えて、具足を前と後ろ逆に着けておられたので、数馬は「具足が後ろ前と反対です」と言われた。利長公は「何をぬかすか、よく覚えておけ」と命じられ、具足を着けなおし、馬にお乗りになられた。（利長公が）近江国日野へ移られた時に御供した者たちは、奥村次右衛門と三輪作蔵（のち法寿と名乗る）と山森伊織（のち伊庵と名乗る）と恒川久次（のち監物〔けんもつ〕と名乗る）と吉田忠次郎（のち数馬と名乗る）と姉崎勘右衛門らしか、御供はいなかった。地位や身分が高い者たちは、軒並み姿をくらませてしまった。

（前田の）家には新座と本座の区分があったというが、それはこの時（に始まった）である。新座者は皆いなくなった。本座者は（右の）六名であった。新座者は臆病で御供をしなかったわけでもない。天下は戦国の世であったところ、信長公があらかた（の大名たちを）服従させて、今から十五年もかからずに天下は穏やかになるだろうと、私も皆々も思っていた矢先、光秀が突然信長公をお討ちになられ、再び天下は暗闇のような状態に陥り、いつ安寧になるかも考えられなかった。安土城は守備兵のいない城になった。（新座者は）金銀財宝をほしいままにして、武士をやめて隠居してしまったとみえる。（右の本座者）六人の者たちは、そのようなことに目もくれず、忠節を尽くした。利家公や利長公が荒子を出られて約二十年になるが、本座者も二代目や三代目の者ではないにせよ、いずれも若者は外のことを知らない者たちである。新座者はこの二年ほどで（前田家に）仕えるようになった者であり、（家風に）なじまなかったため右のようになるのだろうか。そうして、吉田数馬の言葉は後代まで（前田家の）押さえになったのだと、いずれも恒川斎仁が語った。

一つ

利長公は日野へお越しになり、（蒲生）氏郷がもてなした。そのようなところ、光秀が安土へやって来るとみえて、氏郷に対して（光秀からの）使者が櫛の歯が欠けたように（切れ目なく）やってきた。氏郷は何を思ったのだろうか、光秀から伝えられた内容も氏郷がどう返事したのかも、利長公には秘されていた。利長公は「さては（氏郷は）光秀に通じたのか」と思われたその頃、氏郷を頼ってきた浪人がいた。（利長は）その者を呼んで「私は今から伊勢国の松ヶ島へ赴き、御本所（織田信雄）にあいさつへ行く、私のことは誰に対しても光秀と敵対する者たちとつながっていると、氏郷には後でそう伝えよ」と命じ置き、早々に日野を出立され、松ヶ島へお越しになられた。

御本所はお出ましになられ、（利長と）対面して（信長の死について）思いのほか嘆き悲しまれた。利長公は「（悲しみは）ごもっともなことと思います、さては弔い合戦でしょうか」と述べられたところ、信雄は「弔い合戦になるであろうか」とおっしゃった。利長公は「何か足りないところがあるでしょうか、私が（信雄様の）使者となって日野へ戻り、氏郷に先鋒を命じましょう」と述べた。その時に信雄は覚悟を決めたのだろうか、確かな語り口で「とにもかくにも満足である、それではあなたに氏郷への使いを頼む」と言って、さっそく陣触れを行った。時に信雄の年齢は、二十二歳であった。

一つ

利長公が日野へ戻られた際、氏郷は考えるまでも無く（先鋒を勤めよという命令を）承諾され、早々に（安土へ）出立された。（のちに）信雄が安土まで押し寄せられたところ、光秀は秀吉が中国地方から上洛すると聞き、迎え撃つために勝龍寺（しょうりゅうじ）へすでに向かった後であった。どうしたことであろうか、安土は信雄（の命令）によって火を放たれた。

右の利長公に関するエピソードは、恒川監物がいつも語っていたということで、恒川斎仁が（関屋政春（せきやまさはる）へ）話した。

解説

京都見物の上洛命令

本節では、惟任（これとう）光秀の乱が起こった当時、織田政権の本拠である安土（現滋賀県近江八幡市）にいた前田利長（前田利家の嫡男、加賀前田家二代）がどのような動向をたどったか、『乙夜之書物（いつやのかきもの）』の記述からひもとく。

やや長文の翻刻・大意となってしまったが、同じ恒川監物の証言に基づく記述が、青地礼幹（あおちのりもと）『可観小説（かかんしょうせつ）』に「瑞龍公（ずいりゅうこう）と本能寺の凶変」と題して載せられている。ただし、内容はほぼ同じながら、かなり簡略化されており、成立も江戸時代中期と遅く、『乙夜之書物』の方が良質なテキストとみてよい。なお、この逸話を恒川斎仁へ語った監物は、本条文で利長が安土から日野（現滋賀県日野町）へ移る際に御供をした「恒川久次後監物ト云」その人であろう。斎仁と監物は父子であり、第二章第三節で言及した。

『乙夜之書物』に基づくと、織田信長は安土にいた利長に対して、夫婦で京都見物へ来るよう命じている。利長の正室は、信長息女の永（のち玉泉院）である。『寛永諸家系図伝』に従えば、永は信長の四女だ。天保九年（一八三八）に加賀前田家の命令で編纂された『本藩歴譜　瑞龍公記』によると、天正八年（一五八〇）九月に、当時まだ七歳であった永と利長は婚約した。ひと足先の同十年五月二十九日に上洛していた信長が、自らの娘と婿の二人に上洛するよう命じるべく、安土へ使いを寄こしたと思われる。藤田達生氏は『続武家閑談』に基づき、六月二日に徳川家康と穴山梅雪、そして前田利家の嫡子利長とその正室らが、京都に信長を訪ねる予定だったと説く〔藤田二〇一〇〕。『続武家閑談』は、江戸幕府の幕臣木村高敦（天和元年〔一六八一〕生～寛保二年〔一七四二〕没）が著したもので、十八世紀前半に成立したとみられる史料だ。一方、『乙夜之書物』の記述は、実際に利長に付き従った者の証言に基づくことから、成立が半世紀以上も遅い『続武家閑談』よりも良質とみてよかろう。

厳密に言えば、クーデター当時の利長は、利勝と名乗っていた。利勝署名の終見史料は天正十六年十月一日付の請取状（『増訂加能古文書』「勝興寺文書」）、利長署名の初見史料は天正十八年と推定される正月二十六日付の書状（『伊達家文書』）であり〔大西二〇一六B〕、この間に改名したのであろう。以下、拙著では利長で表記を統一する。そもそも、利長が発給した史料の初見は、光秀の乱翌年の八月二十四日付の知行宛行状（『増

図1　伝前田利長像
（魚津市教育委員会蔵）

訂加能古文書』「本誓寺文書」）であり、同時代史料からは、クーデター以前の動向はほとんど分からない。父利家が各地を転戦する中、利長は安土城にとどまり、信長に近仕していたともいう〔見瀬二〇一八〕。『当邦諸侍系図』によれば、天正九年頃の利長の居城は越前府中（現福井県越前市）であった。利長夫婦は、天正十年五月二十八日に本拠の府中を発したという〔『本藩歴譜　瑞龍公記』〕。『乙夜之書物』は、利長に付き従った恒川監物の証言に基づく。よって、この頃の利長の動向を考えるうえで基準史料となるだろう。当該記述は、すでに『加賀藩史料』に「桑華字苑」の名で釈文が載る。しかし、編者の日置謙によって仮名混じり文に改変されており、原文改行で翻刻する意味は少なくないと思う。

話を元に戻すと、この利長夫婦の京都見物は幻に終わる。安土から上洛をめざす途中、瀬田（現滋賀県大津市）で光秀の乱を知ったからだ。桐野作人氏は、本能寺から「誰も寺外に脱出できなかったはずだが、じつは一人だけ脱出している。信長の草履取りの「がんまく（岩隈）」である。加賀前田家の記録『桑華字苑』には、前田利長が妻永（信長の女）を同行して安土から上洛する途中、勢多（瀬田）のあたりで京都から来たがんまくと出会い、信長の死を知り、急ぎ安土に引き返している。もっとも、がんまくは利長の馬の口に取りついたと書かれているから、徒歩だった可能性もある」と説く〔桐野二〇〇七〕。桐野氏が引いた『桑華字苑』は、『乙夜之書物』のことだと考えられる。利長が瀬田でガンマクと出会ったのは、天正十年六月二日の昼頃であろうか。その日の内に利長は、安土へ戻ったと推測できる。

日野から松ヶ島へ

『乙夜之書物』から、その後の前田利長の動きもまとめておこう。瀬田で乱を知った利長は、重臣の奥村次右衛門と恒川監物らに対して、正室永姫をはじめとする女たちを、「北国」（本拠の越前府中のことであろう）は遠いため、郷里の荒子（あらこ）（現愛知県名古屋市中川区）へ送り届けるよう命じた。これが天正十年六月二日のことである。二人は仰せに従い、荒子まで彼女たちを連れていき、無事に安土まで復命したものの、戻ってきた頃には多くの前田家臣が逃げ出しており、とどまる者は少なくなっていた。光秀軍襲来の報を聞き、具足を着た利長は、わずか六人の御供を連れて安土から日野（現滋賀県日野町）へ移ったという。光秀の安土入城は六月五日であり（『兼見卿記（かねみきょうき）』）、それまでに安土城留守居「二ノ丸御番衆」であった蒲生賢秀（かたひで）の本拠である日野へ向かったとみられる。六月三日に賢秀は、信長の妻子を伴い日野へ退いていた（『信長公記（しんちょうこうき）』）。わずか二、三日余りで奥村と恒川が、瀬田から荒子、そこから安土へと本当に往復できたのか、疑問を覚えなくも

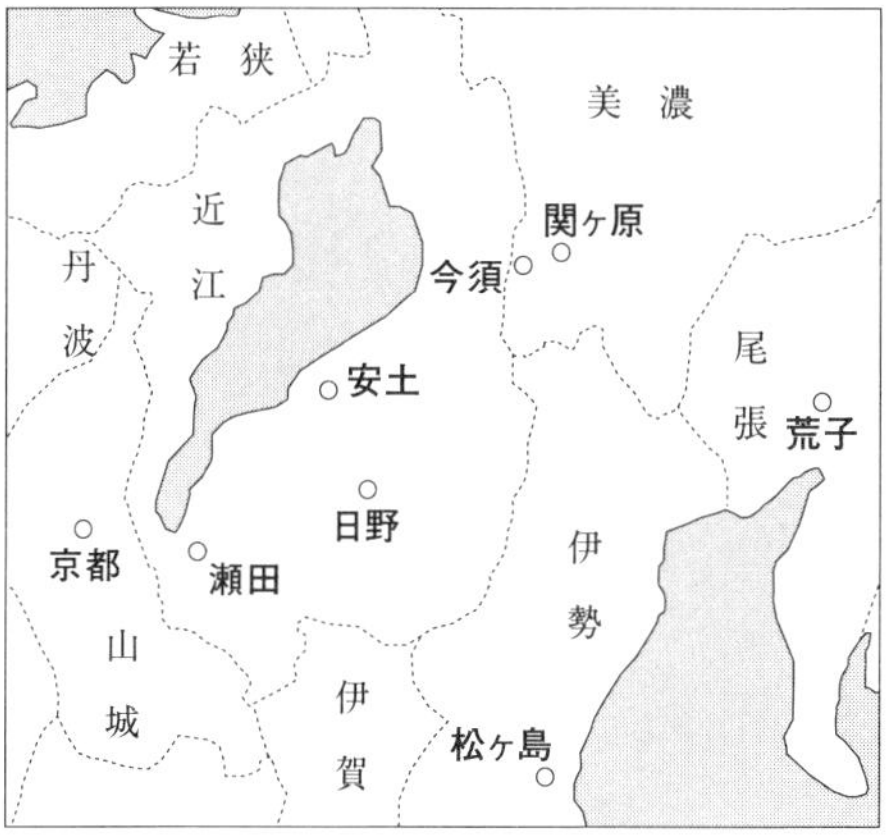

図2　関連地図

図3　日野城跡

ない。したがって、日付などの細かな事実経過については、多少割り引いて捉える方が無難であろう。

日野で利長は、蒲生賢秀の嫡男氏郷（当時は賦秀（ますひで）、以下氏郷で表記を統一する）にもてなしを受けた。この頃までに蒲生家の実権は氏郷が掌握するようになっており、氏郷が家督となったのは本能寺の変直後のことだ〔藤田二〇一二〕。ところが、光秀から氏郷へ使者が幾度となく来たため、利長は両者が通じていると警戒し、日野を発して松ヶ島（まつがしま）（現三重県松阪市）へ向かった。そこで織田信雄（信長次男）に会い、弔い合戦を進言する。信雄の了解をとりつけた利長は、氏郷へ先鋒を命じる使いとなって再び日野へ戻った。氏郷はその命令に従い、すぐに安土へ攻め込む。その頃には、すでに光秀は上洛の途へ就いていた。光秀の安土出発は六月八日だが〔『兼見卿記』〕、明智左馬助（さまのすけ）や弥平次秀満（ひでみつ）の軍勢が六月十三日まで確実にいたはずなので、氏郷らによる安土奪回は、早くともそれ以降となろう。『寛永諸家系図伝』小川長保の項に基づくと、長保は六月八日に信雄軍の先鋒として石原（現滋賀県日野町）に布陣している。そして十三日には氏郷とともに安土城攻めへ向かったという。

同月十七日に遠藤秀繕という美濃国郡上郡（ぐじょうぐん）（現岐阜県郡上市一帯）の武将が「安土ハ明智子息自然と申仁相抱候つる由候、（日）比野忠三郎（蒲生氏郷）罷出、是又あけ行候旨、乗取申候、其外江州一国如前々罷成、勢州御本所（織田信雄）様よひ立中、去七日伊賀被越候、被進無異儀、御請取候」と手紙に記している〔『岐阜県史　史料編　古代・中世二』「安養寺文書」〕。これによると、安土城には自然という名の光秀子息がいたところ、日野の蒲生氏郷が出陣して、自然らが退城した後、安土を乗っ取ったことで近江国は以前のような平穏を取り戻し、伊勢国にいた織田信雄を呼び寄せた。ただし、六月七日に伊賀国まで来たというのは、あくまで伝聞であり、信雄本人ではなく家臣の動向だろう〔和田二〇二二〕。その後、信雄は安土城を問題なく請け取ったと報じられている。この間の利長は、おそらく氏郷と行動を共にしていた可能性が高いものの、その後の動向はよく分からない。

安土は信雄が放火した

京にいた公家の吉田兼見は自身の日記『兼見卿記』天正十年六月十五日条に「安土放火云々、自山下類火云々」と記し、安土山麓の城下町からの火が山上の安土城にも及んだように報じている。しかし、発掘調査の成果によると、山腹から山麓にかけては焼けておらず、この時に炎上したのは五層七階の「天主」を含む主郭部分に限られているという〔松下二〇一四〕。これに従えば、『兼見卿記』の情報は、あくまで京にもたらされた伝聞にすぎず、すべてが事実とは言えまい。

『惟任退治記』や『寛永諸家系図伝』小川長保項では、明智弥平次秀満が安土城を放火したことになっている。松下浩氏は、秀満が捲土重来を期し自焼没落したと説く〔松下二〇〇七〕。近年の笠谷和比古氏も、安土城の守衛を託した留守部隊の者が、同城を放棄して撤退する時に放火を行った可能性が一番高いとする〔笠谷二〇二〇〕。一方、『乙夜之書物』の惟任光秀軍（明智左馬助）の安土退去に関する記述には、城を捨てた

図４　織田信雄像（丹波市教育委員会蔵）

とあるだけで焼いたとまでは書かれていない（第四章第三節）。斎藤利宗の証言に基づく箇所とはいえ、ただ単に書き洩らした可能性も皆無ではないので、もう少し別の史料から迫ってみよう。

イエズス会宣教師の記録は、織田方の放火という見解を示す。例えば、ルイス・フロイス報告書『一五八二年日本年報　補遺　信長の死について』は「その近くにいたまさしく信長の一人の息子が、彼が愚かで知恵がない以上に理由はわからないが、城の最上層の主要な部屋に放火することを命令するようになさった。それ（安土城）は炎に包まれ、彼は、都市も焼き払うことを命令したが、このように短時間になされた」と伝える。これによると、当時安土の近くにいた信長の息子が放火を命じたという。具体名こそ明かされていないが、二男の信雄と考えられ、『乙夜之書物』によると、彼は伊勢国の松ヶ島にいた。ルイス・フロイスは、後年に著した『日本史』で「信長の次男信雄の放火」と明記するに至っている。

先述したとおり、信雄よりひと足早く、安土城へ最初に入ったのは蒲生氏郷であった。その際に、光秀に味方したとして、安土城下町では掠奪や放火が行われ、その火の粉が安土天主に燃え移り、炎上したという意見もある〔盛本二〇一六〕。とはいえ、火災痕が天守にしか確認されていないため、成り立たず、六月十六日に織田信孝（のぶたか）が安土に入っていることから、信長死後の主導権争いとみる余地もあろう〔谷二〇二二〕。氏郷は、問題無く信雄へ城を明け渡しており〔『岐阜県史　史料編　古代・中世一』「安養寺文書」〕、天守の炎上はその後となることから、氏郷が放火した可能性は低い。

『乙夜之書物』によると、「如何ノ事ヤラン、安土ハ信雄ヨリ放火ナリ」とあり、真意を測りかねながらも信雄の命令で放火が成されたとしている。利長たち一行が信雄としばらく行動を共にしていたことを考慮すると、恒川監物の証言に基づく情報の信ぴょう性は決して低くない。信雄によって安土が放火された情報は、不完全な形で天正十年六月十五日に京の吉田兼見へ伝わるところとなり、彼の日記に書き残されたのだろう。

なお、利長は後年、自らが帰依した高岡宝円寺（のちの瑞龍寺、現富山県高岡市）に、信長・信忠父子の供養墓を築いた。光秀のクーデターを知るも時すでに遅く、本能寺や二条御所へ駆けつけるに至らず、亡き義父と義兄の仇討ちである山崎の戦いに加わることもできず、せめて二人の冥福を自領で願ったのだろうか。彼らの供養墓は、利長の菩提寺となった瑞龍寺の境内に今も残されている。

【コラム】前田利長の誕生日

誕生日が何月何日だと、同時代史料から判明ないし推定できる戦国武将は意外と少ない。これは、そもそも近世以前で誕生日を祝う儀式があるのが天皇や将軍などに限られる〔鵜澤二〇〇八〕ためであろう。織田信長の誕生日については、イエズス会宣教師ルイス・フロイスの証言記録によると、五月十二日だった。豊臣秀吉は二月六日だと、自ら編ませた『関白任官記』に記される一方、惟任光秀は三月十日とも八月十七日とも伝わる〔柴二〇一九〕。

さて、加賀前田家二代の前田利長の場合、天正十八年（一五九〇）とみられる史料に「としなかさま廿九」とあり（『気多神社文書』）、生年は永禄五年（一五六二）で間違いないものの、何月何日に生まれたのかは明らかではない。にもかかわらず、利長に関する様々な解説書を眺めていると、正月十二日が定説となっている。これは、寛文十二年（一六七二）に家臣や寺社などの覚書、書付類を筆録した『壬子集録』（金沢市立玉川図書館近世史料館蔵）の中に「吉田右衛門覚書」の情報として載せる「肥前様（前田利長）壬戌正月十二日生」という記述（『加賀藩史料』）に基づく。

しかし、どうもその理解は、必ずしも共通認識となっていなかったようだ。延宝三年（一六七五）に加賀藩士の河内山昌実が藩主家歴代の通史をまとめた『前田創業記』や、寛延年間（一七四八～五一）に同じく加賀藩士の高畠定延が編んだ『菅君雑録』などでは、利長の誕生日を「月日不詳」と明記する。つまり、実際には早い段階から加賀藩内でさえ把握できていなかったのだ。よって、「吉田右衛門覚書」の記述も、仮説もしくは伝承の域を出ないことになろう。

ところが十九世紀に入って、享和元年（一八〇一）に加賀藩士の富田景周が著した『越中国高岡山瑞龍閣記』が「永禄五年壬戌正月十二日生」と記す。同書は、利長の菩提寺となっていた瑞龍寺（現富山県高岡市）の正史である。いわば、藩によるお墨付きを得たのだ。また、天保九年（一八三八）に加賀藩の命によって編纂された『本藩歴譜　瑞龍公記』でも、「正月十二日」と見える。江戸時代後期になって、確たる証拠は無いながらも正月十二日という説が、

図　利長生誕の地と伝わる荒子城跡

藩の公式見解として選ばれていったのだろう。顕彰すべき藩主利長の誕生日が分からないのはいかがなものかと、編纂者サイドが慮ったのかもしれない。

その後、嘉永二年（一八四九）に加賀藩士の恒川登寿が前田家歴代当主の事績をまとめた『三守御譜』にも「永禄五壬戌年正月十二日、尾州愛智郡荒子邑において御誕生」とある。正月十二日が利長の誕生日であるという言説が、この頃までに広く藩内で浸透していたことがうかがわれるだろう。そして、少なくとも現在に至るまで、この日が誕生日に採用されていく。念を押しておくが、その日が事実かどうかを確認する術は、いまのところ無い。

決して自明ではなかったはずの誕生日が、江戸時代の大名権力によるお墨付きを得て、あたかも事実かのように歴史化されていく。我々が信じて疑わない言説も、それがいつ頃、どのような過程を経て定着するに至ったのか。これもまた、今後の歴史学が意識的に追究すべき課題であろう。

写真・翻刻

第二節 徳川家康の「神君伊賀越え」

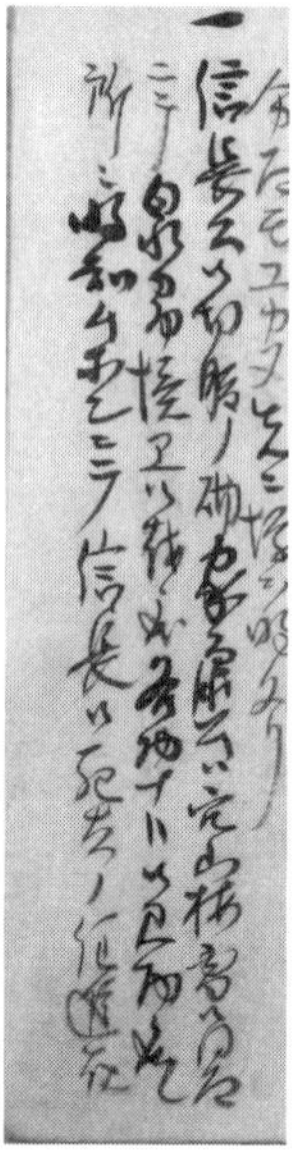

(中巻59丁表)

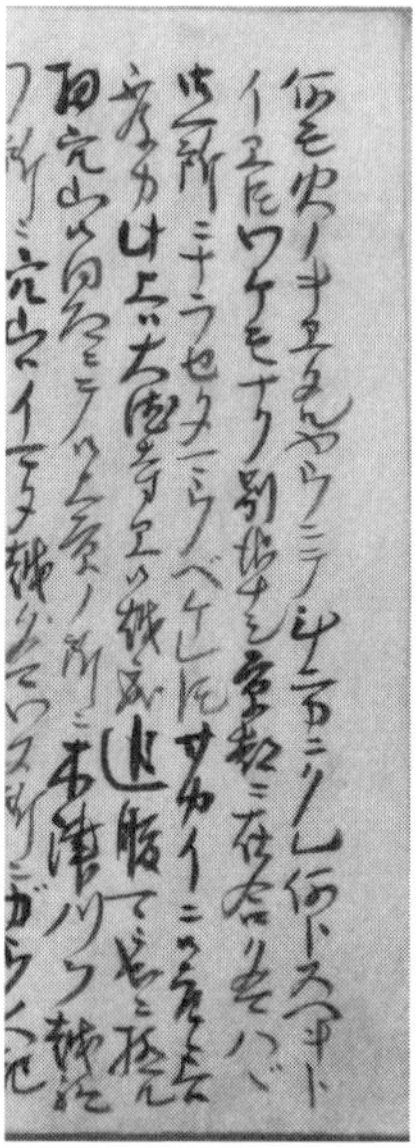

(中巻59丁裏)

(中巻59丁表)

一信長公御切腹ノ砌、家康公ハ穴山梅雪御同道
ニテ泉州境ヱ御越被成、名物ナト御見物被成候
所ニ、明知[智]ムホンニテ信長御死去ノ註[注]進在

(中巻59丁裏)

何モ火ノキヱタルヤウニテ、ト方ニクレ何トスヘキト
イヱトモ、ワケモナク別儀ナシ、京都ニ在合タマハヾ
御一所ニナラセタマウベケレトモ、サカイニ御座候上ハ
不及カ、此上ハ大徳寺ヱ御越被成、追腹可被成ニ極ル、
扨穴山御同道ニテ御上京ノ所ニ木津川ヲ越給

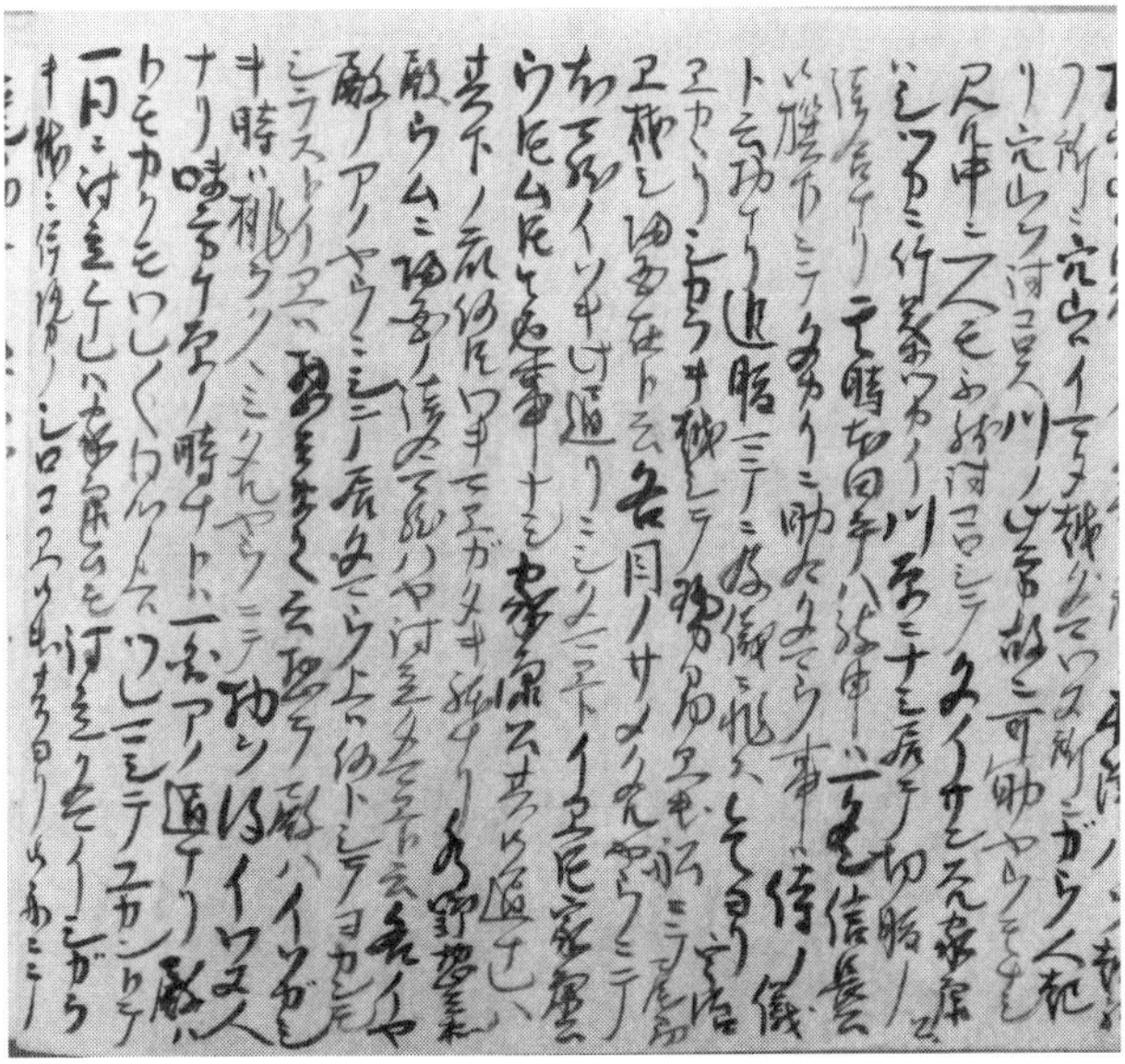

（中巻59丁裏）

フ所ニ、穴山ハイマタ越タマワヌ所ニガウ人起
リ穴山ヲ討コロス、川ノ此方故ニ可レ助ヤウモナシ、
見ル中ニ一人モ不残討コロシテタイサンスル、家康公
ハシツカニ竹葉ツカイ、川原ニナシ居テ切腹ノ
談合ナリ、其時本田(ママ)平八(忠勝)被申ハ一タン信長公
御旗下ニテタカイニ助合タマウ事ハ侍ノ儀
ト云物ナリ、追腹マテニ及儀ニ非ス、是ヨリ宇治
ヱカ、リ、シカラキ越シテ勢州ヱ出、舩ニテ尾州
ヱ越シ帰国在ト云、各目ノサメタルヤウニテ
尤可然、イソキ此通リニシタマヱトイヱトモ、家康公
ウトモムトモ御返事ナシ、家康公共御退ナレハ
其下ノ衆何トモワキマヱガタキ躰ナリ、水野惣兵衛(忠重)
殿、ウムニ帰国ノ談合可然、ハヤ討立タマヱト云、各イヤ
殿ノアノヤウニシテ居タマウ上ハ、何トシテヨカンモ
シラストイヱハ、惣兵衛殿云、惣テ殿ハイソガシ
キ時ハ桃ヲク、ミタルヤウニテ物ヲ後イワヌ人
ナリ、味方(ママ)ヶ原ノ時ナトハ一円アノ退ナリ、殿ハ
トモカクモワレ〳〵同心ノ上ハ、ツレマシテユカントテ
一同ニ討立ケレハ、家康公モ討立タマイ、シガラ
キ越ニ伊勢ノシロコヱ御出、其ヨリ御舟ニテ

（中巻60丁表）

（中巻60丁表）
尾州チタ郡大野ヱ御アガリ、其ヨリ岡崎ヱツ、ガナク御着ナリ、其時シガラキノ多羅尾一タウ、事外御馳走申、食ヲ大キナル桶ニ入、沢山ニ道ノ脇ヱ出シ置、御供中ヱフルマイケルト、山鹿甚（素行）五衛門語ル、

大意

一つ

信長公が切腹された時、家康公は穴山梅雪（ばいせつ）と一緒に和泉国堺へお越しになっていた。（堺で）名物などを見物なさっていたところに、光秀の謀反で信長が亡くなったとの報告が届いた。（家康は）すべての火が消えてしまったように、途方に暮れて「何をすればよいか」と言ったけれども、特段どうすることもできない。京都に居合わせていたら、（信長公と）運命を共にしていたところだけれども、堺にいるためそれは不可能だ。こうなったからには、（京都の）大徳寺（だいとくじ）へ赴いて、追腹をしようと決意した。

そして、（家康公は）穴山梅雪と一緒に京へ向かわれていたところ、木津川（きづがわ）を越えようとした所で、穴山がまだ越え切っていないところに郷人たちが襲いかかってきて穴山を討ち殺してしまった。（家康公は）川のこちら側にいたため助けることもできず見ていたところ、（郷人たちは穴山たち一行を）一人も残らず殺して退散していった。家康公は静かに酒を飲みながら木津川の河原で切腹する話し合いをしていた。

その時、本多忠勝が「一度は信長公の旗の下で互いに助け合われてきた事は、武士というものでしょう。追い腹をするほどではありません。ここから宇治を通って、信楽越えをして伊勢国へ出て、船で尾張国に行き（三河国へ）帰りましょう」と言った。皆は目が覚めるような思いで「それが良いと思います、急いでその通りになされてはどうでしょうか」と言ったものの、家康公は良いとも悪いとも返事されなかった。家康公たちが退かれなければ、その下の者どもはどうすることもできない様子であった。水野忠重様は「有無を言わず、帰国の話し合いをするのが良いでしょう、急いで出発いたしましょう」と言った。（別の家臣が）「いや、家康公があのようにおられる上は、どのようにすべきか分からない」と言ったので、水野忠重様は「たいていい家康公は、忙しい時は桃を小さく織り曲げるように、後からとやかくは言われない方である。三方ヶ原の戦いの時などは残らずあの退き際であった。家康公はともかく、わたしたち家臣の意見が一致したからには、（家康公を）連れて出発しよう」と言って、一同が出発したので家康公もお発ちになられた。

図１　徳川家康像（大阪城天守閣蔵）

（家康公たち一行は）信楽越えで伊勢国の白子へお出でになり、そこから舟で尾張国知多郡大野（の岸）に上がり、そこから岡崎へ無事にお着きになられた。その時に信楽の多羅尾一党が格別のもてなしをしてくれた。食べ物を大きな桶に入れて盛りだくさんに道々の脇へ出し置き、御供の者たちへ振舞ったのだと、山鹿素行が（関屋政春に）語った。

木津川で殺された穴山梅雪

本節では、著者の関屋政春が兵学の師である山鹿素行から聞いた、徳川家康の「神君伊賀越え」を紹介する。「神君伊賀越え」は、天正十年（一五八二）六月二日に起きた惟任光秀の乱を受けて、堺（現大阪府堺市）にいた徳川家康が、命の危険にさらされながらも、伊賀国を抜けて三河国まで無事に帰り着いたという、著名なエピソードである。しかし、家康が実際にたどったルートに関しては、諸説あって一致をみていない。堺から、宇治田原（現京都府宇治田原町）→小川（現滋賀県甲賀市）→柘植・加太（現三重県伊賀市）→白子（現三重県鈴鹿市）→大浜（現愛知県碧南市）の道筋を想定する研究が多く、ひとまずの通説とみなすことができよう。

図２　穴山梅雪像（霊泉寺蔵、静岡県歴史文化情報センター写真提供）

ただし、伊賀越え（小川から先の信楽～柘植間）ひとつとっても、様々なルートがある。藤田達生氏の研究を参照すると、①桜峠越え（小川→神山→桜峠→丸柱→柘植）、②御斎越え（小川→多羅尾→御斎峠→丸柱→柘植）、③信楽越え・甲賀越え（小川→信楽→油日→柘植）などがあり（図３）、①が最も可能性が高く、②はかなり低いが、③も否定はできないという［藤田二〇〇五］。

『乙夜之書物』によると、堺で織田信長の死を聞いた家康は、大徳寺（現京都市北区）での追腹を考えていた。しかし、これはのちに大徳

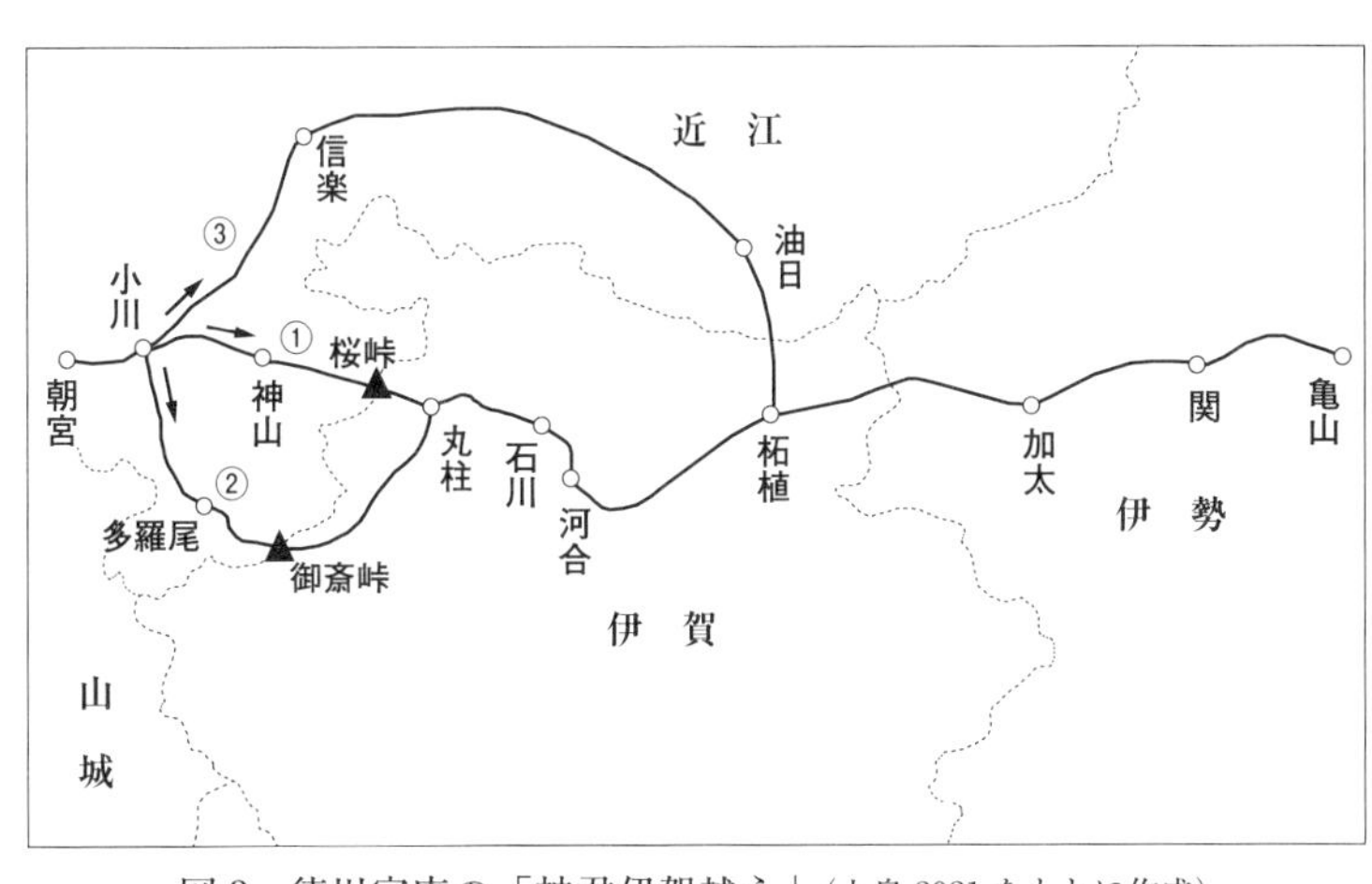

図３　徳川家康の「神君伊賀越え」（上島 2021 をもとに作成）

寺で信長の葬儀が行われたことを考慮した、後付けの創作と捉えるべきだろう。その後、穴山梅雪と京へ向かう途中の木津川の渡し（具体的な場所は未詳）で、郷人の蜂起に遭い、そこで梅雪は殺されたというが、切腹したとする情報もある〔『家忠日記』〕。ルイス・フロイス報告書『一五八二年日本年報　補遺　信長の死について』は「三河の国主（徳川家康）は、多数の人々と賄賂のための黄金を持っていたので、苦労しながらも通行し、時宜を得て避難した。穴山（梅雪）は、さらに遅れたようであり、人々もより少なかったので、途中で略奪に遭い、彼は奇跡的に助かったが、所持品すべてを奪われたうえに人々はみな殺害された。（中略）のちに彼（梅雪）もその途中で殺害された」と記す。

実は、梅雪が命を落とした場所についても、いくつかの伝承地がある。例えば、伊賀国内（具体的な場所は不明）〔『大日本史料　第十一編之一』「石川忠総留書　坤」など〕、大和国内（具体的な場所は不明）〔『当代記』など〕、宇治田原〔『本朝通鑑続編』など〕、草内村（現京都府京田辺市）〔『武徳編年集成』など〕を挙げることができ、天和二年（一六八二）から貞享三年（一六八六）にかけて著された地誌

図4　本多忠勝像（良玄寺蔵、千葉県立中央博物館大多喜城分館写真提供）

『雍州府志』によれば、梅雪の墓が木津川の西南の飯岡（現京都府京田辺市）にあるという。ただし、木津川の渡しと説く『乙夜之書物』も含めていずれも後年の史料であり、確定はできない。

本多忠勝の諫言

『乙夜之書物』による限り、家康は木津川の川向いで穴山梅雪が郷人たちに殺されたのを見て、その場で切腹するかどうか悩んでいた。このような中で、家康重臣の本多忠勝が思いとどまるよう諫言し、信楽越えをして本拠の三河国へ帰るべきだと主張したという。もう一人、水野忠重（家康の叔父）も忠勝の意見に同調している。しかし、実際のところ忠重は、織田信忠に従い二条御所にいたが難を逃れ、天正十年六月十一日に三河国へ戻っており（『家忠日記』）、家康の伊賀越えに同行していたとする点は誤りだ。率直に私見を言えば、『乙夜之書物』の記述の取材源は、江戸時代前期の兵学者・山鹿素行であり、あくまで山鹿流兵学者の間で流布していた「神君伊賀越え」の情報と捉えるべきだと思う。よって、事実を手繰り寄せるうえでは、せいぜい参考資料の一つにすぎない。

さて、本多忠勝が家康を諫めた場所に関しては、森口（現大阪府守口市）だという説もある（『寛永諸家系図伝』和田定教）。当の忠勝の子孫が江戸幕府へ差し出した由緒には「洛陽にかへりて光秀をうたんかため、河内飯盛八幡辺にいたりたまうとき、忠勝いさめ奉」〔『寛永諸家系図伝』本多忠勝〕とあり、河内国の飯盛山（いいもりやま）（現大阪府四条畷市）の八幡社の辺りで諫言したという。この飯盛山説は、『石川忠総留書　乾』（『大日本史料　第十一編之一』）などにも見えている。もっとも、堺で酒井忠次や石川数正が諫めたとする史料もあり〔『寛永諸家系図伝』酒井忠次、『戸田本三河記』など〕、誰がどこで家康を諫めたのか、決め手を欠く。

『乙夜之書物』に基づくと、本多忠勝の諫言を受けた家康たち一行は、宇治を通って信楽越えをして、途中で多羅尾一党による格別の馳走を受けながら、伊勢国の白子（現三重県鈴鹿市）へ抜け、そこから船で尾張国知多郡の大野（現愛知県常滑市）へ渡り、岡崎（現愛知県岡崎市）へたどりついた。以下、この点に関わる『寛永諸家系図伝』に残る情報をいくつか列挙してみよう。

A　酒井忠次

信楽の山中をへて伊勢の白子にいで、舟にのりて三州にいる、

B　山口光広

山城国宇治田原にきたりたまひ、父長政（山口）が居城に入御の時、光広も又宇治田原にあり、是より供奉して近江国信楽の小川にいたる、大権現実父光雅（多羅尾）が居城に入御あり、すでにして伊勢の白子にいたらんとしたまふとき、光広、養父長政・実父光雅二人の家臣をひきひて供奉す、

C　多羅尾光俊

和泉の境より信楽をへて参州に還御ならせ給ふ、六月四日の夜、光俊御膳を献ず、台命によりて伊賀路

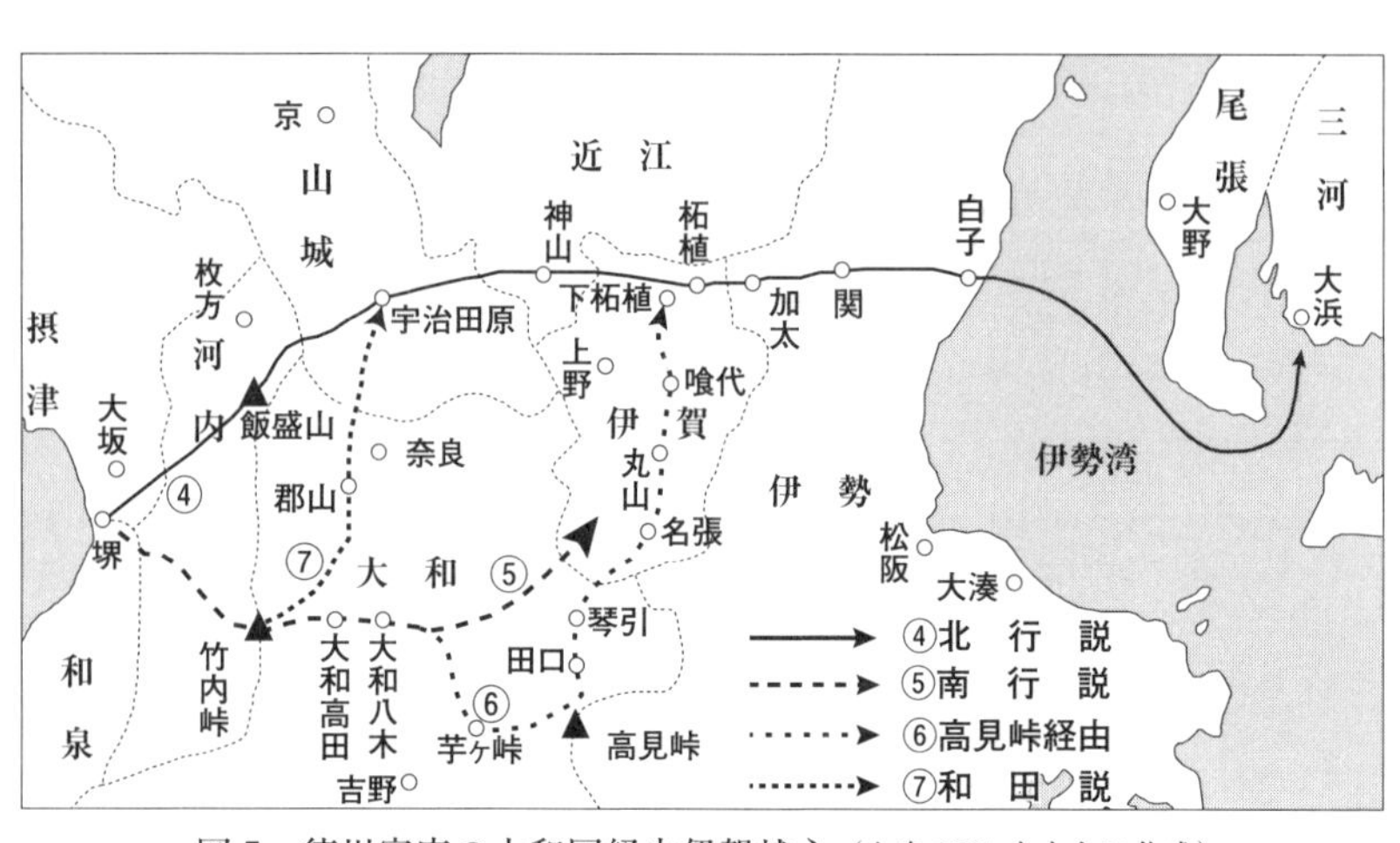

図５　徳川家康の大和国経由伊賀越え（上島 2021 をもとに作成）

の案内者となり、柘植にいたりて供奉す、

D和田定教

和泉の境より甲賀の山路をへて御下向の刻、忠節をつくす、大権現これを感美したまひて誓状をたまハる、今にあり、

E服部貞信

泉州さかひより三州に御下向のとき、宇治田原山中の案内者となる、時に大権現これを感悦し給ひて、来国次の御脇指をたまふ、

これらの記述も勘案すると、堺→飯盛山→宇治田原→小川→信楽→柘植→白子→三河国というルートになろうか（図５の④北行説）。なおＣは、多羅尾一党が家康へ御膳を献じたとする『乙夜之書物』の記述と矛盾しない。

伊勢国からの渡海ルートについて、『乙夜之書物』は白子から大野へ渡ったとしており、これは家康家臣の大久保忠教（ただたか）が著した『三河物語』の記述とも同じなのだが、大野は大浜の誤記と捉えられている［平野二〇一六］。家臣の松平家忠が、『家忠日記』に家康を大浜まで迎えに行ったと記しているからだ。一方、『信長公記』では、桑名（現三重県桑名市）から船で熱田（現愛知県名古屋市熱田区）へ渡ったという。乗船地に関しては、この桑名や白子のほか、四日市（現三重県四日市市）や那古（長太、現三重県鈴鹿市）など諸説ある。ごく最近発表された山本直孝氏の研究は、家康たち一行が伊勢白子若松浦から角屋七郎次郎（初代の秀持、伊勢大湊の廻船人）の船に乗り、伊勢湾を渡海、知多半島の常滑湊に着岸、知多半島を陸路横断して成岩（現愛知県半田市）に抜け、大浜へたどり着いたと推定した［山本二〇二一］。角屋の由緒書の信ぴょう性を吟味したうえでの立論であり、現段階で最も蓋然性の高い渡海ルートとみなしてよかろう。

大和国経由伊賀越え説をめぐって

『乙夜之書物』は、右にまとめたごとく通説どおりの伊賀越えルートを採る。藤田達生氏の整理でいえば、図3の③信楽越え・甲賀越えなのだが、最近になって竹内峠（現大阪府太子町と奈良県葛城市の間）を越えて大和国を経由したのではないかという見解が少しずつ出てきた。これは、かつて安井久善氏が提起したルート案で［安井一九六五］、長らく議論の俎上に上がらなかったのだが、金松誠氏［金松二〇一九］や上島秀友氏［上島二〇二一］らによって再評価され、二つの史料根拠が示されている。一つ目が、竹村九兵衛道清が徳川家康から拝領したという礼状を、道清の子孫である江戸幕府旗本の竹村弥九郎正義が筆写して、幕府へ提出した次のものだ［『記録御用所本 古文書』竹村家］。

今度大和越之節、越度なき様めされ給り忝存候、重而越智玄蕃允迠可申入候、以上、

天正十年午六月　御諱御判

筒井順慶老

森本左馬助殿

竹村九兵衛殿(道清)

外嶋加賀守殿

和田助大夫殿

これによれば、たしかに家康が大和越えをした際に、筒井順慶や竹村道清らが何らかの支援をしていたことになろう。しかし、そもそも「以上」で終わる家康の手紙はほとんどなく、天正十年前後に絞ると、一点も見つからない。くわえて本来「仍如件(よってくだんのごとし)」とあるべきだが、むしろ内容的には書状で「恐々謹言(きょうきょうきんげん)」となるのではなかろうか。また、六月と記すだけで日付が無い点も不審であり、筆者としては、この史料をもって大和越えを論じるのには、いささか躊躇を覚える。さらに言えば、『寛永諸家系図伝』竹村道清の項には「某　丹後　生国同前(大和)　寛永十二年六月十二日死、歳七十五、法名道清」とあるのみで、家康の大和越えに尽力して礼状をもらった点に何ら触れていないことも気がかりだ。けれども、もう一つ示された根拠史料、大串貞一氏所蔵の徳川家康書状は、注目すべき内容をもつ。

今度大和路案内、殊於高見峠相働之段祝著候、忠賞之儀ハ可行望ニ候、猶筒井へ申入候、恐々謹言、

（天正十年）六月十日　家康（花押）

和田織部殿

右の史料は、家康の発給文書を網羅的に掲載した『徳川家康文書の研究』や『新修 徳川家康文書の研究』などに収められておらず、いわば忘れ去られた存在となっていた。現在、この原本の所在は不明だが、安井論文の掲載写真をみる限り、花押も家康本人のもので間違いない［金松二〇一九］。内容は、家康が和田織部（おりべ）（実名未詳）に対し、今回の大和越えの道中案内、そして高見峠（現奈良県吉野村と三重県松阪市の間）での活躍に謝意を述べたものだ。これに従えば、家康が大和路を通り、さらには大和国と伊勢国の境にある高見峠を経由したように読めるのである。

右の史料を軸に、江戸時代の編纂資料なども博捜（はくそう）した上島氏は、堺→竹内峠→大和高田→大和八木→芋ヶ峠→高見峠→田口→琴引（ことびき）→名張（なばり）→丸山→喰代（ほおじろ）→下柘植という大和国経由伊賀越えルートを想定した（図5の⑥高見峠経由）［上島二〇一二］。この点をめぐって、和田裕弘（やすひろ）氏の見解が興味深い。和田氏は「家康は堺で急報を受け取った。上洛コースは取らずに、東進して竹内峠を越して大和へ入る。竹内峠を越えたあと、北上した上で宇治田原へ抜けた」と述べる［和田二〇一九］。つまり、和田氏は竹内峠越えでの大和国経由を認めつつ、そこから北上して通説の宇治田原へと接続させたのだ。先に確認した『寛永諸家系図伝』をはじめとする情報からして、宇治田原や信楽（現滋賀県甲賀市）をスルーしたとも考えにくいため、首肯すべき捉え方で

ある。

ただし、その場合でも、高見峠経由を示すように読める先の史料をどう解釈するかは、あらためて問題となるだろう。私見では、高見峠で和田織部が尽力したことは確実だが、家康本人が高見峠を通ったかまでは断定できず、通ったと無理に解釈する必要はない。和田織部は家康の大和路通行の案内とは別に、高見峠で伊勢国からの敵の侵入を防ぐのに大きな功があって礼状を賜った。一方で家康は、和田織部の活躍が必須なほど危険な伊勢と大和の国境エリアを通行するのを避けたとみる余地があろうか。堺から飯盛山へ行ったかどうかは何とも言えないが、ひとまず筆者としては、和田裕弘氏の推察どおり、竹内峠で大和国へ入った後は北上し、宇治田原へ抜けたと考えておきたい。

諸史料の記述や近年の研究成果をふまえると、堺にいた家康たちは、内峠を越えて大和国へ入り、そこから北上して宇治田原へ抜け、信楽、柘植を経て伊賀越え（加太越え）で白子へ出て、そこから船で常滑湊に着岸、知多半島を陸路横断して成岩に抜け、大浜へたどり、本拠の岡崎へと戻ったとなろうか。ともあれ、「神君伊賀越え」のルートをめぐる謎解きは、少なくともこの大和国経由説を避けては通れない研究段階にまで来ているのである。

写真・翻刻

第三節　佐々成政の「さらさら越え」

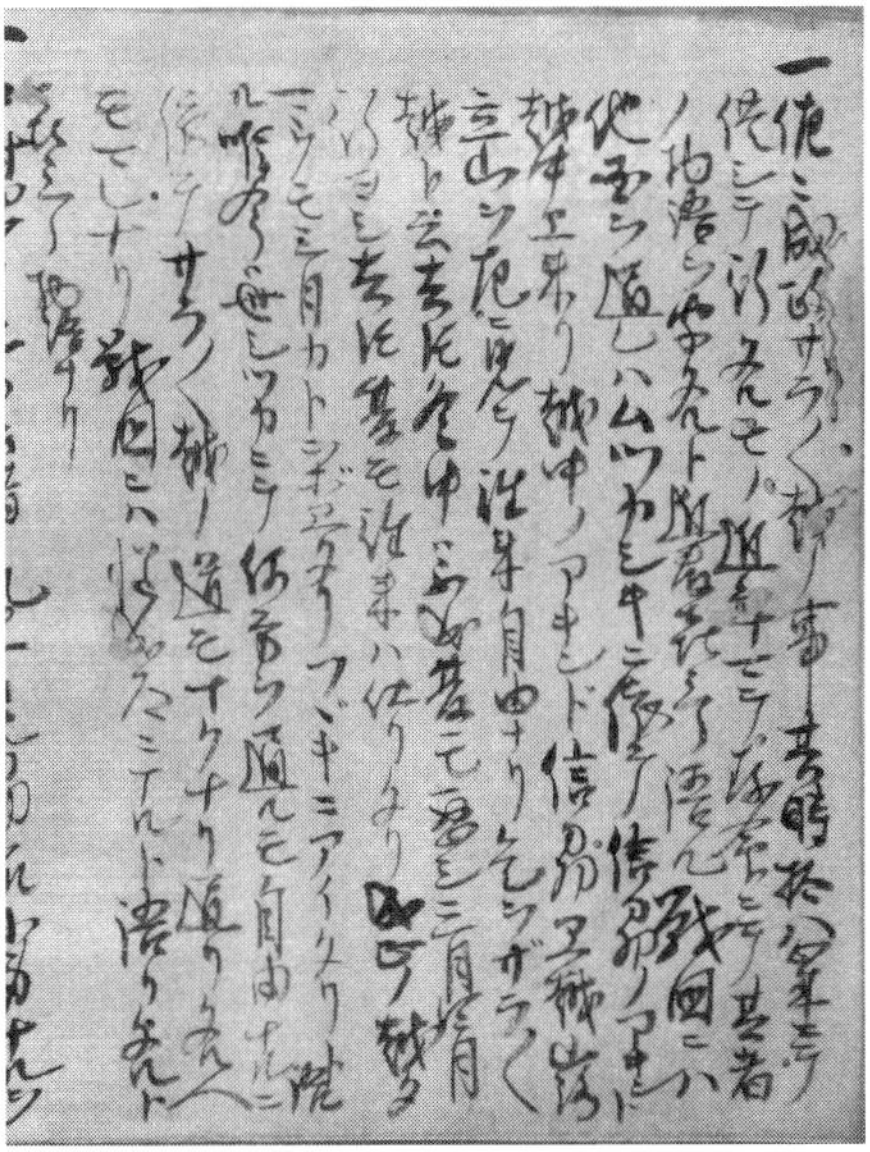

（下巻57丁裏）

（下巻57丁裏）
一佐々成政サラ〳〵越ノ事、其時拾八歳ニテ
供シテ行タルモノ、近年マテ存命ニテ、其者
ノ物語ヲ聞タルト近藤喜三郎語ル、戦国ニハ
他国ヲ通レハムツカシキニ依テ、信州ノアキント
越中ヱ来リ越中ノアキンド信州ヱ越山路、
立山ヲ左ニ見テ往来自由ナリ、是ヲザラ〳〵
越ト云、去トモ冬中ハ不成、夏モ悪シ、三月四月
行ヨシ、去トモ夏モ往来ハ仕リタリ、成正(政)ノ越タ
マウモ三月カトヲボヱタリ、フヾキニアイタリト語
ル、唯今ハ世シツカニテ何方ヲ通ルモ自由ナルニ
依テ、サラ〳〵越ノ道モナクナリ、通リタル人
モマレナリ、戦国ニハ慥成道ニナルト語リタルト
喜三郎物語ナリ、

大意

一つ
佐々成政のさらさら越えについて。その時に十八歳で（成政の）お供をした者が近年まで生きており、その者が話していた事を聞いたと言って近藤喜三郎が語った。

戦国（の世）は他国を通ることが難しいので、信濃国の商人たちが越中国へ来たり、越中国の商人たちが信濃国へ越える山路は、立山を左に見て往来するのが自由だった。これをザラザラ越えと呼んでいる。だが、冬の間は（往来）できず、夏も厳しい。三月や四月に通るのならば良かった。とはいえ、夏も往来はあった。成政様が越えられたのも三月ではなかったかと記憶している。吹雪にも遭ったと（その者は）語った。ただし、今は世の中も平和になり、どの道を通るのも自由になったので、さらさら越えの道も無くなってしまい、その道を通る人さえ珍しくなってしまった。戦国（の世）には確かな道があったのだと（その者は）語っていたと、近藤喜三郎は話した。

解説

十八歳で供した者の証言

本節では、戦国時代に真冬の立山連峰を越えたと伝えられてきた「佐々成政のさらさら越え」に関する記述を紹介する。成政は、織田政権の武将として越中国の支配を任されていた大名だ。天正十二年（一五八四）十二月、羽柴秀吉方との戦い（小牧・長久手の戦い）で窮地に追い込まれ、織田信雄・徳川家康らに対し、彼らが秀吉と講和した真意を問うとともに再挙兵を促すため、居城の富山（現富山市）を出発して、遠江国浜松（現静岡県浜松市）・三河国吉良（現愛知県西尾市）へ赴いた。東の越後国境を上杉景勝軍、西の加賀国境を前田利家軍に監視されるなか断行した、厳寒期の北アルプス越えは、日本登山史上の快挙として、江戸時代以来つとに知られている。このエピソードは、江戸時代後期のベストセラー読み本『絵本太閤記』には挿絵入りで紹介された。その挿絵は、幕末明治期の浮世絵師たちが手がける版画のモチーフともなり、広く巷間に知られていったのである［萩原二〇一六］。成政の生年には諸説があり、四十九歳もしくは六十九歳で「さらさら越え」を果たした可能性が高く［富山市郷土博物館二〇一二］、偉業であることは疑いない。

図1　佐々成政像
（法園寺蔵、尼崎市歴史博物館写真提供）

ただし、成政がたどった経路、とりわけ越中国から信濃国の間のルートをめぐって、長らく論争が交わされてきた。A立山連峰のザラ峠・針ノ木峠を越えて信濃大町（現長野県大町市）へ出た立山ルート、B富山から南下して飛騨国に入り松本平（現長野県松本市）へ抜けた飛騨ルート、C富山から日本海沿いを東へ進み、難所の親不知を避ける上路越えで根知（いずれも現新潟県糸魚川市）へ至り千国街道を通った糸魚川ルートなど、大きく三つの説がある（図2）。最も有名なのはAの立山ルートだが、

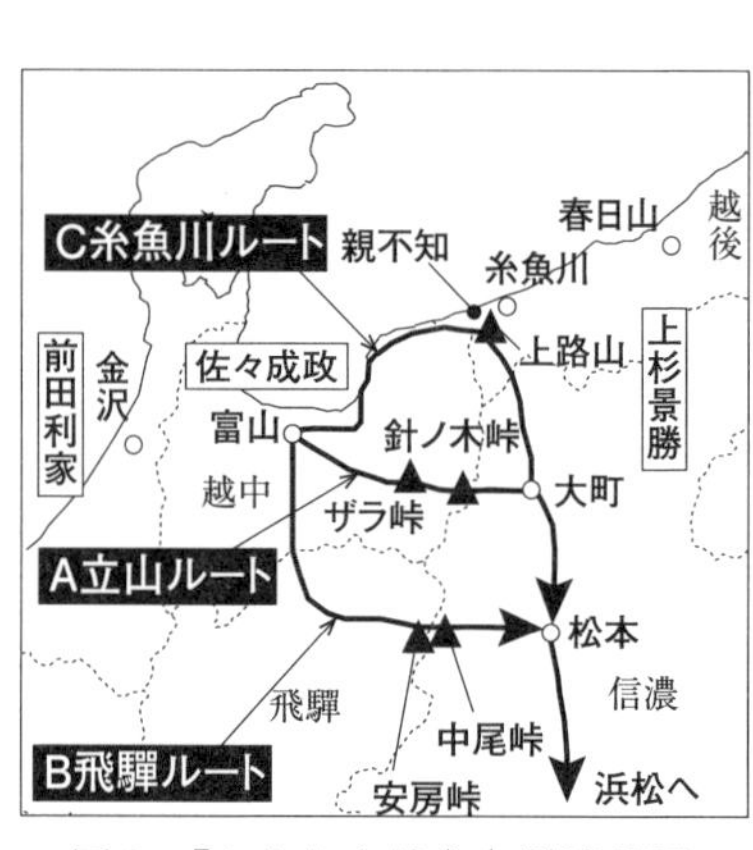

図２「さらさら越え」関連地図

十二月という厳寒期の立山連峰を戦国時代当時の登山装備と技術で本当に越えることができたのか、疑問を呈する方も多い。ある人は冬でも成しうると説き、またある人は不可能と断じ、水掛け論に陥りつつあった。筆者は、服部英雄氏が唱えたＢ飛騨ルート〔服部一九九七〕を支持し、様々な裏付けを試み〔萩原二〇一三、萩原二〇一九〕、現状は飛騨ルート説が有力になりつつあると考えている。

そのような中、本節で紹介した『乙夜之書物』は、立山ルート説を採るものだ。十八歳の時に「さらさら越え」の御供をした者が近年まで生きており、その者から近藤喜三郎（実名未詳）が聞いたという。すなわち、その人物は永禄十年（一五六七）生まれと推定できる。御供をしたのが事実とすれば、これほど決め手となる証言はあるまい。ただし、著者の関屋政春が直接聞いた話ではない点で注意を要する。近藤喜三郎も加賀藩士であり、寛文元年（一六六一）の御小姓帳によると、四十歳で三〇〇石取りの御小姓、関屋政春も四十歳で二〇〇石取りの御小姓だという〔『古組帳抜萃』〕。要するに、二人は同い年かつ同じ御小姓に属する者どうしだった。

それにしても、道中で吹雪に遭ったという証言は、実に生々しい。けれども、「さらさら越え」を三月とのことだとしている点は不審だ。実際は、年末の十二月中旬から年明けの正月二十一日頃にかけてだったこと〔萩原二〇一九〕と相違する。したがって、証言の正確性が担保されない限り、この史料のみから真冬の立山連峰越えだと断じるのは困難であろう。『乙夜之書物』の記述は、「さらさら越え」ルート論争を決着へ導くものではないにせよ、十七世紀中頃における加賀藩士の「佐々成政のさらさら越え」に関する認識を知りうる貴重な史料である。

商人の道「ザラザラ越え」

図3　富山城跡（古川知明氏写真提供）

もう一つ『乙夜之書物』で興味深いのは、「佐々成政のさらさら越え」のルートが、地元で「ザラザラ越え」と呼ばれた商人の道を想定している点だ。この寛文十一年にまとめられた『乙夜之書物』下巻の記述は、近年まで生きていた者の証言なので、少なくとも寛文年間前半頃の情報と捉えてよかろう。それによると、加賀藩領内の地元では、越中国と信濃国の商人たちが立山連峰越えの際に用いていた道を「ザラザラ越え」と呼んでいた。その道は、冬の通行はもとより、夏でさえ踏破するのに厳しいルートであり、国境を越える制約の多い戦国時代には、商いを営む者たちがやむなく用いていたのだろう。だが、平和な江戸時代の到来によって、わざわざ危険な立山越えを行う必要が無くなったため、商人の道「ザラザラ越え」を通る者もいなくなり、次第に廃れていく。結果、十七世紀の中頃には、もはやその具体的なルートをたどれなくなっていたらしい。

いまさらな疑問だが、「さらさら越え」と呼ぶのはなぜであろう。前田利家に小姓として仕えた村井長明は、「佐々内蔵助（成政）、尾張内大臣（織田信雄）今ハ上（常）真様、三川家康公へ越中ざら〱越ヲ忍ひ参申」（『御夜話集　上編』「利家公御代之覚書」）と記しており、濁点を付けて呼んでいる。江戸時代初期の加賀藩ではむしろ「ざらざら越え」の名が知られていたらしい。それでは、そもそも初めて「さらさら越え」と濁らずに呼んだ歴史資料は何だろうか。管見の限り、前田家お抱え医師の小瀬甫庵によって著された『太閤記』が、時期的に最も早い。この寛永十一年（一六三四）から十四年頃に刊行された『太閤記』は好評を博して、何度も増刷をくり返し、多くの読者を獲得した。そのような人気作品で「佐々内蔵助、励真忠雪中さら〱越之事」と題して、詳しく取り上げられたことで、世の中に「さらさら越え」の名で、成政の冬山越えエピソードが広まっていったのだろう。

一方で「ざらざら（ザラザラ）越え」の名は、『乙夜之書物』の記述からわずか六年後、延宝五年（一六七七）に芦峅村（現富山県立山町）の十三郎と五左衛門が藩へ提出した書状（富山県立図書館蔵・中島文庫）、それを最後に見られなくなる。もはやこの頃には、立山山麓の地元民にしか知られない呼称となっていたのであろう。太平の世であえて通行する人の数が減り、道筋さえたどれなくなるとともに、濁点を付けない「さらさら越え」の知名度の方が高くなるにつれて、「ザラザラ越え」は存在さえ忘れ去られていったのかもしれない。ただ、どうして立山越えの商人の道を地元で「ザラザラ越え」と呼んでいたのか、さらには小瀬甫庵『太閤記』がなぜ「さらさら越え」とネーミングしたのか、いずれも謎は残されたままである。

写真・翻刻

第四節　伊達政宗の「小田原参陣」

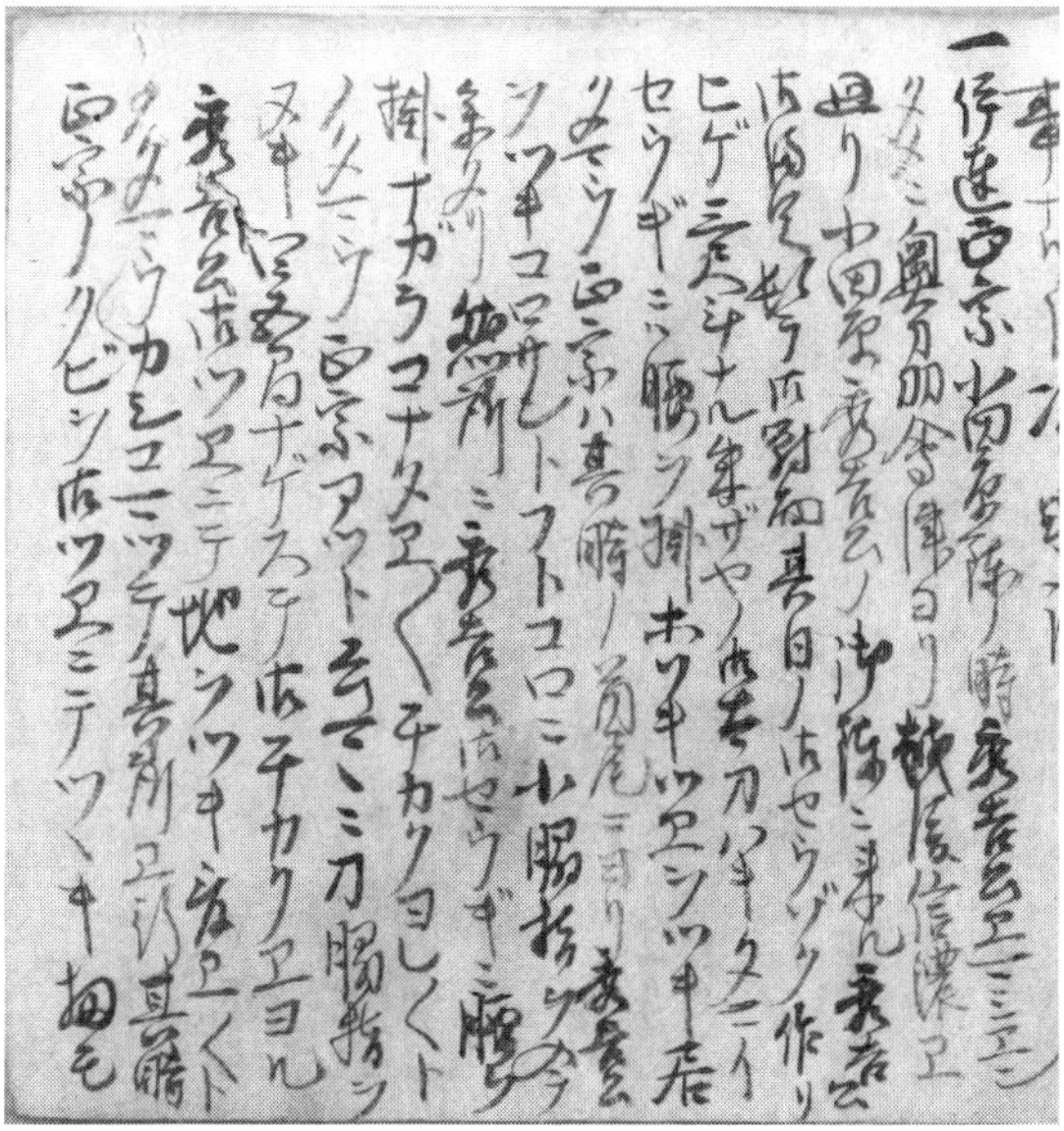

（上巻43丁表）

（上巻43丁表）
一伊達正［政、以下同］宗小田原陣ノ時、秀吉公ヱマミヱン
タメニ、奥州会津ヨリ越後信濃ヱ
廻リ、小田原秀吉公ノ御陣ニ来ル、秀吉公
御満足、頓テ御対面、其日ノ御セウゾク作リ
ヒゲ、三尺斗ナル朱ザヤノ御太刀ハキタマイ、
セウギニ御腰ヲ掛、ホソキツヱヲツキ居
タマウ、正宗ハ其時ノ首尾ニヨリ、秀吉公
ヲツキコロサント、フトコロニ小脇指ヲ入テ
参タリ、然所ニ秀吉公御セウギニ腰ヲ
掛ナガラ、コナタヱ〳〵チカクヨレ〳〵ト
ノタマウ、正宗アツト云マヽニ刀脇指ヲ
ヌキ、四五間ナゲステ御チカクヱヨル、
秀吉公御ツヱニテ地ヲツキ、爰ヱ〳〵ト
ノタマウ、カシコマツテ其所ヱ行、其時
正宗ノクビヲ御ツヱニテツヽキ、扨モ

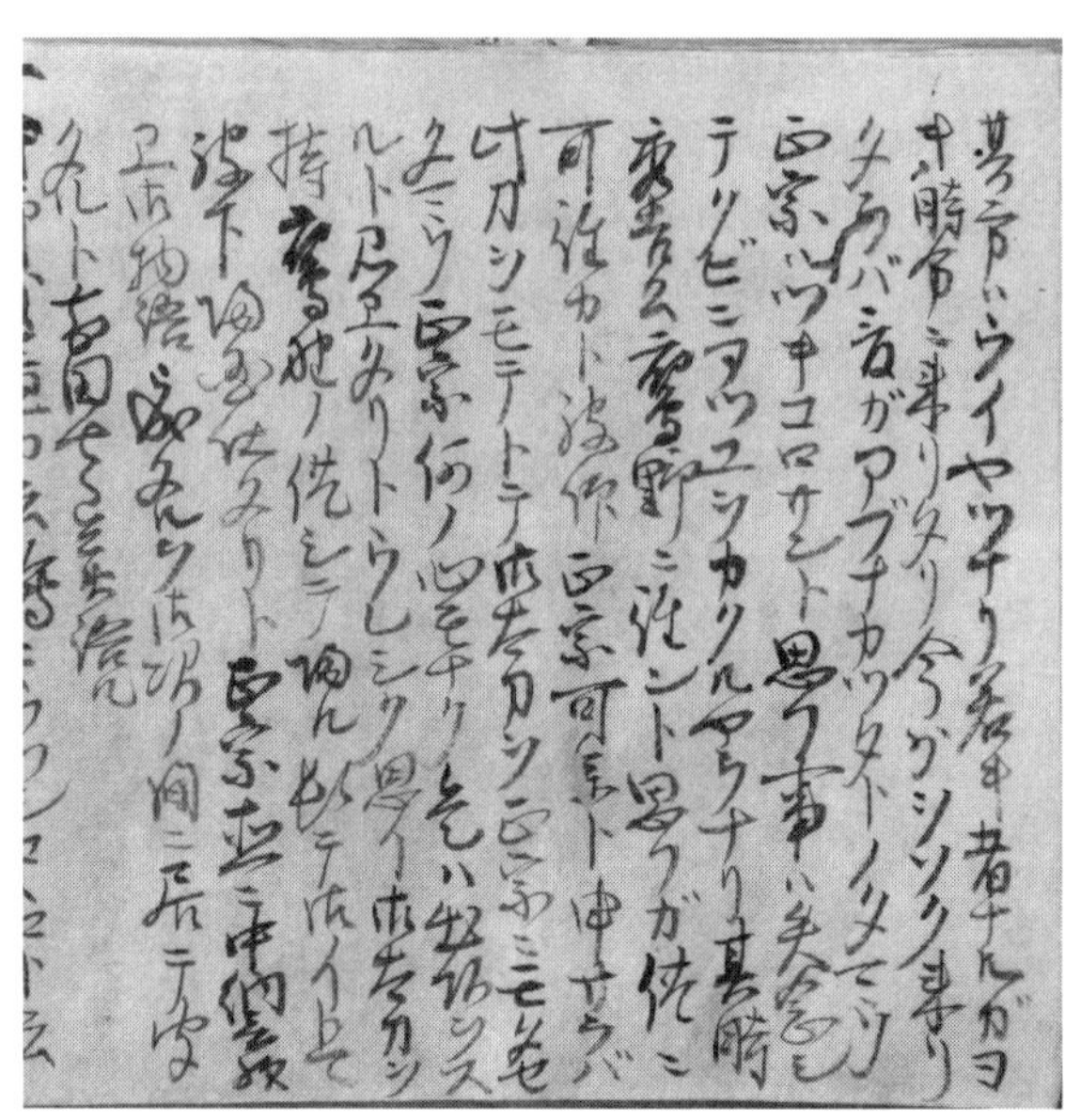

（上巻 43 丁裏）

（上巻43丁裏）
其方ハウイヤツナリ、若キ者ナルガヨキ時分ニ来リタリ、今少ヲソク来リタラバ、爰ガアブナカツタトノタマウ、正宗ハツキコロサント思フ事ハ失念シテ、クビニアツユヲカクルヤウナリ、其時秀吉公、鷹野ニ往ント思フガ供ニ可往カト被仰、正宗可参ト申、サラバ此刀ヲモテトテ、御太刀ヲ正宗ニモタセタマウ、正宗何ノ心モナク、是ハ出頭ヲスルト見ヱタリトウレシク思イ、御太刀ヲ持、鷹野ノ供シテ帰ル、頓テ御イトマ被下、帰国仕タリト、正宗直ニ中納言様（前田利常）ヱ御物語被成タルヲ、御次ノ間ニ居テ聞タルト、前田七郎兵衛（直玄）語ル、

一つ

伊達(だて)政宗は（豊臣秀吉による）小田原（北条）攻めの時、秀吉公へ謁見するために、奥州会津(あいづ)から越後国・信濃国を通って、小田原の秀吉公の陣所へ来た。秀吉公はご満足なされて、すぐに対面なさった。その日の（秀吉公の）出で立ちは、作り髭(ひげ)で、三尺ほどの朱鞘(しゅざや)の太刀をお佩きになり、床几(しょうぎ)に腰かけられ、細い杖をつきながら座っておられた。政宗はその時の状況次第で秀吉公を突き殺そうと、懐に小さな脇指(わきざし)を入れて参上した。そのようなところ、秀吉公は床几に腰かけられながら、「こちらへ（参れ）、こちらへ（参れ）、近く寄れ、近く寄れ」とおっしゃられた。政宗は「あっ」と言うままに、刀と脇指を抜き、四、五間ほど近寄ったところで投げ捨て、（さらに秀吉公の）お近くへ来たところ、秀吉公は杖で地面をつつき、「ここへ、ここへ」とおっしゃられた。畏まってその所へ行ったその時、（秀吉公は）政宗の首を杖で突き「それにしてもお前は健気な奴だ。まだ若いが良い頃合いでやってきた。もう少し（参陣が）遅ければ、ここ（の首）が危なかったぞ」とおっしゃられた。政宗は（秀吉公を）突き殺そうと考えていたことはすっかり忘れ、首に熱い湯をかけられた思いであった。その時、秀吉公は「鷹狩りに出かけようと思うが、一緒に参らぬか」と仰せになり、政宗は「参りましょう」と言った。（秀吉は）「であれば、この刀を持て」と命じ、太刀を政宗に持たせられた。政宗は何の証拠も無かったが、これは出世するにちがいないとうれしく思い、太刀を持って、鷹狩りのお供をして帰った。（政宗は）すぐにお暇を下されて帰国したのだと、政宗が前田利常様へ直接お話しになっていたところを、御次の間にいて聞いていたと、前田直玄が（関屋政春に）語った。

御次の間で聞いた前田直玄

本節では、これまた著名な、伊達政宗が小田原（現神奈川県小田原市）に陣を構えた豊臣秀吉のもとへ出向いたエピソードに関する記述を紹介する。秀吉から幾度も小田原北条攻めへの参陣を求められていた政宗は、ようやく意を決して天正十八年（一五九〇）六月に小田原へ赴く。そして、秀吉との謁見に臨む際、死を覚悟して死装束で出向いたとする逸話をご存じの方は多いと思う。ＮＨＫ大河ドラマ「独眼竜政宗」（一九八七年、渡辺謙と勝新太郎）のほか、「天地人」（二〇〇九年、松田龍平と笹野高史）や「真田丸」（二〇一六年、長谷川朝晴と小日向文世）でも、必ず政宗は死装束に身を包んで秀吉と対面しており、お約束のシーンの一つだ。この戦国史上で名高いエピソードの根拠史料とされてきたのが、何を隠そう『乙夜之書物』なのである。

実は、いまほど紹介した部分は、戦前に編纂された『伊達政宗卿伝記史料』の中で、「関屋政春覚書」という史料名で翻刻が掲載されている。同書では、東京大学史料編纂所蔵本として引用されており、おそらく編者は『大日本史料稿本』の謄写を見たのではないだろうか。したがって、内容そのものは既知と言えるが、微妙に釈文も異なるため、原文改行で翻刻しなおした拙著の方が、多少なりとも精度は高まろう。写真と合わせて紹介するゆえんである。

まず先に、伊達政宗と前田利常の会話を御次の間で聞いたという前田七郎兵衛、彼に関して言及しておく。

図１　伊達政宗像（仙台市博物館蔵）

小松茂美氏によれば、七郎兵衛は、七兵衛の誤りであり、前田利家の第六子・利貞であるという〔小松一九八八〕。たしかに七郎兵衛は前田家の家臣だと考えられる。しかし、七兵衛利貞ではなく、寛文元年（一六六一）の侍帳〔『古組帳抜萃』〕に「弐千三百石　内五百石与力　齢四十七　前田七郎兵衛」と見える人物であろう。上級に属する加賀藩士で知行二三〇〇石取り、生年は慶長二十年（一六一五）と判明し、政春と同い年だと分かる。『加陽諸士系譜』によると、七郎兵衛の実名は直玄、加賀藩で家老も勤めた今枝直恒の七男であったが、高源院（前田利家の息女福）の養子になり、寛文六年に没したという。前田の名字を名乗ったのは、高源院の養子となったためと考えられる。

直玄本人が藩へ提出した由緒書によれば、元和七年（一六二一）、七歳の時に前田利常の元へ召され〔『加陽人持先祖』〕、養母高源院の知行二五〇石を与えられたという〔『諸士由緒帳』〕。幼くして見出された直玄は、その後も利常の近くで仕えたとみられ、晩年に利常が小松城（現石川県小松市）へ隠居した際も側付きの家臣として、「承応二年（一六五三）小松侍帳」にその名を確認できる〔『古組帳抜萃』〕。よほどのお気に入りだったのであろう、利常にとって姉妹にあたる高源院の養子にわざわざ取り立てたのも、おそらくは利常の計らいではなかろうか。このように直玄の立ち位置を確認すれば、彼が御

図2　豊臣秀吉像
（名古屋市秀吉清正記念館蔵）

次の間で主君利常と伊達政宗のやりとりを漏れ聞いていた点に得心が行く。そして直玄は、それを同い年の加賀藩士である関屋政春へ話したのだろう。とはいえ、政宗と利常がいつどこの御次の間で談話していたのかは分からない。参勤交代で居合わせた江戸であろうか。その特定は難しいものの、当事者の政宗が語っていた秀吉謁見時のエピソードとして、たいへん興味深い。

懐に小さな脇指

さて、翻刻と大意を読まれて気づいた方もおられようが、実はこの史料から、伊達政宗が死装束であったとは断定できない。秀吉が作り髭をつけて、朱色の鞘の太刀を佩いていた記述があるものの、政宗の身なりに関する言及は、あわよくば秀吉を刺し殺すべく懐に小さな脇指を隠し持っていたとするほか、いっさい見当たらないのだ。古く戦前の一九三五年に、藩祖伊達政宗公三百年協賛会が編んだ『伊達政宗卿』という書物に「公（政宗）は秀吉と謁見した。（中略）傳によると公はこの日髪を水引で結び、死装束をしてゐたと云ふ」と見える。しかし、その典拠は示されていない。あくまで伝なのだ。『乙夜之書物』を死装束の典拠とした時期的に早い例は、管見の限り、伊達政宗研究の大家・小林清治氏だと思う。氏は次のように述べている［小林一九五九］。

髪を水引で結び、死装束をした政宗は秀吉の前に出た。(中略)そのとき秀吉は持った杖で政宗の頸をつつきながら、「さてもその方は愛いやつだ、若い者だが好い時分に来た、今少しおそく来たら、ここがあぶなかった」といった。(中略)これは、後年政宗が前田利常(利長の養子)に直話したのを次の間で聞いた者の話である、と『関屋政春覚書』は記している。関屋政春は、利常に仕えた兵学者であるから、この記事は一応信じてもよいのではあるまいか。

小林氏が一応のお墨付きを出した『関屋政春覚書』は、先述したごとく『乙夜之書物』のことだ。私見では、のち様々な論著が右の小林説によりながら、死装束だったエピソードに言及して、通説化していったのではないか。二つほど例を挙げれば、桑田忠親氏は「『関屋政春覚書』によれば、政宗は、徳川家康ほかの諸大名が大勢居並んでいるなかを、頭髪を水引で結び、死装束をして、秀吉の面前にまかり出た」と説く〔桑田一九七八〕。また、小和田哲男氏が「この時、政宗は諸将が見守る中、髪を水引で結び、死装束で秀吉の前に出た。秀吉はかがんでいる政宗に近づき、持っていた杖を政宗の首にやり、「もう少し来るのが遅ければ、ここが危なかったな」といったという(『関屋政春覚書』)」と記す〔小和田二〇〇九〕。しかし、『乙夜之書物』から政宗が死装束だった点はおろか、髪を水引で結んだことも導き出せないのである。

もちろん、このような論調に全く異論がなかったわけでもない。近年、黒嶋敏氏が「通説では秀吉への拝謁時、政宗は失態を詫びるために白装束に身を包んでいたというが、それを裏付ける確実な史料は無く、小早川隆景の書状には「奥州伊達」が「御礼」を遂げたとだけ記されている」と主張した［黒嶋二〇一八］。的確な指摘だと思う。そこで、そもそも政宗が死装束だったとする史料記述は何なのか、という疑問に行き着く。この点、実はほかならぬ小林清治氏が言及している。小林氏は「『治家記録』はその際の政宗の姿を「公（政宗）、水引ヲ以テ髪ヲ一束ニ結ハセラレ、異風ニ見ヱ玉フ」と記す。死を決した謝罪の礼法である」と説く［小林二〇〇三］。小松茂美氏も「もともと、武士が髪をひと束につかねる場合には、死を前に首を刎ねるにやすき用意のためであった。とすると、秀吉激怒と聞いていた政宗が、決死の覚悟を固めて秀吉に対面したさまを知るのである」と述べている［小松一九八八］。どうやら小林氏は、この水引で髪を結った政宗が異風（変わった姿態）に見えたという『治家記録』の記述から、謁見時の出で立ちを死装束と想定したようなのである。『治家記録』は、伊達家が編纂を命じた仙台藩の正史だ。中でも政宗の事績をまとめた「貞山公年譜」部分の完成は、貞享三年（一六八六）頃とみられている。水引で髪を結った話とて、せいぜい十七世紀末に初めて登場した言説といえよう。また、政宗の小姓木村宇右衛門が寛永年間（一六二四～四四）頃に見聞をまとめた『木村宇右衛門覚書』のほか、同じ寛永期にまとめられた政宗の一代記『政宗記』にも小田原参陣に関する記述があるものの、やはり死装束の話は全くみられない。

かくして、政宗が死装束で秀吉との対面に臨んだという、明確な史料的根拠は失われた。ただし、『乙夜之書物』の記述は、政宗本人が謁見時の様子を生々しく語った貴重な証言であることに何ら変わりはない。

おわりに

「山鹿流の秘書」との関係

ご存じの通り、本能寺の変に関する先行研究は極めて多い。そのため、本文中で引用したものも、ごく一部に限られた箇所が多々ある。この点、末尾ながら深くお詫びしておきたい。

本書では、『乙夜之書物』の惟任光秀の乱に関する記述を主に紹介してきた。読者の中には、これはかつて大正時代に高瀬羽皐氏が紹介した「山鹿流の秘書」の原本ではないかと思われた方もいるかもしれない。例えば、ごく最近の菅野俊輔氏もそのように理解している〔菅野二〇二一〕。しかし、あいにく両者は全くの別物だと思う。今さらながら、この点に言及しておく。

高瀬氏は、「山鹿流の秘書」なる史料に載る、本能寺の変と山崎の戦いに関する、進士作左衛門と山崎庄兵衛、斎藤内蔵助の子佐渡守の談話を「本能寺の実歴談」として紹介した〔高瀬一九一八〕。たしかに、その証言内容は『乙夜之書物』と似ているが、異同も少なくない。また、高瀬氏は三年後にも再び「山鹿流の秘書」を紹介しているのだが〔高瀬一九二一〕、その文言や表現は微妙に変化しており、それがなぜなのか全く明らかでなく、史料としての利用を難しくさせている。ましてや、高瀬氏が所持していたという「山鹿流の秘書」が、もともとの史料名であったのかどうかも分からない。書名が明記されていないので、このように呼んだ可能性も否定できず、高瀬氏の書き方では、どこまでが引用なのか判然としない部分もある〔浅見二〇二〇〕。「山鹿流の秘書」の史料性をいち早く世に問うた藤本正行氏でさえ、「そもそも、これは史料の原本でも写本でもない。（中略）高瀬羽皐氏が古写本を転写したものなのだ。しかも「本能寺の実歴談」に掲載されたそれは、正確な翻刻ではない。（中略）原文をリライトしたもので、現代風の台詞や擬音が入るなど、小説まがいのところさえある」と説く〔藤本二〇一〇〕。史料としての利用には、躊躇を覚える代物なのだ。

管見の限り、「山鹿流の秘書」の内容は、『乙夜之書物』よりも『政春古兵談』に近い。例えば、斎藤利三の居所を「笹山」ではなく「福知山」とする点、光秀軍が亀山城を出発した時刻を「戌ノ上刻」（午後七時四十分頃）と具体的に記す部分、光秀軍先鋒隊が西洞院通りから本能寺に押し寄せたと詳しく述べる点などは、『乙夜之書物』ではなく『政春古兵談』と全く同じである。その一方、天正十年（一五八二）六月一日の朝に亀山にいた斎藤利宗が父利三から聞いた話と明記する点、阿部淡路守（阿閉貞征のことか）と柴田源左衛門（勝定）らが挙兵の謀議に参加したこと、謀反の手筈を決めたのが一日の申刻（午後三時）だった点、本能寺襲撃の先鋒隊が二〇〇〇余騎ではなく三〇〇〇余人とする記述、襲われた織田信長が白綾（白絹の綾織物）の寝衣姿だった点などは、『政春古兵談』にも見えない独自の記述だ。結句、「山鹿流の秘書」の原本の発見が待たれる点は、引き続き変わりないのである。

「はじめに」でも述べたが、「本能寺の変」という呼称は光秀のクーデター全体を意味するものではない。信長討滅（本能寺攻め）、信忠討滅（二条御所攻め）、安土城占拠すべてを含めて考える必要があるだろう。筆者はそれら一連の動きを「惟任光秀の乱」と捉えたわけである。「本能寺の変」は信長攻めの局面に限って用いた方が、今後の議論にとって有益なのではなかろうか。

さて、曲がりなりにも光秀の乱を主題にする書籍である以上、彼がなぜ主君の織田信長・信忠父子を葬り去るに至ったのか、その動機に関して一切言及しないわけにもいくまい。第二章第四節で『乙夜之書物』に記された怨恨エピソードを紹介することで、一定の責任は果たしたと勝手に思い込んでいるものの、物足りない読者も多かろう。そこで、いくらか私見を述べて拙い本書の結びとしたい。

信長との軋轢と天下取りへの野心

まず、惟任光秀の乱で最も得をしたのは誰かという論法で、例えば豊臣（羽柴）秀吉などを事件の黒幕と想定する意見をまま見受けるが、いかがなものであろうか。我々は後の歴史を知り尽くしているがゆえに、とりわけ秀吉を最大の利益享受者のごとく捉えがちだ。しかし、秀吉の場合、信長とその嫡男信忠が倒れたことで、次なる天下人の地位を確約されたかといえば、無論そうではなかろう。その後の山崎の戦い、清須会議、大徳寺での信長葬儀、賤ケ岳の戦い、小牧・長久手の戦い、関白任官などを経る中で、その地歩を固めていったことは、数多の先行研究が示すとおりだ。むしろ光秀のクーデター成功で一時的にも得をしたのは、図らずも織田体制の主導権争い（清須会議で信長嫡孫三法師の名代の地位を争う）に絡みうることとなった、信雄（信長二男）や信孝（信長三男）の方であったとさえ評しうる。もちろん彼らが黒幕だなどと筆者は思っていないが、現代の犯罪を解くような感覚で過去の歴史を考える危うさは、自戒を込めて指摘しておきたい。

第三者が黒幕もしくは関与したとする様々な説は、計画的犯行説と捉えられよう。それらについては、呉座勇一氏による批判的見解［呉座二〇一八・二〇二〇A］が傾聴に値する。また、光秀の主体的な挙兵である「惟任光秀の乱」という本書の呼び方そのものが、第三者の存在を暗に否定したものだ。現在のところ筆者は、黒幕などおらず、光秀単独の突発的な挙兵だと考えている。さらには同時代史料による限り、やはり光秀の「新座家老」であった斎藤利三が乱に果たした役割は、小さくないものだったと思う。ただし、利三をめぐる折檻事件の実在については懐疑的だが、桐野作人（さくじん）氏が示した光秀と信長の軋轢という点［桐野二〇二〇B］は賛同する。

いま少し具体的にいえば、たしかに利三をめぐる折檻の話は史料的裏付けに乏しいものの、もう一つ那波（なわ）直治（なおはる）の処遇をめぐる対立は、比較的良質な史料記述が残っているわけで、たしかにあった可能性が高いと思えるからだ。那波直治の問題は本書で触れていないため、興味を持たれた方はぜひ桐野氏の論著や、この点に言及した金子拓（ひらく）氏の研究［金子二〇一九］に当たっていただきたい。金子氏は、怨恨説の再評価を唱える論者である。筆者としては、金子氏の意見に納得させられる点が多かった。また、桐野・金子両氏を含む多くの研究者が重視する四国長宗我部（ちょうそかべ）氏をめぐる政策転換のほか、早島大祐氏が説く信長の一族を優遇する人材配置の積極化［早島二〇一九］など、本書で言及する余裕はもはや無いが、信長と光秀の軋轢を考えるうえで、どれも見逃せまい。そして、光秀には少なからぬ天下取りの野心もあったればこそ、織田政権の中枢たる安土城を乗っ取ったのだろう。

言い訳になるが、光秀の乱に関して、動機はもとより事実関係についてもまだまだ分からないことが多い。よって、後年に編纂された史料も含めて捉えなおし、あらためて問うていく必要があるのではなかろうか。

拙著はその材料の一つを提示したにすぎない。『乙夜之書物』は、寛文九年（一六六九）および同十一年に関屋政春が、記憶を思い起こして書いたものである以上、それが何年前に聞いた話なのか、つい最近か数十年前なのかで、おのずと情報の信用度も変わってくる。だが、いつ聞いたかが分かる条文はほとんど無いため、その点でも聞書としての史料的価値は減じざるをえない。どうしても、二次史料の限界は付きまとう。

最後に、堀新氏の二次史料に関する近年の提言に触れておきたい。堀氏は「何気なく一次史料・二次史料と記したが、その史料の成立時期による区分である。それぞれの史料的価値は同時性・当事者性によって判断される。（中略）二次史料は二級史料ではない。（中略）内容をみることなく、形式だけでレッテル貼りをしても生産的ではないだろう」と説く〔堀二〇二〇B〕。同時性という意味で、『乙夜之書物』はクーデター後八十年以上経った記録であり、取るに足らない二次史料という烙印を押されるかもしれない。しかし、当事者性という観点からすれば、斎藤利宗や進士作左衛門といった光秀家臣の証言がその一族縁者を介して伝えられたため、事件から八十年以上も後の聞書とはいえ、貴重な史料と評せよう。もちろん、一次史料以外は可能な限り排除すべきという研究姿勢も一つの見識であることは間違いない。けれども、史料的制約を伴う事象を明らかにしていくうえで、二次史料に適切な史料批判を加えつつ禁欲的に活用していくことも否定すべきではないだろう。

『乙夜之書物』の記述の史料的価値を見定める作業は、むしろこれからなのである。

付録

『乙夜之書物』内容一覧

凡例

一、書き出し欄は、各条文の冒頭を原文どおりに記した。
一、証言者・話者欄は、各条文の情報源が判明する場合、これを原文どおりに記した。著者の関屋政春にとって又聞きの場合（例えばA→B→政春）、A→Bを記した。
一、丁数欄は、各条文の丁数表裏を記した。表は「オ」、裏は「ウ」としている。
一、翻刻・その他欄は、各条文の翻刻情報のほか、必要な情報を記した。なお、『加』は『加賀藩史料』、『金』は『金沢城編年史料』の略称である。

巻	条	書き出し	証言者・話者（立場等）	丁数	翻刻・その他
上	1	山形出羽守義光ハ元来斯波ノ末流也	彼家ノ老人	1オ～4ウ	
上	2	松平石見守忠ズミト云ハ池田三左衛門輝政ノ四男	彼家ノ浪人熊谷又八	4ウ～7ウ	
上	3	能州七尾ノ町人ニ尾鴨左次兵衛ト云者在	—	7ウ～8ウ	
上	4	三宿勘兵衛ト云者	先山﨑九郎兵衛（加賀藩士）	8ウ～9オ	
上	5	三宿勘兵衛大坂ヨリヒソカニ使ヲ以テ本多佐渡守ニツグル	坂井与右衛門（直政、丹羽家家老）	9オ～9ウ	
上	6	西尾仁左衛門真田左衛門佑首ヲ取	坂井与右衛門（直政、丹羽家家老）	9ウ～10オ	
上	7	慶長廿年五月七日大坂天王寺表八町ノ馬場ト云所ニテ	与右衛門（坂井直政、丹羽家家老）	10オ～12オ	
上	8	慶長弐拾年五月七日大坂岡山表ヱ城中ヨリ出タル大将	—	12オ	『加』元和元年五月七日条

上	9	或時千野宗室ニ庭ノ木ハ何トウヱタルガ能候ヤト尋ケレハ	宗室（加賀藩茶具奉行）	12オ〜12ウ	
上	10	天正拾四五年ノ比カ利長公越中森山ニ御在城ノ時	木村藤兵衛（加賀藩士）	12ウ〜14オ	
上	11	秀吉公ノ御時家康公御家礼　七郎左衛門ト云御意ニチカイ	―	14オ	
上	12	慶長廿年　大坂落城以後元和元年ニ成　五月大坂表夏陳ノ覚	―	14オ〜16オ	23ヶ条の覚書　奥書「右ハ去老人覚テカツ〲書立ヲ写置物ナリ」
上	13	本多古安房ハ佐渡守ノ三男ナリ若年ノ時	村井当次郎左衛門（加賀藩士）	16オ	
上	14	山﨑閑斎明知光秀ニテ七百石取庄兵衛ト云	―	16ウ	本書第四章
上	15	信長公江州トウネ山合戦ノ時松田平助ト云者	―	16ウ〜17オ	
上	16	春日二位ノツホネト云ハ	―	17オ〜17ウ	
上	17	或書ニ曰八陳ニ備テ	―	17ウ	
上	18	同書曰太鞁ニトモヱヲ書事	―	17ウ	
上	19	同書云武士常ニ剣術ヲ習イ	―	17ウ	
上	20	尾州大納言様御家老成瀬隼人ト云ハ	石黒太郎左衛門（加賀藩士）	17ウ〜18ウ	
上	21	尾州大納言様御内ニ瀧川豊前ト云人在	―	18ウ〜19オ	
上	22	越前三河守殿御家ニ乗込ノ者ト云拾人在	―	19オ	
上	23	寛文五年七月江戸本庄ニテ今春八郎勧進能仕時	小寺甚右衛門（加賀藩士）	19オ〜19ウ	
上	24	荘子ニ朱評漫	―	19ウ〜20オ	
上	25	蒲生氏郷奥州九之郡マテ発向シテ	細野一郎左衛門	20オ	

巻	条	書き出し	証言者・話者（立場等）	丁数	翻刻・その他
上	26	大ミダイ様丹波ノ少将殿ニテ御産ノ御息女	細野一郎左衛門	20オ～20ウ	
上	27	関ケ原ノ時ギフ中納言殿初家康公ト御一味ナリ	細野一郎左衛門	20ウ	
上	28	永原土佐家来ニ嶋田左近ト云者	永原大学（加賀藩士）	20ウ～22オ	
上	29	武田信玄ノ御内ニ小笠原源与斎ト云人在	—	22オ～22ウ	
上	30	慶長十九年片桐市正ヲ以テ秀頼ヱ	古安房守（本多政重、加賀藩家老）	22ウ～23オ	
上	31	慶長五年八月八日ノ朝金沢衆	坂井与右衛門（直政、丹羽家家老）	23オ～23ウ	『金』慶長五年八月八日条
上	32	右ノ時松村孫三郎ト岡七兵衛首ノ出入ノ首尾	与右衛門（坂井直政、丹羽家家老）	23ウ～24オ	
上	33	文禄ノ比カ大坂ニテ利長公ノ御小姓ニ五十嵐三郎四郎ト云者在	—	24オ～25オ	
上	34	美濃ノ国ノ太守斎藤山城守入道々三	古兵	25オ	
上	35	慶長拾九年大坂ト関東ムシユンニナラセラレ	沢田宗賢（加賀藩儒）	25オ～25ウ	
上	36	下野国那須郡ノ太守那須美濃守ト云者	内藤勘兵衛	25ウ～26オ	
上	37	或時公方大イウイン様ヨリ光高様ヱ初鮭ヲ被進之	村田先吉左衛門（加賀藩士）	26オ～26ウ	『加』正保二年四月五日条
上	38	楠正成金剛山居間之壁書	—	26ウ～27オ	奥書「以上十一ヶ條也」
上	39	寛永ノ末筑前守様御代タツノ口ノ御屋敷ニテ	坂井与右衛門（直政、丹羽家家老）	27オ～28オ	『加』寛永十九年九月九日条
上	40	右有沢太郎左衛門舎弟有沢孫作其日非番ニテ	—	28オ～28ウ	同右
上	41	松平伊豆守殿出頭	今枝民部（加賀藩士）	28ウ～29オ	

上	42	大権現様岡﨑ニ被成御座候時	法船寺ゴンヨ上人	29オ〜29ウ	
上	43	権現様石田乱ノ時江戸御立ノ時	ゴンヨ上人	29ウ	
上	44	或時才野道仁云ケルハ	—	29ウ〜30オ	
上	45	筑前守様御家トク初テ御入国ノ時金沢御城ニテ	—	30オ	『加』正保二年四月五日条
上	46	ウドンヲホソク切テ水ニヒヤシタルヲキリムギト云ハ	—	30オ〜30ウ	
上	47	利家公ノ御代片山伊賀ト云者ハ	—	30ウ	
上	48	台徳院様御代土井大炊殿ニ被仰付江戸御城御堀ニテ	山鹿（素行、兵学者）	30ウ〜31オ	
上	49	台徳院様御乳ノ人ヲ大御ツボネト云其子息	山鹿（素行、兵学者）	31オ〜31ウ	
上	50	武具ノ内ニ甲ハ物ズキニケツカウニ仕度物ナリ	木下順庵（加賀藩儒）	31ウ	
上	51	中村式部太夫駿府ニ在城ノ時	石川→木下（順庵、加賀藩儒）	31ウ〜32ウ	
上	52	信長公濃州斎藤龍興ヲ追出シタマイ	—	32ウ	
上	53	家康公或時御鷹野ニ御出ノ所ニ	石川→今枝民部（加賀藩士）	33オ〜33ウ	
上	54	連歌ノ名人ソウギト云ル仁ハ	板津検校（加賀藩臣）	33ウ〜34オ	
上	55	寛永ノ初比備前ノ国ノ太守松平宮内少輔ノ内河合半左衛門ト云者	—	34オ〜35オ	
上	56	或時利常公ヨリ横山々城ニ御尋被成	—	35オ〜35ウ	『加』正保二年九月十八日条
上	57	浅井縄手之以後奥村宗丹高山南坊ニ申テ曰	—	35ウ〜36オ	
上	58	森権太夫金沢ニテ古身ノ脇指ヲ買	—	36オ〜36ウ	
上	59	横山々城利長公御意ニチガイ御家ヲ立退タル事子細不知	—	36ウ〜37オ	『加』正保二年九月十八日条

巻	条	書き出し	証言者・話者（立場等）	丁数	翻刻・その他
上	60	利長公同年五月廿日御逝去其年冬大坂御陣	横山如雲（加賀藩士）	37オ～37ウ	
上	61	金剛経曰	—	37ウ	
上	62	心ヤスキニヲモイテゾアル	—	37ウ	
上	63	湯煎クンヤウ	—	37ウ～38オ	
上	64	秀吉公ノ御代ニ千野利休ト云茶ノ湯ノ名人在	—	38オ	
上	65	右千野利休カ妹在美女ノ沙汰在ニ依テ	—	38オ～38ウ	
上	66	右千野利休ハ泉州サカイノ町人センノ与四郎ト云タ、ミサシナリ	其時ノ人	38ウ～39オ	
上	67	古田織部ハ元長岡玄旨ニ仕テ武勇人ニスグレタル侍ナリ	—	39オ～39ウ	
上	68	或時筑前守様淡路守様飛驒守様	—	39ウ	『加』正保二年四月五日条
上	69	利長公慶長年中ニ富山ヨリ駿符ヱ御出	—	39ウ～40オ	『金』慶長十二年九月下旬条
上	70	右ノ御帰リニ飛驒越ヲ被成越中八ツ尾ヱ御出	—	40オ	同右
上	71	寛永ノ比備前国ノ太守松平宮内殿家礼ニ黒田四郎兵衛ト云者在	—	40ウ～41オ	
上	72	右畑十太夫悪敷所ヱ行懸リ	—	41オ～41ウ	
上	73	畑十太夫事元来堀尾山城殿家礼ニテ雲州衆ナリ	—	41ウ～42ウ	
上	74	或時筑前守様江丸毛道和物語申上ル	—	42ウ	
上	75	大坂五月七日ノ御合戦ニ城方真田天王寺口ヱ向フ	次郎助	42ウ～43オ	
上	76	伊達正宗小田原陣ノ時	前田七郎兵衛（加賀藩士）	43オ～43ウ	本書第五章

上	77	狩野友益カ云絵ニウツシコ、ロト云習在	―	43ウ〜44オ	
上	78	長久手ノ時先手池田勝入	―	44オ	
上	79	利家様御舎弟佐脇藤八郎殿ト云在	―	44オ	『加』元亀三年十二月二十二日条
上	80	利家様御父前田縫殿助利春公御法名	―	44オ〜44ウ	『加』永禄三年七月十三日条
上	81	ナベ嶋信濃守殿微妙院様ヱ御物語リ由	―	44ウ	『加』万治元年十月十二日条
上	82	蒲生氏郷死去在テ跡目利家様御肝煎ニテ	―	44ウ〜46オ	
上	83	或人ノ語ル秀吉公播州三木ノ別所ヲ御タイヂ在テ	―	46オ〜46ウ	
上	84	能州末守ノ時神保氏春川尻ニ弐千余騎ニテ	二代作右衛門	46ウ〜47オ	『加』天正十二年九月十一日条
上	85	或人ノ曰硯箱ノ内ニ三品在筆墨硯也	―	47オ〜47ウ	
上	86	セハニムツカシキ人ヲ丹波殿ノ助太郎ト云事	―	47ウ	
上	87	秀吉公ト光秀ト山﨑合戦ノ時筒井順慶ハ	順慶ニ居テ始終見タル人	47ウ〜48オ	
上	88	石田乱ノ時越後ノ国ヱ会津ノ上杉景勝ヨリ柿﨑ト云者	岩田内蔵助（加賀藩士）	48オ〜48ウ	
上	89	蒲生氏郷ノ臣下ニ志賀与三右衛門ト云者在リ	岩田内蔵助（加賀藩士）	48ウ〜49オ	
上	90	伊達正宗ハ例年元日ノ御出仕スミタイシユツノ時	―	49オ	
上	91	伊達正宗或時利常公ヱ御茶ノ湯ニ御越	―	49オ〜50オ	『加』万治元年十月十二日条
上	92	明知光秀本能寺ヱ取懸タル時	江守是セツ（加賀藩士）	50オ	本書第二章
上	93	大坂夏ノ御陣ニ黒田筑前守殿加藤左馬殿ハ	―	50オ〜51オ	

巻	条	書き出し	証言者・話者（立場等）	丁数	翻刻・その他
上	94	右御合戦ノ時御両人衆ノ先ニ居給フ衆	岡村権右衛門（前田利常小姓）	51オ	
上	95	天正拾年ノ春ヨリ中国毛利家為退治羽柴筑前守秀吉	斎藤佐渡守（旗本）→井上清左衛門（加賀藩士）	51ウ～52ウ	本書第二章
上	96	明知弥平次斎藤内蔵助弐千余騎ニテ	斎藤佐渡守（旗本）→井上清左衛門（加賀藩士）	52ウ	同右
上	97	御番衆ズイブン働トイヱトモ	斎藤佐渡守（旗本）→井上清左衛門（加賀藩士）	52ウ～53オ	同右
上	98	信長公御手ヲ被負ケルト見ヱテ	恒川斎仁（加賀藩士）	53オ	同右
上	99	光秀ハ鳥羽ニヒカヱテ本能寺ノ方ヲ見居タレハ	—	53オ～53ウ	本書第三章
上	100	町屋ニ居タル侍衆本能寺ヱハ不被入	—	53ウ	同右
上	101	光秀二條ノ門前ヱ押寄タレハ	—	53ウ～54オ	同右
上	102	光秀本能寺二條トモニ勝利ヲ得	進士作左衛門→二代目作左衛門（加賀藩士）	54オ～55オ	同右
上	103	斎藤内蔵助壱万五千石新座家老	進士作左衛門（加賀藩士）	55オ	本書第四章
上	104	明知左馬助安土ニ居ケルカ	斎藤佐渡守（旗本）→井上清左衛門（加賀藩士）	55オ	同右
上	105	利長公ハ其時分安土ニ御座被成	恒川監物→恒川斎仁（加賀藩士）	55オ～57オ	本書第五章
上	106	利長公日野ヱ御越被成氏郷御馳走ナリ	恒川監物→恒川斎仁（加賀藩士）	57オ～57ウ	同右
上	107	利長公日野ヱ御越被成氏郷一儀	恒川監物→恒川斎仁（加賀藩士）	57ウ～58オ	同右
上	108	信長公ノ御時勢州長嶋ノ城ヲ度々攻給ヱトモ不落子細ハ	恒川斎仁（加賀藩士）	58オ	
上	109	此時一揆トモノ内クツキヤウノ者トモト見ヱテ	恒川斎仁（加賀藩士）	58オ～58ウ	

上	110	森おラント云ハ森三左衛門ノ二男ナリ	—	58ウ〜59オ	
上	111	一柳市助ハ元来伊予国河野氏ナリ	山鹿甚五左衛門（素行、兵学者）	59オ〜60オ	
上	112	織田源五殿ト云ハ信長公ノ御舎弟ナリ	林甚介（美濃野村織田家旧臣）	60オ〜60ウ	本書第三章
上	113	尾州小牧ノ時小牧山ヲ家康公信雄ヨリ早ク取給フ	山鹿（素行、兵学者）	60ウ〜61オ	
上	114	其後早川弥三左衛門楽田ヱ物見ニ行テ	山鹿（素行、兵学者）	61オ〜61ウ	
上	115	右チウシンヲ御聞被成家康公信雄公夜中ニ小牧ヲ御出	山鹿（素行、兵学者）	61ウ〜62オ	
上	116	右三州岡崎取ニ行人数行烈ノ次第	村隼人息兵助（加賀藩士）	62オ〜63オ	
上	117	其後ジユラクニテ右ノ六人ノ衆居タル所ヱ	村隼人→同兵助（加賀藩士）	63オ	
上	118	今枝内記信雄ニ奉公ノ時或時	今枝内記→今枝民部（加賀藩士）	63オ〜63ウ	『加』寛永四年十二月二十三日条
上	119	武田信玄公三州野田ノ城御唯見ノ為テラス山ヱ上リ給フ所ヲ	山鹿（素行、兵学者）	63ウ〜64オ	
上	120	慶長五年九月十四日家康公濃州ノ赤坂岡山ヱ御着陣	—	64オ〜64ウ	
上	121	同十五日野上村少西ノ方山ノ上ニ扇子ノ御馬印	山鹿（素行、兵学者）	64ウ〜65オ	
上	122	治部少輔敗軍シテ嶋津惣人数ヲ丸備ニ作リ	山鹿（素行、兵学者）	65オ	
上	123	慶長五年八月廿二日関東人数尾州ゟ濃州ヱ川越ノ注進在	—	65ウ〜66ウ	
上	124	御槙本ニ土方宇右衛門ト云仁	—	66ウ	
上	125	武藤ツブラノ寄手六人ノ者ニサ、ヱラレテアガリヱズ	—	66ウ〜67オ	
上	126	正保ノ比信州松本ノ城天守上ヨリ二重目ノヤネノ上ニ	—	67オ〜68ウ	
上	127	阿部豊後守殿ニ松田左兵衛ト云者有	—	68ウ〜69オ	

巻	条	書き出し	証言者・話者（立場等）	丁数	翻刻・その他
上	128	利長公御子小姓ニ山田勘六ト云者有	森口親六右衛門（加賀藩士）	69オ～70オ	
上	129	右勘六七八歳ノ時分	―	70オ	
上	130	山﨑閑斎ニ印牧十郎兵衛ト云者在	孫兵衛→川原善右衛門	70オ～70ウ	
上	131	天正拾年六月十三日城州山﨑合戦秀吉公御勝利	木ノ本ノ地蔵ノ別当坊	70ウ～73オ	
上	132	廿一日佐久間玄番坂口山ヲ敗北ス	脇田如鉄（加賀藩士）	73オ～73ウ	『加』天正十一年六月二十一日条
上	133	柴田内近藤無一ト云者	河村五右衛門（加賀藩士）	73ウ～74オ	
上	134	毛受勝助事元来三河衆勝家ノ御モツダチノ者ナリ	古田少左衛門	74オ～75オ	
上	135	勝家柳ヶ瀬表敗軍シテ供ノ者廿人計	薬師道見	75オ～75ウ	
上	136	秀吉公大軍ヲ率シ越前府中ヱ先立テ御使者	神戸清庵（加賀藩士）	75ウ～76オ	
上	137	其後加州金沢迄御下向両国平均シテ御帰陣	薬師道見	76オ	
上	138	其比ニ濃州ギフヱ取詰三七信孝ト和タンニシテ	―	76オ	
上	139	信長公義元合戦ニ切勝タマイテ		76オ～76ウ	
上	140	秀吉公越中陣ノ時利家公松任迄御ムカイニ出サセタマウ	生田四郎兵衛（加賀藩士）	76ウ	『金』天正十三年八月十八日条
上	141	其後秀吉公越中御福山ニ御陣取	生田四郎兵衛（加賀藩士）	76ウ～77オ	『加』天正十三年八月二十九日条
上	142	美濃国ノ太守斎藤山城守入道々三ハ元来城州山﨑ノ油屋ナリ	濃州ノ古兵	77オ～77ウ	
上	143	丹羽五郎左衛門長秀ハ尾州児玉ノ住人ナリ	―	77ウ～78オ	
上	144	関白秀次高野山ニテ御切腹ノ時不破万作	―	78オ	

上	145	天正九年利家公能州石動山ヲ攻タマウ時	—	78オ〜78ウ	『加』天正十年六月二十六日条
上	146	同拾年上杉景勝越中新川郡魚津城後巻トシテ三千余騎ニテ	—	78ウ〜79オ	
上	147	天正年中ニ加州能美郡別宮山ノ城ニハ	別宮村ノ鍛冶屋藤右衛門	79ウ〜80オ	
上	148	大坂御陣ノ時利常公大津御着陣其後	葛巻蔵人（加賀藩士）	80オ	『加』慶長十九年十月十九日条
上	149	大坂夏ノ御陣ニ五月八日秀頼御切腹トヒロウノ後	葛巻蔵人（加賀藩士）	80オ〜80ウ	『加』元和元年五月八日条
上	150	同冬ノ御陣ニ或夜城中ヨリツルベ鉄炮等	葛巻（加賀藩士）	80ウ	
上	151	同夏ノ御陣ニ岩田内蔵助富永勘解由左衛門御横奉行ナリ	二代目岩田内蔵助（加賀藩士）	80ウ〜81オ	
上	152	同御陣ニ公方様御横奉行嶋田治兵衛ナリ	山鹿甚五左衛門（素行、兵学者）	81オ	
上	153	大イウイン様御上洛ノ時膳所御泊リ	—	81オ	
上	154	寛永八年金沢御城焼ル火本才川ノ河原町	—	81オ〜81ウ	『金』寛永八年四月十四日条
上	155	寛永初比ニ公方家光公内藤左馬助殿桜田ノ宅ヱ御成御能在之	—	81ウ〜82オ	
上	156	濃州斎藤吉辰ノ侍ニ長谷川甚兵衛ト云者在	嶋四郎左衛門→伊﨑彦兵衛（加賀藩士）	82オ	
上	157	越前金津ノ代官秋田市兵衛ト同三国ノ代官畑仁右衛門トケンクワ	—	82オ〜82ウ	
上	158	御小姓丈峯孫左衛門内儀白山ヱ参詣ス	—	82ウ〜83オ	
上	159	其方トモ別腹ノ兄山﨑八之丞事	—	83オ〜84オ	
上	奥書			84オ〜84ウ	本書第一章
上	160	僧正遍照深草御門ニヲクレテ出家スルトテヨメル	—	84ウ	

巻	条	書き出し	証言者・話者（立場等）	丁数	翻刻・その他
上	161	早ウチカタノ妙	—	85オ	
上	162	シヤクリノ不当ニ妙	—	85オ	
上	163	小便ノツカヱタルニ妙薬	—	85オ	
上	164	疱瘡ノ妙薬	—	85オ	
上	165	淋病ノ妙薬	—	85オ	
中	1	備前国ノ太守宇喜田中納言秀家石田治部少ト一味ナルニ依テ	—	1オ	
中	2	右沢橋兵太夫母二番目ノ御子ノヲサシナリ	八丈嶋	1オ〜1ウ	
中	3	右沢橋兵太夫五歳ニテ母ニステラレ	—	1ウ〜2ウ	[大西二〇一八]
中	4	或時道春陽光院様ヱ語テ云ク玄恵法印ハ	—	2ウ	
中	5	大坂夏ノ御陣五月六日ニ藤堂和泉殿内渡辺勘兵衛	—	2ウ〜3オ	
中	6	同七日天王寺表ノ御先手浅野采女	香田治部→山鹿（素行、兵学者）	3オ	
中	7	大坂冬ノ御陣中ニ秀忠公ノ御膳	山鹿（素行、兵学者）	3オ〜3ウ	
中	8	武田信玄公ノ内秋山伯耆内室ハ織田信長公ノヲバナリ	或人	3ウ〜4オ	
中	9	寛永ノ初ノ比殿中ニテ井上主計	—	4オ〜5ウ	
中	10	其時河内殿廿歳計大男白小袖チヤセンカミニテ	—	5ウ	
中	11	三好長慶飯森ノ城ニテ或時五月ノ比ニヤ	—	5ウ〜6オ	
中	12	家康公駿州田中ノ城ヲ攻給フ時	佐々木四郎兵衛（兵学者）	6オ〜6ウ	

中	13	六條合戦ノ時城ヨリツイテ出敵ヲ払ハント云	—	6ウ	
中	14	石田治少ニ居テ蒲生備中ト云テ関ヶ原ニテ	北川久兵衛（加賀藩士）	6ウ〜7オ	
中	15	戸田武蔵守討死ノ事	矢田太兵衛・山﨑源太郎（美濃野村織田家旧臣）	7オ〜7ウ	
中	16	右河内守殿御知行所勢州国符ナリ	—	7ウ〜8オ	
中	17	戸田武蔵守ハ初丹羽五郎左衛門長秀家礼	—	8オ	
中	18	津田長門守関ヶ原ノ後或年春ノ事	山鹿（素行、兵学者）	8オ〜8ウ	
中	19	織田河内殿濃州ニテ知行所大野郡ノ内野村居住	—	8ウ	
中	20	加藤肥後守清正天草陣ノ時	—	8ウ〜9オ	
中	21	味方原御合戦ノ後其日浜松ノ御城矢倉ノ上ヱ	山鹿（素行、兵学者）	9オ	
中	22	金沢ノ御城ニテ太田但馬御成敗山﨑閑斎横山大膳ニ被仰付	—	9オ〜9ウ	
中	23	太田但馬ハ芳春院様ノヲイ土方勘兵衛殿舎弟ナリ	—	9ウ〜10オ	
中	24	横山々城十六七歳未三郎トテ御子小姓ノ時	—	10オ〜10ウ	
中	25	浅井縄手ノ時小松ヨリ江口三郎右衛門	—	10ウ〜11オ	『金』慶長五年八月三日条
中	26	大坂夏ノ御陣五月七日御先手山﨑閑斎長九郎左衛門本多安房	山﨑小右衛門（加賀藩士）	11オ	『加』元和元年五月七日条
中	27	扨其後少間在テ左ノ方越前ノ少将殿手ヨリ	—	11オ〜11ウ	同右
中	28	大坂五月七日岡山ニテ津田勘兵衛同源右衛門	—	11ウ	
中	29	或夜利常公御夜話ノ御アイサツニ昔越中新川郡ニ	—	11ウ〜12オ	『加』万治元年十月十二日条
中	30	天正七年ノ比カ越後ヨリ能登ノ国ヱ渡海シテ合戦在テ	長如庵（加賀藩士）→阿岸内蔵助	12オ〜13オ	

巻	条	書き出し	証言者・話者（立場等）	丁数	翻刻・その他
中	31	秀吉公御代豊前ノ国主小倉ノ居城ノ森壱岐守ハ	或人	13オ〜13ウ	
中	32	真田左衛門佑ハ高野山ニ居タルヲ	二代目ノ古田助右衛門	13ウ〜14オ	
中	33	秀頼ノ臣渡辺内蔵助ハ器量コツガラ人ニスクレ	—	14オ〜14ウ	
中	34	同木村長門ハ美男第一ニテ女色フカク	金森掃部（加賀藩士）	14ウ〜15オ	
中	35	織田左門ト云シ人ハ有楽ノ二番目ノ子息ニテ	—	15オ〜15ウ	
中	36	御当家ニ三輪作蔵ト云シハ利長公ノ御乳ノ人ノ子ナリ	—	15ウ〜16オ	『加』天正十年六月二日条
中	37	右法寿二番目ノ子斎宮大正寺ニテ	—	16オ	『加』慶長五年八月三日条
中	38	右法寿三番目ノ子清右衛門八月廿六日ニ死スルニ	久野伊右衛門	16オ〜16ウ	
中	39	加藤宗兵衛ト云シ仁ハ元来柴田勝家ニ奉公シテ	二代目惣兵衛	16ウ〜17オ	
中	40	山﨑閑才未庄兵衛ノ時越前ノ国ニテ	—	17オ〜17ウ	
中	41	山﨑長門六拾歳余法躰シテ閑斎ニナリ或時	佐々伊左衛門（加賀藩士、のち富山藩士）	17ウ〜18オ	
中	42	鳥越ノ時分山﨑庄兵衛与力ニ鷲津九蔵ト云者在	山﨑小右衛門（加賀藩士）	18オ〜18ウ	『加』天正十三年四月八日条
中	43	葛巻隼人大坂ニテノ首尾隼人少ヲソク黒門ヲサシテ行所ニ	葛巻蔵人（加賀藩士）	18ウ〜19オ	
中	44	奥村摂津守江戸評定場ヱ書付ヲ上ケタル時	—	19オ〜19ウ	
中	45	慶長十六年三月廿八日秀頼洛二條ノ御城ヱ御入	—	20オ〜20ウ	
中	46	ワタリ黒ト云名馬利長公御ヒソウニテ浅井縄手ノ時	—	20ウ	『加』慶長五年八月八日条

中	47	天正拾一年柴田勝家滅亡ノ後未ノ年ノ暮	—	21オ～22オ	
中	48	永岡玄旨隠居シテ家ヲ三済ヱユヅリタマウ	—	22オ～22ウ	
中	49	玄旨丹州田辺ノ城籠城ノ時	—	22ウ	
中	50	尾州熱田ト笠寺ノ間ニ戸部ト云所在	—	22ウ	
中	51	木村主計ト云ハ木村長門別腹ノ兄ナリ	—	23オ	
中	52	長田牛助余ノ儀ハ不知	—	23オ～23ウ	
中	53	大正寺ナマズ橋ニテ山田出羽鑓ヲ合	—	23ウ	
中	54	丹羽織部ナマス橋一番鑓我ヨリ先ハ在マシト思フ所ニ	—	23ウ～24オ	
中	55	明知日向守光秀ノ家老斎藤内蔵助ハ	其時ノ仁	24オ～24ウ	本書第二章
中	56	小田原ヨリ豆州山中ニ取出ヲ築	—	24ウ～25オ	
中	57	小田原篭城数日及城中	—	25オ～25ウ	
中	58	堀久太郎信長公ニ仕テ十七八年比ヨリ	—	25ウ～26オ	全文墨引抹消
中	59	堀監物今度ノ首尾ハ扨モハヤキ事ナリ	—	26オ～26ウ	
中	60	右久太郎柳ヶ瀬ノ時ハ	—	26ウ	
中	61	右堀左衛門カミノ内儀ハ長谷川藤五郎ノ息女ナリ	—	26ウ～27オ	
中	62	久太郎越後国ヲ拝領シテ春日山ニ居城ス	—	27オ	
中	63	堀監物右一揆ニメイワクシテ	—	27オ～27ウ	
中	64	右春日山ノ城他国ノ敵ヲウケンニハ	—	27ウ～28オ	

巻	条	書き出し	証言者・話者（立場等）	丁数	翻刻・その他
中	65	春日山ヲ福嶋ヱ行半分越ノ時分ニ堀監物病死ス	—	28オ	
中	66	其後春日山ノ侍衆次第ニ福嶋ヱ引越在付ノ所ニ久太郎死去在テ	—	28オ〜29オ	
中	67	堀七郎兵衛ハ岩城ニテ出来タル子息ナリ	—	29オ	
中	68	越後国堀越州ノ跡上総守様御拝領	—	29オ	
中	69	萩田主馬ト云者ハ元来越後ノ国イトイ川ノ住人ナリ	—	29オ〜29ウ	
中	70	秀次ジユラクニマシマス時那古屋三左衛門トテ	—	29ウ〜30オ	
中	71	右那古屋三左ハ森美作殿内儀ノ弟ナリ	—	30オ〜30ウ	
中	72	小笠原刑部ト云シ人ハ甲州ニテ	山田半右衛門（加賀藩士）	30ウ〜31オ	
中	73	山城ノ国笠置山ノフモトニアスカイト云在所在	小田伝兵衛（加賀藩士）	31オ〜31ウ	
中	74	加藤肥後守清正肥後国天草ニテ先手ノ人数押立ラレ	—	31ウ〜32オ	
中	75	其後清正各ニムカツテ今度ノホネヲリヲ賀シタマウ	或人	32オ	
中	76	清正ハ常ニケンヤクニテ	—	32オ〜32ウ	
中	77	明知日向守内津田与三郎ト云シハ	或人	32ウ〜34オ	
中	78	蒲生源左衛門為使者御家ヱ来リ金沢御城ニテ	—	34ウ	
中	79	浅井縄手ノ時八月八日ノ朝小松ヨリ	脇田如鉄（加賀藩士）	34ウ〜35オ	
中	80	権現様天下ヲ秀忠公ヱ御ユヅリ被成或時ニ	村上次郎右衛門	35オ〜35ウ	
中	81	或時大久保彦左衛門横田次郎兵衛一座ノ時	村上次郎右衛門	35ウ	

巻	番号	内容	人物	丁	備考
中	82	稲葉美濃守殿若キ時ハ少ウツケノ様ニ人申タリ	—	35ウ〜36オ	
中	83	加州ノ一揆大将ニ須﨑兵庫ト云者在	—	36オ〜36ウ	
中	84	若林長門ト云能美郡ノ一揆大将頭ヲソリ	菅野兵左衛門（加賀藩士）	36ウ〜37オ	
中	85	越前朝倉家ノ侍ニ堀江七郎ト云者在	江州木本ノ地蔵ノ別当坊	37オ	
中	86	或時微妙院様越中ヱ御鷹野ニ御越被成今石動ニテ	—	37オ〜37ウ	『加』万治元年十月十二日条
中	87	御帰リニクリカラノ峠ニテ御休被成	—	37ウ〜38オ	同右
中	88	或時本阿弥光佐利常公ヱ語テ云加藤清正ノ御物語	葛巻蔵人（加賀藩士）	38オ〜38ウ	同右
中	89	越前黄門ノ御家中ニ久世但馬ト云者在	—	38ウ〜40ウ	
中	90	右ノ首尾駿府ヱ聞ヱイカヾノ子細御尋在ベキト	—	41オ	
中	91	扨竹嶋周防駿府ニテ御センサク	—	41オ〜41ウ	
中	92	本多伊豆手前御センサク伊豆申上ルハ	—	41ウ〜42オ	
中	93	右ノ一巻取立談合仕タル大名トモ何モ遠流ナリ	越前ノ古兵	42オ	
中	94	権現様駿府ニテ或時囲碁ヲウタセテ御見物ノ所ニ	—	42オ〜42ウ	
中	95	関ケ原ノ時美濃国石津郡カスゴ村ト云所ニ辻堂在	—	42ウ〜43オ	
中	96	中根宗閑斎上野ジウシ院ニテ加賀守様ヱ御物語	—	43オ〜43ウ	
中	97	長久手ノ時家康公御内鳥井金次郎平松金次郎一所ニテ	山鹿（素行、兵学者）	43ウ〜44オ	
中	98	松平上総守殿大坂五月六日御先手ナレトモ	山鹿甚五（素行、兵学者）	44オ〜44ウ	
中	99	右ノ物語ニ付テ山鹿云如此ナレバ権現様ニ軍法ハナカツタト云	—	44ウ〜45オ	

巻	条	書き出し	証言者・話者（立場等）	丁数	翻刻・その他
中	100	右御陳前ニ上総守殿箱根ノ湖ヱ御ハイリ被成	—	45オ～45ウ	
中	101	安宅三郎左衛門親父安宅四郎右衛門ト云シ仁ハ	—	45ウ～47オ	
中	102	利常公小松ヱ御隠居ノ砌御人分在テ	—	47オ～47ウ	『加』寛永十七年七月十六日条
中	103	右ノ後二三年過テ金沢中ヱケンチ被成ル	—	47ウ～48ウ	同右
中	104	万治二年酉ノ正月十八日昼ヨリ山鹿四郎右衛門	—	48ウ～49オ	
中	105	十八日ノ火事火本丸山本妙寺ヨリ右ノ方ハ	—	49オ～49ウ	
中	106	翌日十九日我等ハ当番故ニ朝六ツ時分ニ本郷ノ御屋敷ヲ出	—	49ウ～51オ	
中	107	十九日ノ次第小石川伝通院大門先ノ坂ノ下与力町ヨリ火出テ	—	51オ～52オ	
中	108	十九日ノ夜ヨリ人ノ心ウカリトシテ不定	—	52オ	
中	109	廿日ニハ風無暖気ナリ昼時分ニ	—	52オ～52ウ	
中	110	早速御老中ヱ御使者被遣屋敷中ニ火事少マイリ候得トモ	—	52ウ	
中	111	深川御蔵ノドロボウヲフセガン為ニ	—	52ウ	
中	112	廿一日ニ　公方様御堅固ニ西ノ御丸ニ被成御座	—	52ウ～53オ	
中	113	廿八九日ノ時分カ酒井讃岐守殿御見廻	—	53オ	
中	114	古田織部本ハ永岡ユウサイニ居タル人也或時ユウサイ	—	53オ～53ウ	
中	115	池田三左衛門殿ニ別木次右衛門ト云大剛ノ侍元来九州者ナリ	—	53ウ～54オ	
中	116	毛利家ニ小玉三郎左衛門ト云者在関ヶ原乱ノ時	—	54オ～54ウ	
中	117	秀吉公ノ御時小野木縫殿助ト云シ人ハ	—	54ウ～55オ	

『乙夜之書物』内容一覧

中	118	寛文九年酉七月十二日酉ノ刻西ノ方ヨリ東ノ方ヱヒカリ物	—	55オ	
中	119	大坂ニ一向ノ門跡居給フヲ信長公攻給フニ依テ	—	55オ～55ウ	『加』天正十年九月六日条
中	120	末森御後巻ノ時津幡ニテ末森ハ早落城ナリト云沙汰在	—	55ウ～56オ	『加』天正十二年九月十一日条
中	121	寛永七年ノ比カ加藤肥後守ノ子息豊後守ト云シハ	—	56オ～57オ	
中	122	大坂後御陣五月八日秀頼切腹其夜ニ	主膳	57オ～57ウ	
中	123	右伏見ヨリ二條ノ御城ヱ入タマウ	木下順庵（加賀藩儒）	57ウ	
中	124	天正ノ比能登ノ国トギト云所ニ大福寺ト云真言ノ法印在	大井主馬→村田吉左衛門（加賀藩士）	57ウ～58ウ	
中	125	青山織部若堂バクチヲ討盗ヲシテ懸落シテ	—	58ウ～59オ	
中	126	信長公御切腹ノ砌家康公ハ穴山梅雪御同道ニテ	山鹿甚五左衛門（素行、兵学者）	59オ～60オ	本書第五章
中	127	天正六年寅ノ三月十三日上杉謙信病死在テ十四日ヨリ	越後ノ老人	60オ	
中	128	或時ゴンゲン様秀康公ニ被仰萩田主馬ト云侍何方ニ居ル	—	60ウ	
中	129	ケイセイグルイノ功者トイワレタル人ノ語ルハ	—	60ウ～61オ	
中	130	元和ノ比藤堂和泉守殿ノタマウ若キ者トモ	—	61オ～61ウ	
中	131	此吉野ヲハイ屋ノ三郎右衛門ト云町人請出シテ女房ニスル	—	61ウ～62オ	
中	132	或時家光公本田豊後守ヲ被差遣御尋	中根宗閑→山鹿（素行、兵学者）	62オ	
中	133	信長公ノ御時諸司代秀吉公ニ被仰付無程播州ヲ被下	中根宗閑→山鹿（素行、兵学者）	62オ～62ウ	
中	134	慶長十九年五月利長公御煩御ツマリトテ	古民部→奥村因幡（加賀藩家老）	62ウ～63オ	『加』慶長十九年五月二十日条
中	135	山﨑閑斎煩ツマリタル時生田四郎兵衛ヲ以テ被仰下ハ	—	63オ	

巻	条	書き出し	証言者・話者（立場等）	丁数	翻刻・その他
中	136	寛永拾五年ノ春細川越中守忠利黒田右衛門佐忠之ヲ召シテ	—	63オ～64オ	
中	137	同二月廿八日嶋原一揆無事故タイヂ	山鹿（素行、兵学者）	64オ～64ウ	
中	138	右二月廿七日大手ノ各二ノ丸ヲ乗取本丸ハ堅固ニテ	—	64ウ	
中	139	安土ニテ日根野備中同織部兄弟ナラビテ御屋敷ヲ拝領シテ	—	64ウ～65オ	
中	140	慶長五年ノ秋家康公ヨリ利長公ヱ両使ヲ以テ被仰入ケルハ	—	65オ～65ウ	
中	141	利長公ヱノ難ダイ六七ヶ條何モ被仰分相済	—	65ウ	『加』慶長四年九月条
中	142	右加賀陳ノ沙汰埒明ヌ中ニハ御合戦ノ御用意ト見ヱタリ	—	65ウ	『金』慶長四年十二月条
中	143	大坂五月八日秀頼御切腹ト申テ以後	—	65ウ～66オ	『加』元和元年五月八日条
中	144	大坂冬ノ御陣中ニ秀忠公ノ御膳	山鹿（素行、兵学者）	66オ	全文墨引抹消
中	145	大坂真田丸ニテ神尾図書同主殿父子ノキ口ノシタイ在テ	—	66オ～66ウ	
中	146	大坂夏ノ御陣ノ時紀州ヨリ浅野但馬八千余キニテ	—	66ウ～67ウ	
中	147	右ヒネノヲウジニテ熊沢兵庫ハ馬廻ノ与頭ナルカ	—	67ウ～68オ	
中	148	池田三左衛門輝政拾五万石ニテ三州吉田ニ御居城ノ時	—	68オ～68ウ	
中	149	右武蔵守殿播州姫治ノ御城ニテ死去ノ時	池田家ノ人	68ウ～69オ	
中	150	利家公越中蓮ノ間ヲ放火被成タル時	—	69オ～69ウ	『加』天正十三年二月二十五日条
中	151	関ヶ原ノ時大津ノ城京極宰相殿内符様方ニテ籠城	—	69ウ～70ウ	

巻	番号	内容	話者	丁	備考
中	152	場毎ニ手ヲ負者有信玄公御内曲渕庄左衛門大力ノ勇者ナレトモ	―	70ウ	
中	153	微妙院様筑前様ノ御前ニテ小堀遠江守	―	70ウ	『加』正保二年四月五日条
中	154	利家公天正ノ比ニヤ金沢ノ御城御広間	―	70ウ～71オ	『加』元和三年七月十六日条
中	155	越後長尾為景武勇ニ長シ越中加賀ヲ望	―	71オ～71ウ	
中	156	佐々陸奥守成正天下ヲ望或時富山ノ城ニテ酒ヱン在テ	菊池大学（加賀藩士）	71ウ	
中	157	此時成政サスガ一身ノ功ハ立ガタシ	―	72オ～72ウ	
中	158	前田慶次郎ト云シ仁ハ	―	72ウ	『加』慶長十年十一月九日条
中	159	三河記十四巻ニ松平筑前守攻口事	―	72ウ～74オ	『加』元和元年五月七日条
中	160	蒲生氏郷伊勢田丸ニ六万石ニテヲワシケルヲ	―	74オ～74ウ	
中	161	微妙院様小松御隠居被成翌年筑前様御入国被成	―	74ウ～75オ	『加』寛永十七年春条
中	162	利常公津田玄番四十才余マテ前髪ヲヲカセテ御テウアイノ時分ニ	或人	75オ	
中	163	或時光高公小堀遠州ヲ茶ノ湯ニ御招待	―	75ウ	『加』正保二年四月五日条
中	164	高槻観兵衛金森宗和ヱ行テ茶ヲタテ習ワントテ	―	75ウ～76オ	
中	165	中院通村ノ歌	―	76オ	
中	166	人ノ親ノ心ハヤミニアラネドモ	―	76オ	
中	167	下トシテ上ヲハカル事	―	76オ～77オ	『加』寛文九年十月十一日条
中	奥書			77オ	本書第一章

巻	条	書き出し	証言者・話者（立場等）	丁数	翻刻・その他
下	1	寛永ノ比讃岐ノ国ノ領守ハ生駒壱岐守ト申ス	—	1オ	
下	2	生駒壱岐守殿ハイ所ニテ子息四人出来タマウ	—	1オ～1ウ	
下	3	伝吉郎為ニハ左近モ権之助モ兄ナリ	—	1ウ～2オ	
下	4	永岡玄旨子息越中守忠興ニ教化シテノタマハク	古兵	2オ～2ウ	
下	5	能登ノ国畠山ノ旧臣ニ平野惣右衛門ト云者在	或人	2ウ～3ウ	
下	6	鎧ノ覚	—	3ウ～4オ	
下	7	慶長拾九年寅冬御所様御本陣	—	4オ～4ウ	
下	8	同将軍秀忠公岡山冬夏御本陣御装束	—	4ウ	
下	9	慶長廿卯ノ五月六日後藤又兵衛ノボリ	—	4ウ	
下	10	同日長曽我部幟黄ニ黒キモチ藤堂和泉守ト合戦ス	—	4ウ	
下	11	同日木村長門山口左馬助蒔田隼人増田兵太夫若井表ニテ	—	4ウ～5オ	
下	12	備前宮内殿内横川次太夫平子内膳ヲ討取	—	5オ	
下	13	寅ノ十二月三日ノ夜松平阿波守殿	—	5オ	
下	14	秀頼公御幟ノ切サキ拾弐本御馬印金ノヒヤウタン	—	5オ	
下	15	秀頼公御内本葉七組	—	5オ	
下	16	刁十二月廿五日御扱相済秀頼公ヨリ木村長門守	—	5オ～5ウ	
下	17	慶長拾九年寅十月十一日御所様駿符ヨリ御出陣	—	5ウ	
下	18	慶長廿年卯五月三日将軍様京都御出陣	—	5ウ	

下	19	世の中ハ　人ためならす	―	5ウ	
下	20	我ににぬ　人にてしりぬ　我もまた	―	5ウ	
下	21	われを人　おもわぬほとの	―	5ウ	
下	22	寛永ノ比阿部四郎五郎殿与力ニ諸角ト云者在	―	6オ～7オ	
下	23	陽光院様ヲリ位サセタマウ時御ウタ	―	7オ	
下	24	当御公方家綱公御誕生ノ時大融院家光公ノ御ヱイカ	―	7オ	
下	25	寛文九年仙石越前守殿御勝手	木下順庵（加賀藩儒）	7オ～7ウ	
下	26	寛文九年ニ御ジユタイ	岡田豊前（善政、江戸幕府勘定奉行）	7ウ	
下	27	寛永ノ比横山大膳奥村河内今枝民部西尾隼人〆四人	―	7ウ～8オ	『加』正保二年九月十八日条
下	28	或時二代目ノ今枝民部ヱ御小姓衆誰彼四五人	―	8オ～8ウ	同右
下	29	石田乱ノ時真田安房守上州犬伏ノ町ヨリ帰ルト在	―	8ウ	
下	30	朝鮮陳ノ時大明ヨリ為加勢	木下順庵（加賀藩儒）	8ウ	
下	31	寛文九年閏十月十五日御出仕ノ時	―	8ウ～9オ	『加』寛文九年閏十月十八日条
下	32	千野理休御成敗ノ時	―	9オ	
下	33	慶長五年石田乱ノ時大坂ニテ治少方ヨリ	―	9オ～9ウ	
下	34	右稲富伊賀守ハ鉄炮ノ名人ニテ	―	9ウ	
下	35	石田乱ノ時利長公ヨリ家康公ヱ御一味ノ御使者	―	9ウ	『加』慶長五年八月二十四日条
下	36	右治部乱ノ時備前中納言秀家ヨリ利長公ヱノ御使者	―	10オ	『加』慶長五年七月二十七日条

巻	条	書き出し	証言者・話者（立場等）	丁数	翻刻・その他
下	37	政所様ト云ハ太閤秀吉公御小身ノ時ヨリ	—	10オ	
下	38	慶長五年石田治少乱ヲ起ストテ	浅井先源右衛門→二代源右衛門（加賀藩士）	10オ〜10ウ	
下	39	仏法ニ法説比説因縁説ト云方在	—	10ウ	
下	40	或人ノ曰ハナシヲシテ其ハナシノ中ホドニヲカシキ事在テ	—	10ウ〜11オ	
下	41	或連歌ノ書ヲ見ケルニ面白キ所ニ覚書	—	11オ〜16オ	
下	42	洛陽四條ノ辺ニシヤウジノホネヲ作リテ渡世トスル者有	上方ノ町人	16オ〜17ウ	
下	43	我等若キ時分剣ジユツ鑓ナトスキテケイコス	—	17ウ〜18ウ	
下	44	右ノ通ニ其一道ヲ習極テ	—	18ウ〜19オ	
下	45	我等ハ其方トモ存ノゴトク文モウ第一ニテ	—	19オ	
下	46	我等軍法ヲタンレンシテ書物ノ上ヲセンサクシ	—	19オ〜19ウ	
下	47	一ト二ノ間五町ホトニト旗本ノ間拾町ホト、御座候	—	19ウ〜20オ	
下	48	右ニ付テヲモヱハ山形備	—	20オ	
下	49	信玄公山本勘助ニ城取ノ事ヲ問タマヱハ	—	20オ〜20ウ	
下	50	或時我等了見ハ戦法ハ鳥雲ノ心得至極カト存候	—	20ウ	
下	51	信玄公被仰付タル公事場三奉行ノ形儀	—	20ウ〜21オ	
下	52	雄鑑ニモ全書ニモ廻シ備ヲトムル備ト云在	—	21オ	
下	53	要本ニ平城戸倉小口数	—	21オ〜21ウ	

下	54	城取陣取備立トモニ方円ノ図雄鑑全書トモニ出タリ	—	21ウ～22オ	
下	55	或時山鹿甚五左衛門我等ニ向テ云慶長五年石田治部少	山鹿甚五左衛門（素行、兵学者）	22オ	
下	56	関ヶ原合戦ニ付テ或人ノ曰三成手立ヨロシカラズ	或人	22オ～22ウ	
下	57	慶長拾九年ノ冬大坂籠城ノ事	—	22ウ～23オ	
下	58	或曰大坂卯ノ年ノ御合戦秀頼公良将ナラバ	—	23オ～23ウ	
下	59	此評五六年以前ニ書テ山鹿ニ見セタリ	—	23ウ～24オ	
下	60	肥後ノ国中ノ津ト云所ノ船商人長崎ヱアキナイニ行トテ	—	24オ～24ウ	
下	61	尾州犬山ノ近所ノ山入瀬戸ノ辺ニイヅクノ者トモシレズ	—	24ウ～25ウ	
下	62	何様ノ事在トモ先祖ノ宗旨ヲカヱテ余宗ニナルコト遠慮在ベシ	—	25ウ～26ウ	
下	63	三年父ノ道ヲアラタムル事ナキヲ孝トイツ、ベシト見ヱタリ	—	26ウ～27オ	
下	64	御家中ニ唯今道具ハヤリ	—	27オ～27ウ	
下	65	右ノゴトクナル若キ時ヨリノ事	—	27ウ	
下	66	御家中ニテ此人ナクハト云ホト利根分別調タル	—	27ウ～28オ	
下	67	大身小身トモニ女房ヲモタテハカナワヌ物ナリ	—	28オ～28ウ	
下	68	右ニ云第一時ナリト云弘子モ時ニアワズナド云	—	28ウ	
下	69	我等軍法ヲ少覚ヱタリトテ飛驒守様へ軍法御相伝申上ル	—	28ウ～29オ	
下	70	木下淡路殿鑓ノ弟子衆ヱ物語ニセウジヲアクレバ	—	29オ～29ウ	
下	71	木下氏ノ事ハ終ニ御目ニカ、リタル事ナケレハ	—	29ウ	

巻	条	書き出し	証言者・話者（立場等）	丁数	翻刻・その他
下	72	塚原ト伝ハヲシヱノ名人トミヱタリ	—	29ウ	
下	73	山本勘助真実ノ侍ト見ヱタリ	—	29ウ〜30オ	
下	74	御馬廻ニ阿部九郎右衛門ト云者在	—	30オ〜30ウ	
下	75	越前ニ笹地伊兵衛ト云者在	武藤吉兵衛・木下順庵（加賀藩儒）	31オ〜31ウ	
下	76	京都奈葉屋ノ九郎左衛門ト云者在	木下順庵（加賀藩儒）	31ウ〜33オ	
下	77	秀次公ノ時分ニジユラクニヘチクワント云者在	—	33オ	
下	78	山鹿甚五左衛門インケンゼンジニ問	—	33オ	
下	79	石見将監殿禅師ニ問タマウ	—	33ウ	
下	80	太鞁村ノ与左衛門ニ日置清兵衛問	—	33ウ〜34オ	
下	81	堀監物ト云仁ハ堀越後守殿ノ家老ニテ九万石取タル人ナリ	—	34オ	
下	82	越前ニ高田遠江ト云仁在	神野太郎左衛門	34オ〜35ウ	
下	83	山鹿甚五左衛門云日本ハ往昔ヨリ武道ニテ治リタリト見ヱタリ	山鹿甚五左衛門（素行、兵学者）	35ウ〜36オ	
下	84	水戸様ノ御内シユンスイノ物語ノ由日本ハ	木下順庵（加賀藩儒）	36オ	
下	85	唐ニ龍門ノタキト云在	シユンスイ↓カウハク	36オ〜36ウ	
下	86	天ノヤシナイハ出入息是ニテ元気ヲヤシナウ	木下順庵（加賀藩儒）	36ウ	
下	87	右元気先ニ来ルカ形先ニ来ルカ	—	36ウ	
下	88	学文シテモ益ナシ物ヲシリタルト云人ヲ見ルニ	—	36ウ〜37オ	

下	89	往昔摂津ノ国西ノ宮辺ニ道徳坊ト云者在	沢田宗賢（加賀藩儒）	37オ	
下	90	タバコト云名ハ南蛮ヨリワタリ物ニ	浅井源右衛門（加賀藩士）	37オ～37ウ	
下	91	秀吉公播州三木ノ城攻タマウ時	或人	37ウ	
下	92	寛文九年七月ノ比江戸ニテ異風ノ小頭渡瀬彦右衛門	—	37ウ～38ウ	『加』寛文九年七月九日条
下	93	右出入隙明テ少間在テ何者ヤラン侍一人	—	39オ	同右
下	94	御旗本衆ニ山口勘兵衛トテ三千石取被申仁在	—	39オ～40オ	
下	95	寛永ノ初比御馬廻与頭ニ板坂市右衛門ト云人在	—	40オ～41オ	
下	96	寛永ノ初比成瀬古内蔵方ヨリ本多古安房方ヱ	次郎左衛門	41オ～42ウ	
下	97	ツレ〱ニ法然上人往生ハ一定トヲモヱハ	—	42ウ	
下	98	甲陽軍鑑ニ曰武士ハ何事ヲスルモ	—	42ウ～43オ	
下	99	親ヱノ孝行五ケイノツミ三千不孝ヨリ大キナルハナシト聞ヱタリ	—	43ウ	
下	100	神モ仏モ無キ事ナリ皆イツワリナト云人多シ	—	43ウ～44オ	
下	101	生死ノ道ヲバ少心得テ居タキ物ナリ	—	44オ	
下	102	ノウイン法師ガ歌ニ	—	44オ～44ウ	
下	103	信長公ノ御時大坂ナガラノ河ヲセキテ	—	44ウ	
下	104	天正ノ比利長公越中守山ニ御在城ノ或時	矢部孫右衛門（加賀藩士）	44ウ～45ウ	『加』慶長十九年五月二十日条
下	105	寛文初ノ比　殿様御国ヨリスグニ日光御社参	—	45ウ	
下	106	下野国佐野戸矢子之系図結城一家	—	45ウ～47オ	

巻	条	書き出し	証言者・話者（立場等）	丁数	翻刻・その他
下	107	佐野天徳寺ト云ハ昌綱ノ舎弟ナリ	―	47オ〜47ウ	
下	108	佐野トトチギノ間ニトン田ト云所在リ	―	47ウ	
下	109	下野国ノ内合戦場ト云宿在	―	47ウ	
下	110	宇津宮左衛門友綱ト云ハ	―	47ウ	
下	111	ハイカイ師ノテイトク近衛殿ヱ御見廻申上ル	―	48オ	
下	112	ハイカイシノトクゲン稲葉美濃守殿ヱ御見廻申上ル	―	48オ	
下	113	同トクゲン観世庄兵衛方ヱ	―	48オ	
下	114	テイトク庭ノ内ヱトナリノ地ヨリ	―	48オ	
下	115	十二支ノ歌	―	48ウ	
下	116	朱ヒキノウタ	―	48ウ	
下	117	海ノ無キ国	―	48ウ	
下	118	美濃ノ国拾八郡ノ歌	―	48ウ〜49オ	
下	119	クワイブンカ	―	49オ	
下	120	昔或人他行スルトテ僧ニ行合	―	49オ〜49ウ	
下	121	昔或人長在京シテ国本の女房ノ方ヱ文ヲヤル	―	49ウ	
下	122	或人カキツバタト云五文字ヲ句ノ上ニ置	―	49ウ	
下	123	寛文九年極月松前兵庫家老蠣﨑蔵人御屋敷ヱ来リ	―	50オ〜50ウ	

下	124	小堀遠江守伏見ニ居	—	50ウ～51オ	
下	125	松平陸奥守殿牢人ニ宮野チカラト云者在	—	51オ～51ウ	
下	126	大融院様御ヘヤズミ御テウアイノ御子小姓酒井山城守	—	51ウ～52オ	
下	127	松平陸奥守正宗ハテウアイノ子小姓	—	52オ	
下	128	或人ノ云イカナルカコレ祖師	—	52オ	
下	129	九州長崎ヱ慶安ノ比カ異国舟来ル	西山又右衛門（小笠原信濃守家臣）	52オ～53オ	
下	130	右首尾済此方ヨリ望テ船中ヲ見物	西山（又右衛門、小笠原信濃守家臣）	53ウ	
下	131	紀伊大納言源頼宣	—	53ウ～54オ	
下	132	同姓嫡子宰相光貞	—	54オ	
下	133	尾張中納言光義	—	54オ～54ウ	
下	134	水戸中納言源頼房公	—	54ウ～55オ	
下	135	嫡子宰相光国	—	55オ	
下	136	宰相左馬頭綱重	—	55オ	
下	137	宰相右馬頭綱吉	—	55オ～55ウ	
下	138	駿河大納言忠長公	—	55ウ～56オ	
下	139	吉田逸角京都御買手ニ一年在京シテ	—	56オ～57オ	
下	140	天正拾年五月下旬ニ上杉景勝三千余キニテ	—	57オ	
下	141	佐々成正サラ〳〵越ノ事	近藤喜三郎（加賀藩士）	57ウ	本書第五章

巻	条	書き出し	証言者・話者（立場等）	丁数	翻刻・その他
下	142	中村次郎兵衛ト云者	—	57ウ〜58オ	[大西二〇一六A]
下	143	源実朝公ノ御歌ニ	或人	58オ〜58ウ	
下	144	ヿノ冬大坂ニテ仕ヨリヲスルニ城中ヨリ	—	58ウ	
下	145	稲次右近ト云シ人ハ	—	58ウ〜59オ	
下	146	勢州松坂ニカドヤ四郎次郎ト云者有	鍛治三郎兵衛	59オ	
下	147	加藤左馬助嘉明奥州会津ヲ拝領シテ	佐々木四郎兵衛（兵学者）	59オ〜59ウ	
下	148	武州岩付ノ城ハ太田三楽居城ナリ	佐々木四郎兵衛（兵学者）	59ウ	
下	149	松倉内膳殿御家老ニ問タマウハ	西尾彦左衛門	59ウ〜60オ	
下	150	内膳殿御家礼衆ヱ常々被仰惣テ侍ハ	西尾彦左衛門	60オ	
下	151	内膳殿大坂御在番ニ御引越	西尾彦左衛門	60オ〜60ウ	
下	152	右雷火ノ時内膳殿	西尾彦左衛門	60ウ〜61オ	
下	153	シゼンノ事モ在バ家中ノ子トモハ不及申	西尾彦左衛門	61オ	
下	154	大坂御城　御殿ノ御床ニ公儀ヨリ渡リテ	西尾彦左衛門	61オ	
下	155	内膳殿御老中ニ御ナリ被成	西尾彦左衛門	61オ	
下	156	何者ノ吟ニテモヲモシロク思召ス吟ヲバ	西尾彦左衛門	61オ〜61ウ	
下	157	熊沢了開吉野ヱ参詣シテ	西尾彦左衛門	61ウ〜62オ	
下	158	内膳殿ハ惣テクワレイナル事キライナリ	西尾彦左衛門	62オ	奥書「右拾ヶ條西尾彦左衛門物語ナリ」

下	159	板倉内［　　］大坂御城代ニ御越候時	板倉内膳→山鹿（素行、兵学者）	62ウ	
下	160	堀田上野殿桜井ヱ御引籠	山鹿（素行、兵学者）	62ウ～63オ	
下	161	大坂冬ノ御陣以後真田左衛門佐方ヱ兄ノ伊豆守方ヨリ	―	63オ～64オ	
下	162	大坂御城ハ鉄炮ノ薬蔵ヱ雷火落テ	山鹿（素行、兵学者）	64オ～64ウ	
下	163	吉田忠左衛門カ曰弓ハ	―	64ウ	
下	164	大嶋弥左衛門曰リヤウヲバ	―	64ウ	
下	165	津田少左衛門カ曰大ズモウ小ズモウト云ハ	―	64ウ	
下	166	保科肥後守様寛文拾戌年四月十二日奥州会津御帰城ノ時	―	64ウ～65オ	
下	167	江戸ノ町人ニフツキニ余リ深川ノ辺ニ下屋敷ヲ持	―	65オ～65ウ	
下	168	信長公甲州武田ヲホロボシ東海道筋御帰陣ノ時	―	65ウ～66オ	
下	169	三好修理大夫長慶ノ舎弟ニ十河民太夫勝長ト云人在	―	66オ	
下	170	サカヤキヲ大キニスリサゲタルハ信長公ノ時分	木下順庵（加賀藩儒）	66オ	
下	171	寛文七年御国廻リノ時節三ヶ国人民ノアラタメ在	―	66オ～66ウ	
下	172	松平伊豆守為御名代九州嶋原発向ノ時	今枝民部（加賀藩士）	66ウ～67オ	
下	173	碁討三哲ノ云	今枝民部（加賀藩士）	67オ	
下	174	今枝弥八傍輩ノ神子田長門守ニ常ニ頼テ曰	今枝民部（加賀藩士）	67オ～67ウ	
下	175	大坂冬ノ御陣ニ二代目織田河内守様	矢田五郎兵衛（美濃野村織田家旧臣）	67ウ～68オ	
下	176	山﨑闇斎云我等若キ時傍輩ニ軍法知タル者在	―	68オ	

巻	条	書き出し	証言者・話者（立場等）	丁数	翻刻・その他
下	177	天正十三年尾州表無事ニナリ	沢田宗賢（加賀藩儒）	68ウ〜69オ	
下	178	秀吉公ノ御時腰ボロト云ハ	津田長伊→津田次郎左衛門（加賀藩士）	69オ	
下	179	寛文拾年ノ秋板倉内膳	沢田宗賢（加賀藩儒）	69オ	
下	180	佐々陸奥守成政肥後ノ国主タリシ時	鈴木孫左衛門（加賀藩士）→井上清左衛門（加賀藩士）	69オ〜69ウ	
下	181	具足カブトキテスハダ武者ト太刀討スル時	—	70オ	
下	182	真田左衛門佑高野山ニ居住ノ間ニ	古兵	70オ〜70ウ	
下	183	織田上野守ハ信長公一脈ノ御舎弟ナリ	中川主馬（加賀藩士）	70ウ	
下	184	大坂ニテ片桐市正四万五千石	主馬（加賀藩士）	70ウ	
下	185	中川久右衛門ハ佐治与九郎殿舎弟ナリ	—	70ウ	
下	186	能　夢　一富士　二鷹	—	70ウ	
下	187	越前ニテ久世但馬家人ヲ遣シ	山下吉左衛門（加賀藩士）	71オ	
下	188	［　］衛門カミハ元来美濃国赤ナベ村	井上清左衛門（加賀藩士）	71オ〜71ウ	
下	189	ツクシ陳ニテ左衛門カミ本陣寺ヲカリテ	井上清左衛門（加賀藩士）	71ウ	
下	190	堀監物云我等一代ニケンクワヲ三度仕タリ	井上清左衛門（加賀藩士）	72オ〜72ウ	
下	191	加藤肥後守清正天草ニテ先手敗軍ノ時	—	73オ	
下	192	慶長五年子ノ九月十四日濃州赤坂岡山ニテ	—	73オ	
下	奥書			73オ	本書第一章

主要史料解題

※書名の五十音順に列記した

『明智物語』

正保四年（一六四七）の自序によると、土岐定明の家臣森四郎左衛門秀利が慶長十九年（一六一四）冬に齢八十二歳にして、土岐・明智家累祖のことを語り始め、不十分の思いに時を過ごすうち正保四年に至り、遂に子孫のためにこれを『明智物語』と名づけてまとめたものだという。事の実否は別として、そのように信を置いて楽しむ「読み物」と評価されている。


『イエズス会日本年報』

イエズス会宣教師がヨーロッパ総会長に宛てて送った、日本国内の情勢と布教活動の報告書。ルイス・フロイスがまとめた「一五八二年の日本年報 追加」に光秀の乱に関する記述がある。『日本書翰集』第二巻（エヴォラ、一五九八年）所収史料からの日本語訳は、村上直次郎氏および松田毅一氏のものがある。ローマ・イエズス会文書館所蔵の「日本・中国部」第九冊所収文書の『一五八二年日本年報 補遺 信長の死について』は、浅見雅一氏の日本語訳がある。


『家忠日記』

著者は徳川家康の家臣である深溝松平家の松平家忠（弘治元年［一五五五］生～慶長五年［一六〇〇］没）。主君家康の動向のほか、歴史的な事件や自身の私生活などが綴られている。

『宇野主水日記』

大坂本願寺門主顕如の右筆であった宇野主水（生没年未詳）が記した日記。当時は紀伊国鷺森（現和歌山市）にいたため「鷺森日記」とも呼ばれる。

『絵本太閤記』

寛政九年（一七九七）～享和二年（一八〇二）にかけて、全七編八十四冊にわたって出版された挿絵入り読み本。武内確斎著・岡田玉山画。内容は、豊臣秀吉の一代記で、虚実入り混じるものだが、江戸時代後期のベストセラーとなり、後世の秀吉イメージの形成に大きな影響を与えた。

『織田信長譜』

江戸時代前期の儒学者、林羅山が江戸幕府の命令に基づいて編纂した『将軍家譜』（七巻七冊）の一編。織田信長の生涯について、漢文で記している。実際は、羅山の三男林鵞峰が代作したもの。「寛永十八年十一月上旬起筆、十二月七日進呈」の跋をもつ。明暦四年（一六五八）に出版された。

『可観小説』

加賀藩士の青地礼幹（延宝三年［一六七五］生～延享元年［一七四四］没）による随筆集。著者の見聞、筆写などを雑然と集めたもの。

『兼見卿記』

著者は京都吉田神社の神主である吉田兼見。天正十年（一五八二）当時の実名は兼和。兼見は惟任光秀と親しく、関連記事が散見する。光秀との関係が薄まっているのが正本。別本がオリジナル。この別本の書き換えによって、兼見を光秀の乱に関与したとみる向きもある。しかし、別本の紙数が偶然尽きたことによるものという指摘もある［金子二〇一一］。

『加陽諸士系譜』

天明元年（一七八一）に書写された加賀藩士の系譜集。編者は不明。延享二年（一七四五）の諸士系図帳（所在不明）を底本にしたという。元は三巻三冊本だが、現在は中巻を欠いた上下巻の二冊が残る。配列はイロハ順で、上巻はイ～カ、下巻マ～スの順に加賀藩士の系図を集成したもの。

『加陽人持先祖』

寛文七年（一六六七）の成立。ただし後年の追記もある。編者は不明。人持組に当時属した加賀藩士八十名から藩に提出された由緒書をまとめたもの。

『川角太閤記』

田中吉政旧臣の川角三郎右衛門（実名未詳）による秀吉の一代記。成立は元和七年～九年頃（一六二一～二三）という。「さもありなん」と思わせる記事が多いだけにとかく歴史の記述に用いられがちだが、実際には誤りも多いので、いちいち検討が必要である［谷口二〇〇七］。

『寛永諸家系図伝』

寛永年間（一六二四～四四）後期に、江戸幕府三代将軍徳川家光の上意によって、大名や旗本諸家が江戸幕府へ差し出した由緒をまとめたもの。序文によると、提出された由緒の真偽判定は、編者の林羅山・鵞峰父子が当たったという。

『義残後覚』

十六世紀末に成立した世間話集。作者（厳密には監修者）は愚軒なる人物。文禄五年（一五九六）暮春に著した跋文をもつが、実際の成立年代はやや下る。

『古組帳抜萃』

加賀藩が侍帳を作成するために、組頭から提出させた組帳を筆写したもの。編集した人物や時期は不明だが、慶安二年（一六四九）～寛文元年（一六六一）にかけての一四七冊に及ぶ組帳を収めている。

『惟任退治記』

『惟任謀反記』ともいう。著者は羽柴秀吉の御伽衆であった大村由己。由己が著した秀吉伝記『天正記』十二巻のうち、現存する八巻の一つ。原本が伝わらず写本しかない。天正十年（一五八二）十月十五日の奥書をもつが、この日は織田信長の葬儀であり、実際にはもう少し後の成立とみられている。

『諸士系譜』

天保三年（一八三二）に加賀藩士の津田信成が編纂した、同藩士たちの系譜集。譜代三品（馬廻定番、馬廻組外）以上と射手・異風・火矢方・厩方・儒者・医師などの家系をイロハ順に記載したもの。藩主に献呈したもので、半ば公的な性格をもつ系譜である。

『信長記』

著者は小瀬甫庵。慶長十六年（一六一一）の末～十七年の五月以前に出版された［柳沢二〇〇七］。太田牛一の『信長公記』を儒教の色彩で改竄して史料価値を落としてしまった本［谷口二〇〇七］。

『信長公記』

著者は信長に弓衆として仕えた太田牛一。「ぎゅういち」と読むのが通例だが、「うしかず」と読む研究者も少なくない。信長の死後十数年を経て成立したものであるから二次史料である。しかし、軍記物語としては群を抜いて史料価値が高く、一次史料に準じる内容と評価するのが一般的である〔堀二〇二〇A〕。

『先祖由緒并一類附帳』

一八七〇年頃までに金沢藩庁に対して提出された、加賀藩士諸家の系譜を編纂したもの。その内容は、まず当主の略歴にはじまり、遡って先祖以来の系譜と略歴、ついで当主の四親等までの親族を書き上げている。

『祖父物語』

慶長十二年（一六〇七）頃、尾張国清須朝日村の柿屋喜左衛門が戦国時代を生きた祖父の見聞談を書き留めた聞書集。別に『朝日物語』とも称される。

『太閤記』

著者は小瀬甫庵。豊臣秀吉の生涯を儒教的観念のもとで叙述したもの。全二十二巻で、寛永二年（一六二五）の自序と寛永三年の跋文を備えるが、初版本に刊記はなく、実際に出版されたのは寛永十一年～十四年頃とみられている〔柳沢二〇〇七〕。

『多聞院日記』

著者は興福寺多聞院の院主であった英俊。記事は詳細だが、奈良に居住した者の記録だけに、京都で起こった事件に関しては誤聞も多い。

『当代記』

著者は徳川家康の外孫にあたる松平定明かといわれている。寛永年間（一六二四〜四四）に成立した歴史書。信長時代の記述に関しては、小瀬甫庵の『信長記』に拠ったところが多く、決して信ぴょう性の高い史料とはいえない［谷口二〇〇七］。

『言経卿記』

著者は中流公家といえる権中納言の山科言経。惟任光秀挙兵直後の天正十年（一五八二）六月五日〜十二日までの部分は欠落している。

『日本史』

イエズス会宣教師ルイス・フロイスが、日本での布教編年史の執筆を命じられて著述したもの。

『晴豊公記』

著者は武家伝奏の要職にあった公家の勧修寺晴豊。『日々記』とも呼ばれ、天正十年（一五八二）四月〜六月の記録は『天正十年夏記』ともいう。三職推任の事実を語る唯一の史料となっている。

『武家事紀』

著者は兵学者の山鹿素行（元和八年［一六二二］生〜貞享二年［一六八五］没）。延宝元年（一六七三）の序をもつ、武士を主たる読者対象とした歴史書。

『本城惣右衛門覚書』

著者は丹波の老武士本城惣右衛門（実名未詳）。寛永十七年（一六四〇）八月に、親族と思われる本城藤左衛門らに対して、自らのこれまでの戦歴を書き残したもの。本能寺襲撃に参加した者の証言として貴重。

『本朝通鑑続編』

林鵞峰が江戸幕府四代将軍徳川家綱の命令により編纂した、醍醐天皇から後陽成天皇に至るまでの歴史書で、一二三〇巻に及ぶ。寛文十年（一六七〇）に完成した。

『三河物語』

著者は江戸幕府旗本の大久保忠教（永禄三年［一五六〇］生〜寛永十六年［一六三九］没）。徳川将軍家の創業記であり、最終的な成立は寛永三年とみられている。

『山鹿語類』

山鹿素行（元和八年［一六二二］生〜貞享二年［一六八五］没）が語った内容を、彼の弟子たちがまとめたもの。寛文三年〜五年（一六六三〜六五）頃に刊行された。

『蓮成院記録』

奈良興福寺蓮成院に伝わってきた記録で、日記ではない。『多聞院日記』その他の日記やメモをもとに後に整理された。天正九年（一五八一）と翌十年の部分は蓮成院の釈迦院寛尊の筆記で、変から二年後、あるいはそれより少し経ってから整理されたものらしい。

『老人雑話』

永禄八年（一五六五）に生まれ、寛文四年（一六六四）に没した江村専斎という医者が語った内容を、専斎の弟子の伊藤坦庵が正徳三年（一七一三）に編集整理した聞書集。

主要参考文献

著書・論文（本文・解題引用分のみ）

明智憲三郎『「本能寺の変」は変だ』（文芸社文庫、二〇一八年。初出二〇一六年）
浅見雅一『キリシタン教会と本能寺の変』（角川新書、二〇二〇年）
足利健亮「光秀、謀反の道」（足利『地理から見た信長・秀吉・家康の戦略』吉川弘文館、二〇一五年。初出一九九一年）
石岡久夫『山鹿素行兵法学の史的研究』（玉川大学出版部、一九八〇年）
石川県立美術館「桑華字苑と桑華書誌」（『石川県立美術館だより』二〇一号、二〇〇〇年）
岩田重則「明智光秀の墓」（『現代思想』四七巻一六号、二〇一九年）
上島秀友『本能寺の変　神君伊賀越えの真相』（奈良新聞社、二〇二一年）
鵜澤由美「近世における誕生日」（『国立歴史民俗博物館研究報告』一四一号、二〇〇八年）
大河内勇介「関屋家旧蔵文書等について」（『研究紀要　金沢城研究』一五号、二〇一七年）
大西泰正「『乙夜之書物』にみる宇喜多騒動」（大西『論文集　宇喜多秀家の周辺　増補版』宇喜多家史談会、二〇一六年A）
大西泰正『前田利家・利長』（戎光祥出版、二〇一六年B）
大西泰正『論集　加賀藩前田家と八丈島宇喜多一類』（桂書房、二〇一八年）

大西泰正『宇喜多秀家』（平凡社、二〇二〇年）
大西泰正「初期金沢城の諸問題」（『研究紀要　金沢城研究』一九号、二〇二一年）
岡本勇『加賀の家中』（石川県図書館協会、一九三五年）
小和田哲男『北政所と淀殿』（吉川弘文館、二〇〇九年）
小和田哲男『明智光秀と本能寺の変』（PHP文庫、二〇一四年）
小和田哲男『明智光秀・秀満』（ミネルヴァ書房、二〇一九年）
小和田泰経「本能寺の変　完全ドキュメント」（『歴史道』一三号、二〇二一年）
笠谷和比古『信長の自己神格化と本能寺の変』（宮帯出版社、二〇二〇年）
柏木輝久『天下一のかぶき者　織田左門』（宮帯出版社、二〇二〇年）
金子拓『記憶の歴史学』（講談社、二〇一一年）
金子拓「誠仁親王の立場」（金子『織田信長権力論』吉川弘文館、二〇一五年。初出二〇一三年）
金子拓『織田信長　不器用すぎた天下人』（河出書房新社、二〇一七年）
金子拓『信長家臣明智光秀』（平凡社新書、二〇一九年）
金松誠『筒井順慶』（戎光祥出版、二〇一九年）
河内将芳「中世本能寺の寺地と立地について」（『立命館文学』六〇九号、二〇〇八年。のち河内『戦国仏教と京都』法蔵館、二〇一九年）
河内将芳『宿所の変遷からみる　信長と京都』（淡交社、二〇一八年）

河内将芳「信長はなぜ本能寺に滞在していたのか」（『現代思想』四七巻一六号、二〇一九年）
菅野俊輔『真相解明「本能寺の変」』（青春新書、二〇二一年）
菊池紳一『加賀前田家と尊経閣文庫』（勉誠出版、二〇一六年）
桐野作人「本能寺の変報はいかにして伝わったか？」（『新・歴史群像シリーズ⑨本能寺の変』学習研究社、二〇〇七年）
桐野作人『本能寺の変の首謀者はだれか』（吉川弘文館、二〇二〇年A。初刊二〇〇七年）
桐野作人『明智光秀と斎藤利三』（宝島社新書、二〇二〇年B）
黒嶋敏『秀吉の武威、信長の武威』（平凡社、二〇一八年）
桑田忠親『大名と御伽集』（有精堂、一九六九年）
桑田忠親『戦国武将の書簡（二）』（徳間書店、一九七八年）
呉座勇一『陰謀の日本中世史』（角川新書、二〇一八年）
呉座勇一「明智光秀と本能寺の変」（井上章一・呉座勇一・フレデリック クレインス・郭南燕『明智光秀と細川ガラシャ』筑摩選書、二〇二〇年A）
呉座勇一「戦国武将、虚像と実像　vol.1」（KADOKAWA文芸WEBマガジン、二〇二〇年B）
小林清治『伊達政宗』（吉川弘文館、一九五九年）
小林清治『奥羽仕置と豊臣政権』（吉川弘文館、二〇〇三年）
小林正信『新装改訂増補版　明智光秀の乱』（里文出版、二〇一九年）

小松茂美『利休の死』（中央公論社、一九八八年）
近藤真史「加賀藩における有沢兵学の展開」（加賀藩研究ネットワーク編『加賀藩武家社会と学問・情報』岩田書院、二〇一五年）
柴裕之「惟任（明智）光秀論」（柴編『明智光秀』戎光祥出版、二〇一九年）
柴裕之「山崎合戦の性格」（渡邊大門編『考証明智光秀』東京堂出版、二〇二〇年）
司馬遼太郎『司馬遼太郎全集11　国盗り物語後』（文藝春秋社、一九七一年）
白峰旬「「戦功覚書」としての『本城惣右衛門覚書』（その1）」（『別府大学大学院紀要』二二号、二〇二〇年A）
白峰旬「「戦功覚書」としての『本城惣右衛門覚書』（その2）」（『史学論叢』五〇号、二〇二〇年B）
鈴木眞哉・藤本正行『新版　信長は謀略で殺されたのか』（洋泉社歴史新書y、二〇一四年。初刊二〇〇六年）
諏訪勝則『明智光秀の生涯』（吉川弘文館、二〇一九年）
高瀬羽皐「本能寺の史実」（『刀剣と歴史』九八号、一九一八年）
高瀬羽皐「本能寺の実歴談（二）」（『刀剣と歴史』一三五号、一九二一年）
高柳光寿『明智光秀』（吉川弘文館、一九五八年A）
高柳光寿『本能寺の変・山崎の戦』（春秋社、一九五八年B）
竹井英文『戦国武士の履歴書』（戎光祥出版、二〇一九年）
竹本千鶴「茶人としての明智光秀」（『淡交』七四巻二号、二〇二〇年）
立花京子『信長権力と朝廷　第二版』（岩田書院、二〇〇二年）

谷徹也「蒲生氏郷論」（谷編『蒲生氏郷』戎光祥出版、二〇二一年）
谷口克広『検証 本能寺の変』（吉川弘文館、二〇〇七年）
谷口克広『織田信長家臣人名辞典　第二版』（吉川弘文館、二〇一〇年）
谷口研語『明智光秀』（洋泉社歴史新書y、二〇一四年）
田端泰子『細川ガラシャ』（ミネルヴァ書房、二〇一〇年A）
田端泰子「明智光秀の親族・家臣団と本能寺の変」（『女性歴史文化研究所紀要』一八号、二〇一〇年B）
土山公仁『光秀を追う』（岐阜新聞社、二〇二〇年）
徳富蘇峰『近世日本国民史　第3　織田氏時代　後篇』（民友社、一九一九年）
乃至政彦『信長を操り見限った男　光秀』（河出書房新社、二〇一九年）
永島福太郎「洞ヶ峠と湖水渡り」（『歴史公論』五巻六号、一九三六年）
中野等『立花宗茂』（吉川弘文館、二〇〇一年）
永山近彰『加賀藩史稿』（尊経閣、一八九九年）
野口隆「『明智軍記』の光秀没年」（『大阪学院大学人文自然論叢』七三・七四号、二〇一七年）
萩原大輔「「佐々成政のさらさら越え」ルート私考」（『富山史壇』一七二号、二〇一三年）
萩原大輔『武者の覚え　戦国越中の覇者・佐々成政』（北日本新聞社、二〇一六年）
萩原大輔「『乙夜之書物』に記された「佐々成政のさらさら越え」」（『富山史壇』一八七号、二〇一八年）
萩原大輔「佐々成政の富山浜松往復と安曇郡」（『信濃』七一巻一二号、二〇一九年）

萩原大輔「『乙夜之書物』に記された本能寺の変」（『富山史壇』一九四号、二〇二一年）
橋本政宣「贈太政大臣織田信長の葬儀と勅諚」（橋本『近世公家社会の研究』吉川弘文館、二〇〇二年。初出二〇〇〇年）
服部英雄「二つのザラ峠」（服部『峠の歴史学　古道をたずねて』朝日選書、二〇〇七年。初出一九九七年）
服部英雄「ほらの達人 秀吉・「中国大返し」考」（九州大学学術情報リポジトリ、二〇一五年）
早島大祐「『戒和上昔今禄』と織田政権の寺社訴訟制度」（『史窓』七四号、二〇一七年）
早島大祐『明智光秀』（NHK新書、二〇一九年）
藩祖伊達政宗公三百年協賛会編『伊達政宗卿』（一九三五年）
平野明夫「神君伊賀越えの真相」（渡邊大門編『戦国史の俗説を覆す』柏書房、二〇一六年）
深井甚三『図翁　遠近道印』（桂書房、一九九〇年）
福島克彦『明智光秀』（中公新書、二〇二〇年）
福田千鶴『春日局』（ミネルヴァ書房、二〇一七年）
藤井学『本能寺と信長』（思文閣出版、二〇〇三年）
藤田達生「神君伊賀越え再考」（『愛知県史研究』九号、二〇〇五年）
藤田達生『証言 本能寺の変』（八木書店、二〇一〇年）
藤田達生『蒲生氏郷』（ミネルヴァ書房、二〇一二年）
藤本正行『本能寺の変』（洋泉社歴史新書y、二〇一〇年）
古川元也「京都本法寺内所在の本阿弥家の墓石について」（『神奈川県立博物館研究報告　人文科学』三四号、二〇

〇八年)
堀新「太田牛一と信長公記」(堀新・井上泰至編『信長徹底解読』文学通信、二〇二〇年A)
堀新「あとがき」(堀新・井上泰至編『信長徹底解読』文学通信、二〇二〇年B)
堀新「秒殺する信長、母のような帰蝶」(文学通信ブログ『信長徹底解読』刊行記念エッセイ、二〇二〇年C)
堀井美里「近代以降の石川県における史料蒐集の動向」(『金沢大学資料館紀要』五号、二〇一〇年)
前田利為公伝記編纂委員会編『前田利為』(前田利為公伝記編纂委員会、一九八六年)
松下浩「再現安土城炎上」(『新・歴史群像シリーズ⑨本能寺の変』学習研究社、二〇〇七年)
松下浩「天下統一へ」(『近江八幡の歴史　第六巻通史Ⅰ』近江八幡市、二〇一四年)
見瀬和雄『前田利長』(吉川弘文館、二〇一八年)
村上紀夫『江戸時代の明智光秀』(創元社、二〇二〇年)
森暁子「松田秀任と加賀」(国文学研究資料館『歴史叙述と文学』研究成果報告、二〇一七年)
盛本昌広『本能寺の変』(東京堂出版、二〇一六年)
安井久善「新資料「和田織部宛徳川家康書状」について」(『歴史教育』一三巻九号、一九六五年)
柳沢昌紀「甫庵『信長記』初刊年再考」(『近世文藝』八六号、二〇〇七年)
山本直孝「神君伊賀越え後の伊勢湾渡海の実態について」(『地方史研究』四一一号、二〇二一年)
吉川英治『新書太閤記』七(講談社、一九九〇年)
和田裕弘「「本城惣右衛門覚書」について」(『真説　本能寺の変』集英社、二〇〇二年)

和田裕弘「なぜ、嫡男信忠は二条城籠城戦を選択したのか」（洋泉社編集部編『ここまでわかった　本能寺の変と明智光秀』洋泉社歴史新書y、二〇一六年）
和田裕弘『織田信長の家臣団』（中公新書、二〇一七年）
和田裕弘『信長公記』（中公新書、二〇一八年）
和田裕弘『織田信忠』（中公新書、二〇一九年）
和田裕弘『天正伊賀の乱』（中公新書、二〇二一年）

史料（活字本）

『明智軍記』（新人物往来社）
『家忠日記』（増補続史料大成、臨川書店）
『宇野主水日記』（『石山本願寺日記』下巻、清文堂出版）
『越中国高岡山瑞龍閣記』（瑞龍寺）
『絵本太閤記』（有朋堂文庫）
『翁草』（『日本随筆大成　第三期十九巻』吉川弘文館）
『可観小説　前編』（金沢文化協会）
『兼見卿記』（史料纂集、八木書店）
『川角太閤記』（桑田忠親校注『太閤史料集』人物往来社）

『寛永諸家系図伝』（続群書類従完成会）
『寛政重修諸家譜』（続群書類従完成会）
『関白任官記』（桑田忠親校注『太閤史料集』人物往来社）
『義残後覚』（『続史籍集覧　七』近藤出版部）
『記録御用所本　古文書　近世旗本家伝文書集　上巻』（東京堂出版）
『気多神社文書』（史料纂集、続群書類従完成会）
『惟任退治記』（『続群書類従　第二十輯下』八木書店）（桑田忠親校注『太閤史料集』人物往来社）
『三州奇談』（石川県図書館協会）
『常山紀談』（岩波書店）
『信長記』（古典文庫、現代思潮社）
『宗及茶湯日記』（『茶道古典全集』第七巻・第八巻、淡交社）
『祖父物語』（『改定史籍集覧　十三』近藤出版部）
『太閤記』（『新日本古典文学大系　六十』岩波書店）
『大徳寺文書』（大日本古文書、東京大学出版会）
『伊達家文書』（大日本古文書、東京大学出版会）
『多聞院日記』（増補続史料大成、臨川書店）
『当代記』（『史籍雑纂　三』国書刊行会）
『言経卿記』（大日本古記録、岩波書店）

『徳川実紀　第二編』（新訂増補国史大系、吉川弘文館）
『豊鑑』（『群書類従　第二十輯　合戦部』続群書類従完成会）
『日本外史』（岩波文庫）
『晴豊公記（天正十年夏記）』（［立花二〇〇二］）
『武家事紀』（『山鹿素行全集　思想編』岩波書店）
『武家聞伝記』（岡山県立記録資料館編『岡山のアーカイブズ1』）
『武将感状記』（博文館）
『武徳編年集成』（名著出版）
『武辺咄聞書　京都大学附属図書館蔵』（和泉書院）
『邦訳　日葡辞書』（岩波書店）
『本城惣右衛門覚書』（『ビブリア』五七号）
『本朝通鑑』（国書刊行会）
『本藩歴譜　瑞龍公記』（『金沢市史　資料編3　近世一』金沢市）
『本法寺文書　二』（大塚巧藝社）
『政宗記』（『仙台叢書　第十一巻』宝文堂）
『三河物語』（『日本思想大系　二十六　三河物語・葉隠』岩波書店）
『明暦大火焼失柳営御道具・刀剣目録』（『茶書研究』七号）

『綿考輯録　第一巻　藤孝公』『綿考輯録　第二巻　忠興公』（汲古書院）
『山鹿語類』（国書刊行会）
『雍州府志　近世京都案内』（岩波書店）
『蓮成院記録』（増補続史料大成、臨川書店）
『老人雑話』（『改定籍集覧　十』近藤出版部）

その他編纂史料集・影印本・自治体史・展示図録・史料目録等

赤穂市立歴史博物館『山鹿素行』（二〇一六年）
浅利尚民・内池英樹編『石谷家文書　将軍側近のみた戦国乱世』（吉川弘文館、二〇一五年）
ＮＨＫプロモーション『ＮＨＫ大河ドラマ特別展　麒麟がくる』（二〇二〇年）
奥野高広『増訂織田信長文書の研究　下巻』（吉川弘文館、一九八八年）
奥野高広・岩沢愿彦校注『信長公記』（角川文庫、一九六九年）
関西大学中世文学研究会編『明智物語　内閣文庫蔵本』（和泉書院、一九九六年）
熊本県立美術館『細川ガラシャ』（二〇一八年）
倉地克直編『岡山大学文学部研究叢書７　岡山藩家中諸士家譜五音寄』（岡山大学文学部、一九九三年）
桑田忠親校注『太閤史料集』（人物往来社、一九六五年）
小井川百合子編『伊達政宗言行録　木村宇右衛門覚書』（新人物往来社、一九九七年）

滋賀県立安土城考古博物館『是非に及ばず　本能寺の変を考える』（二〇〇一年）
高木喜美子編集・翻刻『有沢武貞年譜解読』（博文堂、一九九九年）
徳川義宣『新修　徳川家康文書の研究』及び『同第二輯』（吉川弘文館、一九八三年～二〇〇六年）
富山市郷土博物館『戦国の強者 津田遠江守重久』（二〇一五年）
富山市郷土博物館『佐々成政の手紙』（二〇一一年）
中村孝也『徳川家康文書の研究』（日本学術振興会、一九五九年～一九七一年）
名古屋市博物館編『豊臣秀吉文書集　一』（吉川弘文館、二〇一五年）
日蓮宗不受不施派研究所編『不受不施遺芳』（日蓮宗不受不施派御遠忌記念事業執行委員会、一九八二年）
野崎雅明著・富山県郷土史会校注『肯搆泉達録』（ＫＮＢ興産、一九七四年）
橋本龍也編『越中紀行文集』（桂書房、一九九四年）
藩祖伊達政宗公顕彰会編『伊達政宗卿伝記史料』（一九三八年）
福井市立郷土歴史博物館『明智光秀と越前』（二〇二〇年）
藤井譲治編『織豊期主要人物居所集成　第二版』（思文閣出版、二〇一六年）
藤田達生・福島克彦編『明智光秀』（八木書店、二〇一五年）
日置謙編『加能郷土辞彙』（金沢文化協会、一九四二年）
日置謙編・松本三都正増訂『増訂加能古文書』（名著出版、一九七三年）
松田毅一・川崎桃太訳『完訳　フロイス日本史３　織田信長篇Ⅲ』（中央公論新社、二〇〇〇年）

松田毅一完訳『十六・十七世紀イエズス会日本報告集　第Ⅲ期第六巻』（同朋舎、一九九一年）
見瀬和雄・見瀬弘美「加賀藩改作法施行期の家臣団史料―古組帳抜萃―」（『金沢学院大学紀要　文学・美術・社会学編』五・七・八・九号、二〇〇七年・二〇〇九年・二〇一〇年・二〇一一年）
三宅家史料刊行会編『明智一族三宅家の史料』（清文堂出版、二〇一五年）
向日市文化資料館『桂川用水と西岡の村々』（一九九七年）
村上直次郎訳『イエズス会日本年報上』（雄松堂書店、一九六九年）
『御夜話集　上編』（石川県図書館協会、一九三三年）
『加賀藩初期の侍帳』（石川県図書館協会、一九四二年）
『加越能文庫目録』上編・中編・下編（金沢市立図書館、一九六四年～一九六六年）
『加越能文庫解説目録』上・下（金沢市立図書館、一九七五年・一九八一年）
『加賀藩史料』（侯爵前田家編輯部、一九二九年～一九四二年）
『金沢城編年史料　近世一』（石川県金沢城調査研究所、二〇一九年）
『可児町史　通史編』（可児町、一九八〇年）
『岐阜県史　史料編　古代・中世一』（岐阜県、一九六九年）
『協和町史』（協和町、一九九三年）
『諸士系譜』（石川県史資料近世篇8～13、二〇〇八年～二〇一四年）
『尊経閣文庫加越能文献書目』（尊経閣文庫、一九三九年）

『大日本史料　第十一編之二』『大日本史料　第十一編之五』（東京大学史料編纂所、一九二七年・一九三四年）
『東京大学史料編纂所史 史料集』（東京大学出版会、二〇〇一年）
『福知山市史　史料編』（福知山市、一九七八年）

未刊史料

『越中富山御城下絵図』（富山県立図書館蔵、同館ホームページの古絵図・貴重書ギャラリーで画像閲覧可能）
『織田信長譜』（愛知県立図書館蔵、同館ホームページの貴重和本デジタルライブラリーで画像閲覧可能）
『加陽諸士系譜』『加陽人持先祖』『菅君雑録』『三守御譜』『諸士由緒帳』『関屋氏諸系』『先祖由緒幷一類附帳』『増補関屋氏系譜』『当邦諸侍系図』『前田創業記』『政春古兵談』（以上すべて金沢市立玉川図書館近世史料館蔵）
『信長公記』池田家文庫本（岡山大学附属図書館蔵、同館ホームページの古文献ギャラリーで画像閲覧可能）
『大日本史料稿本』（東京大学史料編纂所蔵、同所ホームページのデータベースで画像閲覧可能）
『津田氏先祖由来』（富山市郷土博物館蔵）
『万治年間富山旧市街図』（個人蔵、富山県立図書館寄託。同館ホームページの古絵図・貴重書ギャラリーで画像閲覧可能）
『山岡景以舎系図』（石山寺蔵）

あとがき

本書刊行のきっかけは、二〇二〇年十二月三日の次のような出来事であったと思う。懇意にさせていただいている朝日新聞編集委員（歴史・考古学担当）の宮代栄一記者に、正月の小さな記事にいかがですかと『乙夜之書物（いつやのかきもの）』の「光秀ハ鳥羽ニヒカヱタリ」などの本能寺の変関連の記述をメールで伝えた。すると、思いがけない答えが返ってきたのである。「まじめに考えたのですが…。これは、一面ものでしょう」と。そして、年が明けた一月四日付の朝日新聞紙面で大きく取り上げられた。また、その後の連載記事などの中で、金子拓（ひらく）氏、河内将芳（かわうちまさよし）氏、桐野作人（さくじん）氏、福島克彦氏、本郷和人氏ら、当該研究の第一線で活躍する方々から様々なコメントをいただくことができ、読者の間でも賛否両論を呼んだ。まさしく想像以上の反響に驚くばかりであったが、同時に知る人ぞ知る史料である『乙夜之書物』をより広く世に問うべき責任も感じ始めていた。

そのような中、報道発表に先んじて宮代さんから八木書店出版部の恋塚嘉さんへ書籍化の打診が成されており、出版に向けた地ならしを進めていただいたのである。本当に至れり尽くせりで、まずもって宮代さんにお礼を申し上げなければならない。また、本書の構成から校正に至るまでお世話いただいた恋塚さんは、最初の読者として常に好意的な意見を出していただき、おだてられて育ってきた筆者にとってたいへん心強かった。なお、可能な限り地図や写真を入れているのは、こちらのリクエストである。周囲の理解や協力なくして事は成就しえない。挙兵時の惟任光秀もそのような心境だったろうか。

拙著は、いわゆるNHK大河ドラマ関連本ではないのだが、当時放映中であった「麒麟がくる」を意識したものである点は否定しない。自宅で原稿執筆中、大河ドラマのオープニングがテレビ画面に流れ出すと、リズムを取って踊り出していた長男は、今でも時おりその音楽を口ずさんでいる。妻は歴史に疎い（関心が薄い？）読者代表として、原稿を下読みしてもらった。「回りくどい性格が文章ににじみ出ている」とは、妻の弁である。はたして二人は本書の刊行を喜んでくれるだろうか。文章の読みにくさが多少なりとも解消されているかは、読者諸賢の判断に委ねたい。ともあれ筆者としては、妻夏子や息子正之輔たち家族にも感謝を述べなければならない。引き続きよろしく。

二〇二一年十一月十一日　我が家の歴史好き予備軍二歳の誕生日に

萩原大輔

索　引

凡　例

一，本索引は，人名，史料名，事項からなる。

一，配列は50音順とした。

人　名

【あ】

【い】

【う】

【え】

【さ】

【し】

【せ】

【た】

史 料 名

【と】

【な・に】

【は】

【ふ】

【ほ】

【ま－め】

【や】

【よ】

【れ】

【ろ】

索　引

事　項

【著者】
萩原 大輔（はぎはら だいすけ）
1982年生まれ。富山市郷土博物館主査学芸員。
〔主な著作〕
『武者の覚え　戦国越中の覇者・佐々成政』（北日本新聞社、2016年）
『謙信襲来　越中・能登・加賀の戦国』（能登印刷出版部、2020年）

異聞 本能寺の変―『乙夜之書物』が記す光秀の乱―
〔史料で読む戦国史4〕

2022年3月22日　初版第一刷発行　定価（本体2,800円＋税）

著者　萩原　大輔
発行所　株式会社　八木書店出版部
代表　八木　乾二
〒101-0052 東京都千代田区神田小川町3-8
電話03-3291-2969（編集）-6300（FAX）
発売元　株式会社　八木書店
〒101-0052 東京都千代田区神田小川町3-8
電話03-3291-2961（営業）-6300（FAX）
https://catalogue.books-yagi.co.jp/
E-mail pub@books-yagi.co.jp

印刷　上毛印刷
製本　牧製本印刷
用紙　中性紙使用

ISBN978-4-8406-2246-2